はしがき

本書で行われたアメリカでの歴史教育実践の調査は、世界貿易センタービルへのテロリズムが起こった二〇〇一年九月直後から始められている。それ以来、筆者はアメリカにおける歴史教育の実践と、一九九〇年代から起こった歴史教育目標のスタンダード化の流れと、各州において作成された州スタンダードによる教育改革の効果や弊害、そしてナショナル・スタンダード[1]や州スタンダードにある「歴史的思考 Historical Thinking」を追ってきた。

日本におけるアメリカの教育について研究されたものの多くは、先駆的な研究授業や、新しい授業方法・教材について資料などをもとに分析されてきた。多様な民族を抱え、常に先進の教育改革を試みるアメリカの教育改革は研究者にとっては魅力的であり、また新しい教育方法や教材を求めようとする教育研究者にとっても関心の的になってきた。筆者もまた日本における歴史教育と違う、新しい歴史教育の姿を求めてアメリカの歴史教育を調査しようと渡米したことを覚えている。

しかし、現実は違っていた。アメリカにおいて一九九四年および一九九六年に制作されたナショナル・スタンダードには、歴史教育の大きな柱として「歴史的理解」と「歴史的思考」が据えられ、歴史教育に大きな指標がもたらされたように思われていた。それから五年後の二〇〇一年、ニューヨーク市内の高校を訪れた筆者の目に飛び込んできたものは、思考する教師や生徒の姿ではなく、テストを常に意識する生徒や教師の姿であった。訪問先の高校の歴史科教師に「素晴らしい教育をしている日本から、どうして遅れたアメリカの教育なんて見に来るんだい？」と声をかけられたことがある。確かに、なぜわざわざ日本から一万キロも離れたニューヨークまで来て、新しい歴史教育の姿を見るどころか、日本の高校でよく見られるようなテストに追われる教師や生徒を見に来ているのだろう、そんな思いに駆られた。こうした思いをしたのは筆者だけではない。七年後の二〇〇八年、イリノイ州で出会った韓国系アメリカ人の大学教員からも、受験といったテスト対策の授業とは異なる新しい教育方法、授業方法を勉強しにアメリカへ来たが、アメリカの教育がテストに追われる教育と知って大変落胆をしてしまったという思い出を筆者に語っている。

これ以降、筆者はアメリカのスタンダードによる改革が歴史教育にどのような影響を与えているのか、またテスト対策の授業は教員や生徒にどのような影響を与えているのかについて関心を寄せることとなった。調査の結果分かってきた影響は、大きく分けて二つの形で現れていた。

スタンダードによる教育改革が与えた影響のひとつは、まず先述したように教室ではテスト対策という形で姿を現し、ニューヨークではこのテスト結果が進級や卒業の基準となることから、生徒と教師の学習や指導のスタイルに大きな影響を及ぼしているということだった。次に明らかになったことは、マイノリティ集団を中心に退学率が増加しているという負の影響である。留年から退学といった過程を経て学校からこぼれていった生徒の中には、オルタナティブ・スクールにおいて再び学校教育に再挑戦するものもあった。オルタナティブ・スクールでの調査で見えてきたことは、学ぶことから距離を置いてしまった生徒のために、テストといったカリキュラムから自由になり、作文や詩を使って自己表現をさせるエンパワメントのためのプロジェクトを立てる教師の姿であった。

そして、二〇〇五年に再びニューヨークを訪れたとき、ニューヨークの街の小さな集会所では、教師デボラ・マイヤーが「落ちこぼれをなくす法 No Child Left Behind Act」のことを「多くの落ちこぼれを出す法 Many Children

Left Behind Act」であると私たちに語りかけ、テストの功罪を訴えていた。

それから一〇年以上が過ぎた。ブッシュ大統領の共和党政権からオバマ大統領の民主党政権に変わってもアメリカはその流れを止めることはなく、テストの点数が合格点に満たない子どもを留年、退学させ、さらにそのような子どもが通っていた学校を次々に閉鎖に追い込んでいる。その風潮は、日本にも影響を与えつつある。全国学力・学習状況調査（通称学力テスト）は、その結果が一人歩きし、平均点を巡って学校や教師はすでに競争を強いられるところまで来ている。

本書では、ニューヨーク州のほかにイリノイ州の教育実践にも焦点をあてている。ニューヨーク州やカリフォルニア州などでは、スタンダードに基づく標準テストが、主要科目である数学・英語のほか、理科や社会科に関わる科目でも行われ、進級や卒業に関わるなど重要な学力判断材料になっているが、そうしたスタイルは州によって異なっている。ニューヨーク市、ロサンゼルス市についで三番目の大都市シカゴを抱えるイリノイ州では、社会科に関わる科目ではテストを実施しないことを決めた。歴史科目では、州の作成したスタンダードに「歴史的思考」や「批判的思考」の重要性が示され、資料をもとに解釈をしたり、歴史家のように歴史を記述したりするような能力の育成が目指されている。このイリノイ州最大の教員養成機関である大学において、どのように歴史教育者が育てられ、また教育現場ではどのように歴史教育が行われているのかに興味を抱くようになった。

また、アメリカの教育について調査を行う中で出会った有色系の子どもたちから語られる将来への展望や社会を見る目に明らかな認識の違いがあることに気づき始めた。「黒人 Black」と一括りに呼ばれる人々の間の差異である。二〇〇五年から始めた調査の中で、ドミニカ共和国出身の親を持つスペイン語圏からの移民の子どもたちの存在が目につくようになってきた。通常、ヒスパニック系と括られるはずの子どもたちだが、人種的には「黒人

Black」なのである。彼らと親しくなるにつれ、分かってきたことは彼らがアフリカ系アメリカ人のふりをしているということであった。ニューヨーク市内の公立高校で友人となった当時高校生のジミーは私に将来パイロットを目指していることを耳打ちし、実はドミニカ系であること、成績が良いことはあまり周囲には言えないことを明かしてくれた。教師にそれとなく確認をすると、ドミニカ系の「黒人」の子どもたちの成績は、親の教育熱も高いこともあり優れていることが分かった。また、二〇〇八年の調査で出会ったシカゴ市出身の大学生は、両親がプエルトリコ出身でありスペイン語が話せるが「黒人」であるため、外ではスペイン語を話せることは秘密にし、アフリカ系アメリカ人のようにふるまっていることを明かしてくれた。

筆者自身もそうであったが、肌の色だけでその人が「アフリカ系アメリカ人」であるとか、「アングロサクソン系アメリカ人」であるかのような先入観で見ていることが分かった瞬間であった。ニューヨークでは、落ちこぼれや移民の子どもたちのために奔走する白人の教師に出会ったが、偶然なのか出自を尋ねるといつもアイルランド系アメリカ人であった。イリノイ州ではドイツ系やポーランド系といったアメリカ人に出会った。しかし、ドイツ系であろうと、ポーランド系であろうと、ユダヤ系であろうと「白人」であるかぎり、その歴史認識は、アフリカ系アメリカ人、ドミニカ系アメリカ人、フランス系アメリカ人の「黒人」とは明確に二分された。二〇〇八年に筆者が行った調査では、「黒人」の生徒はほぼ全員黒人に対する差別を体験し、アメリカの歴史に対して反発を覚え、アメリカ史において重要な事柄として公民権運動や奴隷制について挙げたのである。両親がカリブ海地域のスペイン語圏からの移民、またアフリカから留学生としてアメリカに渡ってきたものでも、まるで奴隷制の時代からアメリカにいたアフリカ系アメリカ人のように歴史を語るのである。ヨーロッパ各国やロシアからの白人移民と家庭環境は変わらなくても、社会認識がそうした白人とは異なっているのである。この事態が意味するものは、筆者も先入観として抱いていたように人々は肌の色によって、周囲からの視線、日常生活での体験が異なっているということであった。肌の色が及ぼす社会認識の差異は大きく、そうした認識が歴史の学習に及ぼす影響も大きい。一つの歴史認識を教えるような歴史教育では、多様な生徒を抱える教室は対立を生み出しかねない状況であった。奴隷制や公民権運動の時代を教える時期になると、白人教師が黒人の生徒に「おまえたちが俺たちにしたことだろ You people did it to my people」と言われることもしばしばあり、そのことを教員志望の学生に尋ねると、白人教師にとっては手短にその章を終えるほうが無難と答えるものもあった。本書では黒人とアフリカ系アメリカ人の二つの表記を行っている。肌の色でひとくくりにされる人種としての「黒人」および「白人」、そしてアメリカの歴史に登場するアフリカから連れてこられた「アフリカ系アメリカ人」である（第1章注1も参照）。

このようなアメリカの人種的な背景から、歴史教育において「歴史的思考」を重視することには大きな意味がある。歴史的思考には、異なる時代や場所に生きる人々に対する共感的理解、解釈によって生まれる様々な歴史認識に対する理解などが含まれ、それはマクガイア（McGuire 1996）が唱えるように「生徒を多文化社会において自己を省みるように導くのである」。

本書では、「歴史的思考」を重視するイリノイ州の歴史教育がどのように明示され、教師教育の現場では授業方法や内容、また教員志望の学生の歴史教育への認識や態度をどう形成していこうとしているのか、さらに歴史教育の実践の現場において「歴史的思考」をさせる授業はどのように展開されているのか、これらを明らかにしていく。

さいごに、本書の研究はニューヨーク市で出会った教師ダニー、デニス、そしてイリノイ州で出会ったエレーナ教授（仮名）の協力なしには不可能であった。特にこれらの人々には、歴史教育のあり方ということ以上に、人として教師として必要なこととは何かを姿や態度で教えていただいたように思う。筆者のこれからの人生を通して、形にして成果を出したとしても、とうていその恩に報いることはできないほど途方もない思いをいただいた。感謝してもしきれない。

[注]

1　このナショナル・スタンダードはカリフォルニア大学ロサンゼルス校に置かれた国立歴史教育センター（National Center for History in the Schools）において発行されたものである。

目次

図表一覧

序章　歴史教育と歴史学の間にあるディシプリン・ギャップ

第1節　アメリカにおける歴史教育

本書の目的の一つは、アメリカの歴史教育が目指している歴史的思考力の育成が、実は教室における実践の段階まで浸透していないという現実、つまり歴史科カリキュラムと実践との間に生じている歴史教育上のディシプリン・ギャップに着目し、その背景と要因を探ることにある。

そのために第1章では、まず歴史的思考力の重視の背景にある社会史をはじめとするニューヒストリーといった歴史学の台頭、そしてマイノリティの権利獲得運動と新しい歴史学との関係、そして社会史を使った多様な合衆国史観に対する一九八〇年代後半からの保守派からの攻撃といったアメリカにおける歴史教育と歴史学の関係を概観し、その中で教えられてきた歴史観や歴史教育の内容について踏まえる必要がある。また、保守派からの攻撃から始まった、アメリカ史は誰の歴史かという九〇年代の歴史スタンダード論争について論じ、歴史的思考力の育成にその論争がどう影響したのかについても検証する必要がある。

そして、本書の焦点である大学における歴史学や歴史教育と、特に中等教育段階の歴史教育の実践との間にあるギャップについて、それがどのような要因によって生まれているのか明らかにしていく。そのために、先行研究に見られるギャップ生起要因をニューヨーク州のカリキュラムおよび実践研究から検討した上で、全く異なる歴史教育環境にあるイリノイ州について、その可能性と課題を論証する。イリノイ州の州教育委員会および歴史科教員を養成する大学では、積極的に歴史的思考力の育成を進めている。本書のもう一つの目的は、その歴史的思考力の育成がどのようにして行われているのかに着目することにある。そのため、イリノイ州の事例に焦点をあて、歴史的思考力の育成に必要な歴史教育の環境を明らかにする。

1　アメリカ歴史教育における多様性と統一性

歴史の教科が暗記科目だと考えている生徒は少なからずいる。そのため、歴史は無機質なものとなり、人間の営みや息遣いは感じられず学習への意味さえも分からなくなってしまう生徒も多い。何のために歴史を学ぶのかという生徒からの問いに対して言葉に窮してしまう歴史教師も多いのではないだろうか。

実は、暗記型に傾倒する歴史教育を憂慮する声は、一九世紀末からアメリカの歴史研究機関（American Historical Association）によっても出されてきた（Jennes 1990, p. 261–2）。暗記型の歴史教育は、歴史に対する子どもたちの興味関心を奪い、歴史を学ぶ意義それさえも分からないままにしているという。そのように暗記型に傾倒する歴史学習への嘆きの声は近年始まった問題ではなかった。しかし、暗記型ではない歴史教育への模索は現在のアメリカにおいてもなお引き継がれ、特に一九九〇年代に入り、歴史的思考力を育成するための歴史教育の在り方が提示されるようになった。このような歴史的思考力の育成を図る歴史教育の考え方が出てきた背景には、一九七〇年代から新しい歴史学、つまりニューヒストリーや修正主義歴史学が、大学における歴史学において主流となっていったことがある。そして、新しい歴史学の考え方を導入した歴史教育の実践は、一九六〇年代以降始まった公民権運動といったマイノリティの権利獲得を後押しする形で広まっていった（Saixas 1993）。

アメリカで出版される歴史教育教材やカリキュラムを見ていくと、アメリカには暗記型に頼らない新しい歴史学に則った歴史教育が広く展開されているようにも感じられる。こうしたアメリカの動向に関して日本の教育研究者の側からも研究が行われ、例えば、梅津正美（1999, 2003）や桐谷正信（1997, 2012）は社会史を使った新しい歴史教育カリキュラムである一九七七年発行の「Our Social and Cultural History：American Studies（私たちの社会文化史　アメリカ学習）」、一九七九年発行の「Minnesota Social Hisory Project Currulum：MSHP（ミネソタ社会史プロジェクトカリキュラム）」、一九八二年発行の「Project on Social History Curriculum：POSH（社会史カリキュラムのプロジェクト）」、そして一九九四年発行の「Ordinary Americans：U.S. History Through the Eyes of Everyday：OA（普通のアメリカ人　日常から見るカリキュラム）」について研究を行っている。それらの新しい歴史教育カリキュラム、まさに一九七〇年代に勃興したニューヒストリーの歴史学と同じように、社会的マイノリティ集団、下層階級集団、黒人やアメリカ先住民、移民などの集団から見た「底辺からの歴史」を重視したものである（桐谷 2012, p. 28）。しかし、一九八〇年代初めに高等学校社会史教授プロジェクトとして作成されたこのPOSH歴史カリキュラムに着目した桐谷は、このプロジェクトには課題があったことを次の三点から指摘している。一つはカリキュラムの構造が「統一的なアメリカ史認識・合衆国史認識の育成が難しかった」点、そして二つ目が「アメリカ先住民の歴史的経験を合衆国史の学習内容から排除」した点、三つ目は「極端な政治的内容の排除」であるという（桐谷 2012, p. 90–1）。これら三つの課題は、当時社会史に対して向けられていた批判とほぼ一致する（梅津 1999）。

一九七〇年代から八〇年代の新しい歴史学の動きやPOSHをはじめとする社会史を使った様々な歴史教育プログラムの開発が行われる中、一九八七年に発行されたニューヨーク州の社会科カリキュラムには、社会史の要素が取り入れられた。しかし、社会史の視点が加味された一九八七年の社会科カリキュラムはその後、保守派からのバックラッシュによって「多様性」と「統一性」のバランスに中核的価値を置く一九九六年度版カリキュラムへと転換したという。この一九九六年版カリキュラムの中核的価値について、先に挙げたＰＯＳＨの三つの課題、つまり統一性を欠き、先住民といったマイノリティからの多様な視点、さらにアメリカの政治思想が描ききれないといった部分を克服する鍵として、一定の評価を与えている（桐谷 2012, p. 190）。「多様性」と「統一性」の間でバランスを取っているという中核的価値とは、「『合衆国憲法、権利章典、独立宣言に基づく民主主義』思想に基づいたアメリカン・アイデンティティである（p. 191）」という。では、なぜこのアイデンティティが核となることでＰＯＳＨのような社会史を使った歴史教育の課題が克服されるのであろうか。それを知るには具体的な実践例を見る方が分かりやすいだろう。

具体的な実践例として、桐谷が紹介しているのが、日系アメリカ人市民協会（Japanese American Citizens League）が作成した『日系人の経験：アメリカ史における授業案』である。その実践例の中では、第二次世界大戦中の日系人が体験した強制収容所について、資料映像やディベートやロールプレイなどを使って生徒に疑似体験をさせたり、共感させたりするような活動の授業案が提示されている。その活動案から桐谷は、歴史教育において「多様性」と「統一性」がどのように実践されうるかについて、次の二つの結論を提示している。一つは学習の帰着点として、「戦後補償による最終的な『アメリカ民主主義』の勝利という歴史認識を育成しようとしていること」、二つめが「『日系』であるというアイデンティティを保持しながら極めて強く『アメリカ化』した事実を基にして、マイノリティ集団の『アメリカ化』の新たな一形態として位置づけられること」である（桐谷 2012, p. 139）[1]。つまり、人権を奪われた日系人に対してアメリカ政府が行った戦後補償や権利の付与をもって、アメリカの民主主義が勝利していく物語である。

確かにアメリカ民主主義によるマイノリティへの権利の付与という構図は、一九六〇年代の公民権運動、さらに時代をさかのぼって南北戦争においてリンカーンや北部政府の果たした奴隷解放のストーリーにも見ることができるが、黒人は全体的に見て社会的地位・経済的地位においても白人社会に溶け込むような「アメリカ化」がされているとは言い難く、また今日でも人種偏見が引き金と考えられる白人警官による黒人の射殺事件は後を絶たない。桐谷が評価するニューヨーク州の一九九六年版カリキュラムにおける「多様性」と「統一性」とのバランスには、社会・経済的にも比較的スムーズに「アメリカ化」された都合のいい事例として日系人が強調され、アメリカ民主主義にとって不都合な部分が闇に葬り去られる事態が引き起こされているのではないだろうか。

社会史といったニューヒストリーの歴史学がその学問的なパラダイムとして持っている存在論的歴史観では、固定的な客観的歴史認識が否定されている。歴史が様々な解釈を持つものとして描かれるため、合衆国史のような一つの歴史の流れを共有することが困難となる。桐谷のいう「統一性」を持った歴史認識は、学習案の一例として持ち出されている日系人の学習から見るかぎり、認識論的な歴史観に立つものとなっている。つまり、歴史教育の新しい流れが日系人の強制収容所の体験といった社会史を使ったものではあるが、その思想的な土台は、社会史やニューヒストリーの取るような一定の客観的な歴史認識の否定ではなく、「アメリカ民主主義」の勝利という一貫した歴史認識の肯定であることが分かる。社会史やニューヒストリーについての歴史学の流れについては第2節において詳しく述べるが、ＰＯＳＨというプロジェクトが目指した社会史を使った歴史教育と、社会史の視点を取り入れたニューヨーク州の一九九六年版カリキュラムにおける歴史教育は、根本にあるディシプリン（学問的な土台）が異なるのではないかという疑問が生じるのである。

桐谷の研究から浮かび上がる歴史教育におけるディシプリン上の違いは、ニューヒストリーや社会史をはじめとする歴史学の持つ存在論的歴史観と、保守派からの攻撃で「統一性」を目指しつつある新しい合衆国史の持つ認識論的歴史観との間のせめぎ合いを象徴するものではないだろうか。桐谷の研究からは、アメリカの歴史教育が社会史を取り込み、新しい歴史教育の領域に踏み込んだようにも推察することができる。しかし、存在論的歴史観と認識論的歴史観の歴史学の間に折り合いはつくものだろうか。はたして異なるディシプリンの上にある二つの歴史学が折り合った結果、歴史教育の実践にはどういった現象が起こるのであろうか。

桐谷の研究からまず一つに考えられることが、歴史教育における学習内容が「アメリカ民主主義」のもとに統合され、固定されるという現象である。第2章で述べるように、ニューヨーク州が発行する社会科カリキュラムには、州スタンダードのほかにコアカリキュラムがある。コアカリキュラムには学習内容が明示され「統一性」が図られている。確かに多様な民族はコアカリキュラムの内容に含まれているのだが、桐谷の述べるように全体は「アメリカ民主主義」という政治思想によって展開され、多様性はアメリカ合衆国における民主政治の拡大、完成の物語の中にのみ込まれていく。つまり、マイノリティは政府により権利が補障され民主政治が完成するのであり、独立した個として権利を獲得する物語の主体ではない。コアカリキュラムによって固定化された学習内容は、さらに標準テスト（Standardized Test）の実施によって定着しているかが確認され、生徒の学習評価のみならず学校評価にも結びついている。[2] ニューヨーク市における筆者の調査からは、テスト対策に余念のない教師や生徒、教科書の内容をすべて授業で終わらせるのに時間的な余裕がないと訴える教師の姿が浮かび上がっている。

二つ目に考えられることは、カリキュラムによって合衆国史の学習内容の固定化が図られることで、批判的な視点から歴史の学習を行うことが困難となることである。一九九〇年代から作成されてきた歴史ナショナル・スタンダード（NCHS）や州スタンダードの中に、歴史的思考力の育成が記載されるようになった。先に述べたとおり、社会史を中心とするニューヒストリーの歴史学といった存在論的歴史学の視点の影響を受け、歴史を解釈することの重要性が歴史教育へと広まっていったことが背景にある（Saixas 1993, p. 239）。ワインバーグ（Samuel S. Wineburg）の歴史的思考力についての研究においても、合衆国史の流れにそぐわないような歴史について考えることの必要性が述べられている（Wineburg 2001, p. 6）。こうした歴史的思考力の育成が現在のアメリカの歴史教育においては盛んに行われているように思われるが、高校までの歴史教育の現場に目を転じると、通史的な内容理解・内容暗記型の伝統的な歴史教育の実践が行われているという報告がアメリカ歴史教育研究者から出されているのである（Loewen 1995; Burroughs 2002; Grant and Horn 2006）。

三つ目に考えられることが、存在論的歴史学の立場を取る大学における歴史学（歴史教育）と、認識論的歴史学の立場をとるK-12レベル[3]での歴史学（歴史教育）のはざまで、教育実習生や新任教師が矛盾を抱えるのではないかということである。これについては、次項において詳しく述べる。本書の問題意識と研究への視座は、歴史教育改革を目指す存在論的歴史学と認識論的歴史学の間にあるギャップと「折り合い」の結果に起こる現象に注目し、そうした現象が生み出す問題を明らかにし、解決法を探るところにある。

2　アメリカ歴史教育改革におけるディシプリン・ギャップ

大学における歴史学は社会史といった存在論的なものへと変化し、客観的な事実認識に代わる歴史的思考力の育成は、特に一九九〇年代以降、その重要性が歴史教育において強調されるようになった。にもかかわらず、先に述べたとおりK-12レベルでの歴史教育では相変わらず暗記型の伝統的な歴史教育が行われていることが報告されてきた（Loewen 1995; Burroughs 2002; Grant Horn 2006）。いわゆるディシプリン（学問の土台）におけるギャップである。このようなK-12レベルと大学の歴史教育の間にあるディシプリンの違いは、すでに一九八〇年代にザイクナーとタバクニック（K.M. Zeichner & R.B. Tabachnick）の研究において指摘されている。彼らは大学教育と教育実践との間にある教育方法や教育思想の違いに着目し、大学の教職課程コースで進歩主義教育に基づいた教育方法や新しいカリキュラムを学んだ学生の変化について研究した。その研究の中で、彼らは教育実習生が実習校に入ったり、新任教師として学校に赴任したりすると大学で学んだ進歩主義教育の教授スタイルでなく、伝統的な教授スタイルに回帰すると述べている（Zeichner & Tabachnick 1981）。

一九九〇年代になると、歴史教育におけるディシプリンの違いを指摘した研究がヴァンズレッドライト（Bruce A. Vansledright）によって行われた。彼はその論文において、大学で歴史学を専攻し歴史科教師となった新任教師を調査し、その教師が大学において客観性を疑問視する存在論的歴史学を学んできたにもかかわらず、高校教師となってからは伝統的な認識論的歴史観の立場から客観的事実の理解を強調するような授業を行っていることを明らかにした。彼は、そうした大学レベルとK–12レベルの歴史学の間にあるディシプリンの違いを指摘し、その違いを「ディシプリン・ギャップ（Disciplinary Gap）」と呼び（Vansledright 1996）。ディシプリン・ギャップの生起要因を、生徒の記憶力に頼る学習方法や学校区のカリキュラム・目標が教師を拘束している点にあるとした。

二〇〇〇年代に入ると、歴史教育におけるディシプリン・ギャップ生起要因についての研究が様々な分野や方向から行われるようになった。ジェームズら（James 2008; Pryor 2006; Van Hover & Yeager 2004; Vansledright 2000）の研究では、K–12レベルにおいて教育実習生自身が講義形式の授業を長期間観察してきたことや、教師自身がK–12レベルの生徒の歴史的思考力を疑問視していることにあると結論づけている。また、九〇年代以降には、各州で設定された標準テスト（Standardized Test）のハイステークス化（注2参照）が、K–12レベルの学習を伝統的な歴史教育のスタイルに回帰させていることに着目した研究も出てきた。特にグラント（Grant 2006）は、全米の歴史科目の標準テストを調査し、そのテストが用いるデータの不適切性、トリビア的な選択問題、繰り返される同じ質問パターンという実態を明らかにし、歴史教育における生徒の学問的達成を測るものとして標準テストは有効とは言えないと疑問を投げかけた。

一九七〇年代、存在論的歴史学の立場に立った歴史研究および教育を大学において推進するようになった背景には、アメリカで始まったニューヒストリーといった存在論的歴史学へのパラダイムの転換が、アメリカにおける歴

図１　先行研究に見られるディシプリン・ギャップの様相

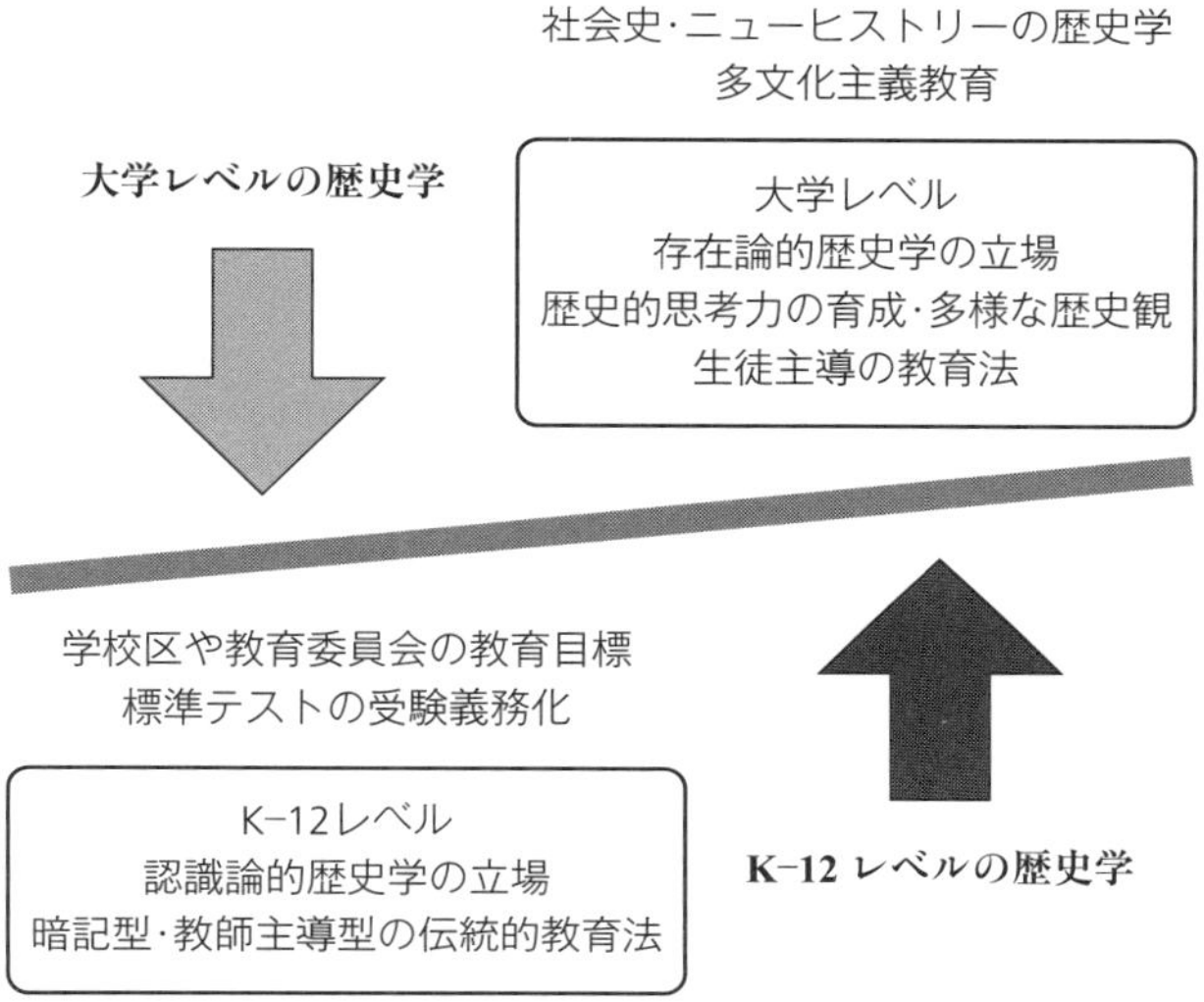

史学をそれまでの客観主義的なものから大きく変化させた点にある（Saixas 1993; Vansledright 1996）。加えて、一九六〇年代の公民権運動といったマイノリティの権利獲得の動きが、「下からの歴史」という新しい視点を持ったニューヒストリーや社会史の考え方と一致し、マイノリティの復権のための教育としてみなされるようになった（Saixas 1993）。そして一九九〇年代以降、ナショナル・スタンダードなどに見られるように、批判的な思考力や共感する力を備えた歴史的思考力が、多様な文化を包摂する社会の中で必要とされる能力であるというワインバーグやバンクス（James A. Banks）の多文化主義的な考えが大学における歴史教育で普及してきたことにある（Wineburg 2001）。

　歴史的思考力の育成を目指す歴史教育は存在論的歴史学の立場に立ったものであり、これに対して、K-12レベルで行われる一つの歴史認識を正しい知識として暗記し理解する歴史教育は認識論的歴史学の立場に立つものである。このディシプリン・ギャップの生起要因は、先に述べたとおり先行研究では**図1**のように、学校区のカリキュラムの目標であったり、教師自身の講義形式の授業への慣れであったり、またハイステークス化した標準テストの実施だとされてきた。

しかし、歴史のナショナル・スタンダードや州スタンダードでは歴史的思考力の育成が重視され（NCHS 1996）、その導入から約一五年の歳月が流れようとしている（調査当時）。現在、先行研究が示してきた生起要因では説明がつかないことも生まれつつある。例えば、イリノイ州では歴史を含む社会科については、二〇〇五年以降ハイステークスな標準テストの実施教科から除外されている。さらに、イリノイ州には具体的な歴史の学習内容を記したカリキュラムが存在していない。このようにディシプリン・ギャップをめぐる状況は変化し、その生起要因については再調査や再検討が必要となっている。近年の調査において、教育実習生が大学において学んだ歴史教育の手法を実践する上で苦悩している姿が描き出されている（James 2008; Misco & Patterson 2007）。しかし、その苦悩の要因については依然明確になってはいない。歴史教育におけるディシプリン・ギャップの新たな、もしくは隠れた生起要因が存在しているとしたら、その原因は何か、またそのギャップを解消するための方策は何かを探る必要がある。

ワインバーグやバンクスらが述べるように、国境を越えて人々が往来し共生し合うグローバル化の時代にあって、相互理解や情報リテラシーの獲得のためにも歴史的思考力の育成は重視されるべきである（Wineburg 2001）。歴史的思考力育成のための歴史教育の実践に必要とされる環境は、政策レベル、教員養成レベル、また教室実践レベルにまで検討を要することであり、まずは存在論的歴史学の考え方が実習生や現場の教師の間でどのように理解され、また教育実践に反映されているのか、それぞれのレベルから明らかにされなければならない。

第2節　歴史的思考力

1　アメリカにおける歴史学と歴史教育の関係

歴史学を専門的な学問領域として成立させ、また古典的歴史主義の代表的な歴史家とされているのはランケ（Leopold von Ranke）である。イッガース（Iggers 1993）は、そのランケの用いた歴史学は、事実の客観的理解を基底にしているとし、その歴史観は宗教改革以降の歴史的な発展を善とみなすものであり、ランケ史観には「価値自由的なアプローチを妨げることになる国家的・社会的・文化的なイデオロギーが潜んでいた」と分析している。これは、ランケの成立させた一九世紀の歴史学が、諸国民の歴史といったナショナル・イデオロギー的な性格を含みこんだものであることを示している。しかし、ランケの歴史学の客観性を否認する動きがドイツを中心に始まり、社会・経済・政治・精神文化などといった社会史的な側面を加味し、社会科学性を打ち出した歴史学が、ランプレヒト（Karl Lamprecht）以降、シュモラー（Gustav von Schmoller）、マルクス（Karl Heinrich Marx）、ウェーバー（Max Weber）らによって牽引されていった。一九七〇–八〇年代になると都市化や工業化、国民国家形成といった過程が、歴史叙述の舞台から疎外されてきた「普通の人々」の間で進行していることに注目し、地域、文化、日常といった側面から歴史が叙述されることが主流となった。（Iggers 1993, p. 91-4）。アメリカでは、社会的側面から歴史を記述していく歴史学のことをニューヒストリーと呼んだ。ニューヒストリーと伝統的な歴史学について、それぞれの対象や使用する史料など大きく異なる点について比較したものが**表1**となっている。

アメリカにおける歴史教育もこのような歴史学の流れや社会の風潮から一九六〇–七〇年代に大きな変化を見せ

表1　伝統的な歴史学とニューヒストリー

	伝統的な歴史学（ランケ史観）	ニューヒストリー
研究対象	歴史学は本質的に政治と関わりを持つと考える	人間活動のほとんどすべてに関心を持つ
	歴史は本質的に事件の物語だと考える	構造の分析により多くの関心を持つ
	上からの視点（政治家，支配者，偉人）を提起している	「下からの歴史」普通の人々の立場と社会変動をめぐる人々の経験に関心を寄せる
史料	歴史は文書資料（政府によって公布され公文書館に保存されている公式記録）に基づくべきだとする	異端や反乱者たちの記録，視覚的史料，口述史料，統計資料なども用いる
意義	歴史的事件における偉人（支配者）の個人的行動の動機を解釈しようとする	事件への設問がなされたとしても，一致した答えがない
	歴史学は客観的なものであり，歴史家の仕事は読者に事実を提供すること	客観性や事実の提供は非現実的だと考え，偏見やステレオタイプを認める
立場	専門職としての歴史家	非専門職としての歴史家（日曜歴史家）

＊バークの記述（Burke 1991）から著者が作成

ている。アメリカの歴史教科書を分析した岡本（2001）は、フィッツジェラルド（Frances Fitzgerald）の分析[4]を基に、歴史教科書がスプートニク・ショックや黒人による公民権運動、移民法の改正といった出来事や人口動態の変化から、一九七〇年代になると、白人男性を主体とした単一のナショナルな視点からの全体史という構成は崩れ、多様なエスニック集団が登場するようになったと述べている（岡本 2001, p. 139）。

　しかし、一九八〇年代になると、一変してエスニック集団に関する記述が一九五〇年代のものと同レベルへと減少する（岡本 2001, p. 141）。一九八〇年代末から開始されたシュレジンガーJr.（Arthur Meier Schlesinger, Jr.）といった保守派からの攻撃が始まり、国民史崩壊への危惧も論じられた。一九九〇年代になるとアメリカの歴史教育はナショナル・ヒストリーとしての立場を崩すことはなく、岡本は「人

図2　アメリカにおける歴史学と歴史教育

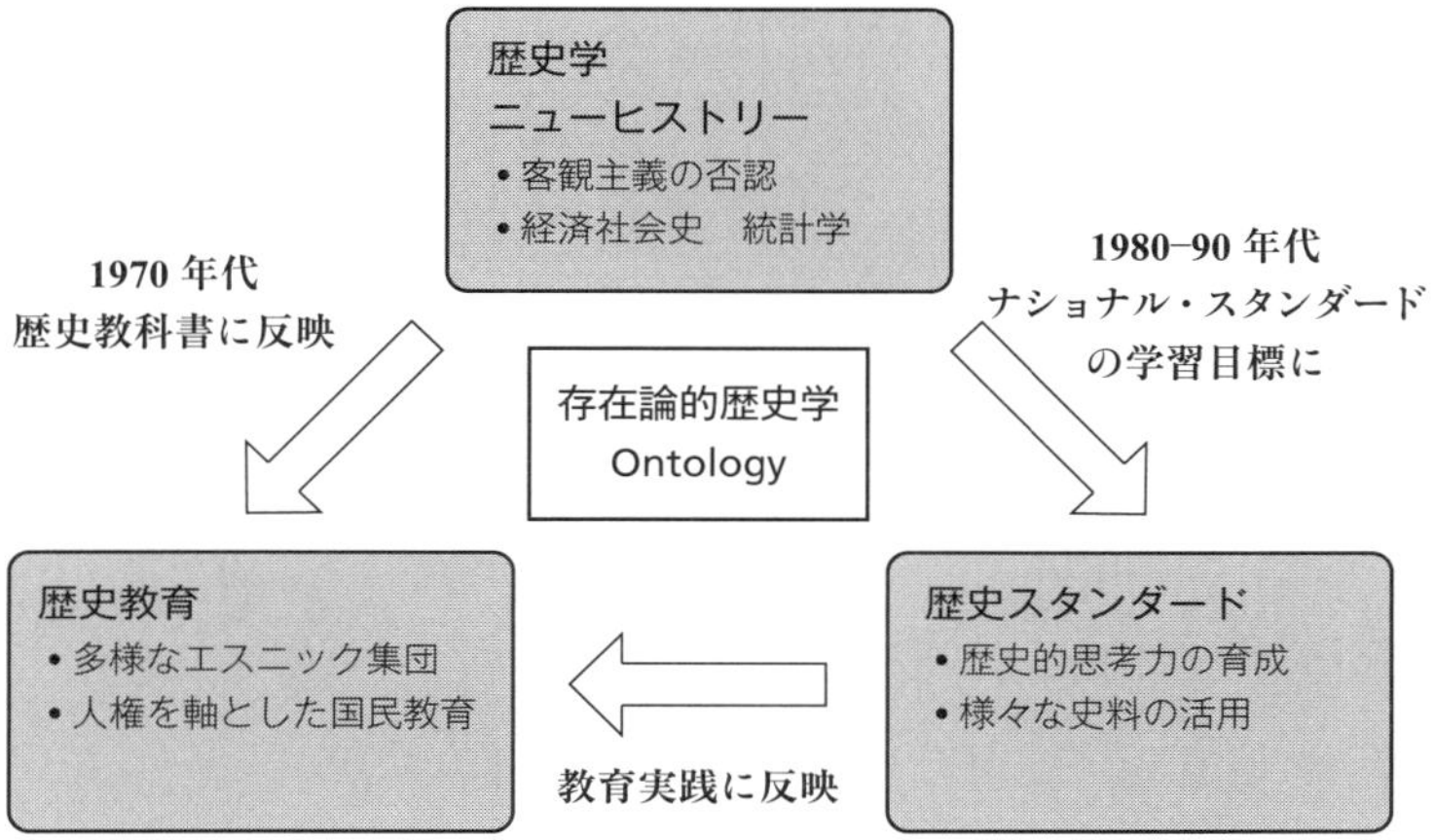

権」というキーワードによって多様なエスニック集団がアメリカ化する物語としてアメリカ史像が作られていったことを分析の上、結論づけている（岡本 2001, p. 214）。これは、桐谷がその研究（桐谷 2012）のなかで「アメリカ民主主義」の勝利という歴史認識によって、合衆国史に「多様性」と「統一性」のバランスをその歴史カリキュラムの中に位置づけたと論じている部分と共通する。しかしながら、歴史学における歴史研究はニューヒストリーに向かい、一方で歴史教育は多様な文化や民族を含みこむものとなったとすれば、アメリカの歴史学と歴史教育の間には**図2**のように大きな乖離は見られないことになる。けれども、一九九〇年代にはヴァンズレッドライトが歴史教育と歴史学との間にあるディシプリン・ギャップを指摘し、そのへだたりを明らかにしており、またスレーカー（Thimothy D. Slekar）もアメリカで起こっているこうした歴史学と歴史教育における乖離についてその論文（Slekar 1998）の中で、教育実習生がその歴史の授業の中で多くの場合、解釈するよりも受け取るだけといった客観的な認識論に基づく歴史的知識を見聞してきた傾向があることを記している（p. 491）。すなわち、このことは岡本が指摘する一九八〇年代からつくられてきた「人権」を核とする多様なエスニック集団の

物語としてのアメリカ史像や、また桐谷の分析した「アメリカ民主主義」の勝利という歴史認識を持つカリキュラムは、もはや存在論的歴史学の立場を取るものではなく、客観主義的な歴史を認める認識論的な歴史学の上に立つものではないかと考えられるのである。

2 アメリカにおける歴史的思考力の定義

ここでは一九九〇年代以降、歴史教育で重視されるようになった歴史的思考力について、その定義を明らかにする。アメリカにおいて歴史的思考力の定義は、歴史ナショナル・スタンダードにおいても記載されている。そこでは歴史的思考力を五段階の学習過程、「年代的な思考」、「歴史的な把握」、「歴史的な分析および解釈」、「歴史的な調査」、「歴史的な問題の分析および意思決定」から獲得される能力であると定義づけている。五段階の学習過程では、読んだり、比較したり、考察したりする際に、「(性質、置かれた状況、どう出来事は起こっていったか、因果関係といった）歴史的な物語（historical narratives)」や、「様々な集団、背景、時代の人々が抱えていた異なる体験、信条、動機、伝統、希望、恐れ」、そして「歴史的な記録、人工物、写真、実地見聞、目撃者の証言」を使用することとしている（NCHS 1996 p. 7)。また、歴史教育について「何を生徒が知るべきか（すべての生徒が獲得すべき合衆国史についての理解）を定義する以上に大事なことは、生徒が理解したことを表に出すために、何ができるようにすべきかについて考えることである（NCHS 1996, p. 7)」と知識以上にスキルを重視し、そのための学習活動や指導方法に着目するように記している。

歴史理解と歴史的思考力を歴史教育の二大ゴールに掲げるナショナル・スタンダードでは、事実や年代、名前や場所の受動的な暗記ではなく、因果関係を通して考えたり、様々な立場や、視点、価値観や、人々の思いから歴史的解釈を行ったり、歴史について考察したり調査をするといった自発的な活動を提唱していることが分かる。これらの内容からは、ナショナル・スタンダードの目指す歴史的思考力には批判的能力も含まれ、様々な異なる視点を持った資料をもとに比較考察し、その評価を下す能力であると言える。

アメリカにおける歴史的思考力に関する研究の多くは、ザカリア（Zaccaria 1978）などによってピアジェなどの発達心理学の認知的構造の研究の中で行われてきた。こうした傾向は、行動主義の限界から暗記型に偏向していった歴史教育に対する心理学者の反省から一九八〇年代に変化を見せ始めた（Wineburg 2001）。一九九〇年代の歴史教育論争において合衆国史の内容をめぐって保守派と革新派が対立を見せ歴史ナショナル・スタンダードの内容は改訂されたものの、歴史ナショナル・スタンダードのもう一つのゴールでもある歴史的思考力や批判的思考の育成という歴史教育の目標については変えられることはなく、一九九〇年代以降歴史的思考力の育成方法や意義を説く研究が多く出されるようになった（Salnas, Franquiz and Guberman 2006; Drake and Browm 2003; Wineburg 2001; Vansledright 1998; Booth 1993, et al.）。それは、一九九〇年代以降全米各地で実施され始めた州スタンダードの作成、また進級にも影響を及ぼす標準テストの実施から、歴史教育の学校現場では内容暗記型の伝統的な歴史教育に回帰する一方で、大学における歴史教育および教師教育の場では批判的能力や歴史的思考力を育成することの重要性が強調されるようになったことが背景にあった。

中でも、歴史的思考力の重要性を研究する代表者の一人であるワインバーグの定義は、現在様々な学校で行われる歴史教育研究および授業実践においてその理論や考えが用いられている。彼は、歴史ナショナル・スタンダードの作成の際起きた歴史論争を振り返り、歴史教育において子どもが学習すべきこととは、歴史教育論争で取り上げられた「愛国心、英雄、国家思想」、「不平等、負け犬たち、指導者や支配者層への批判」といったものではなく、歴史を学ぶ上で「身近で親しみやすいもの」と「縁のない見知らぬもの」を結びつけることだと論じている。歴史を語る上で身近な親しみやすいものを結びつけることは簡単だが、それだけで歴史が存在していると考えることは歴史の半分しか知らないことになると説いた上で、スタンフォード大学のカール・デグラー（Carl Degler）の言葉を引用し、歴史的思考力を育成する意義を次のように説明している。「人間であることの意味を理解し、すでに私たちが持つその概念の幅を広げる」ために、歴史を学んだ上で「社会形態も考え方も違う遠く離れた過去に遭遇すること、つまり見知らぬ過去との永続的な出会いは、少しの間しかこの世に存在しない我々をこの地球上の人類の一員へと導いてくれる」のだ（Degler 2001, p. 3-27）。

つまりワインバークは、生徒が当たり前だと思ってきたことや教えられてきたこと、言い換えると身近な親しみやすい歴史だけで歴史が存在していると考えることは歴史の半分しか知らないことになると述べ、歴史を学ぶことは、全く異なる価値観や生き方が存在する異なる地域や年代の資料を考察し、既知の歴史観や教科書の記述と比較し、歴史家のように解釈することであると論じている。その中で、第一次資料を用いて歴史的な事柄について解釈を行い、時間や場所を越えてそこに生きる人々について理解したり、思いをめぐらせたりする自己の行った実践をもとに、歴史的思考力の育成をはかる歴史教育の在り方を提示している。ワインバーグの示す歴史教育への考え方は、その方法や育成すべき能力といった点においてナショナル・スタンダードにある歴史的思考力とほぼ同じであることが分かる。

ワインバーグ、ヴァンズレッドライトやサイカス（Peter Saixas）らの歴史的思考力に関する研究から、歴史的思考力には二つの能力が含まれていると捉えることができる。それは、場所や時代を越えて共感する力と、批判的に思考する力である。本書では歴史的思考力について、この二つの能力によって構成されるものとして定義する。

3 日本に内在する歴史学と歴史教育との間の軋轢

日本の歴史研究における代表的な学術団体である「歴史学研究会」は、歴史教育における歴史研究との乖離を問

図３　日本における歴史学と歴史教育

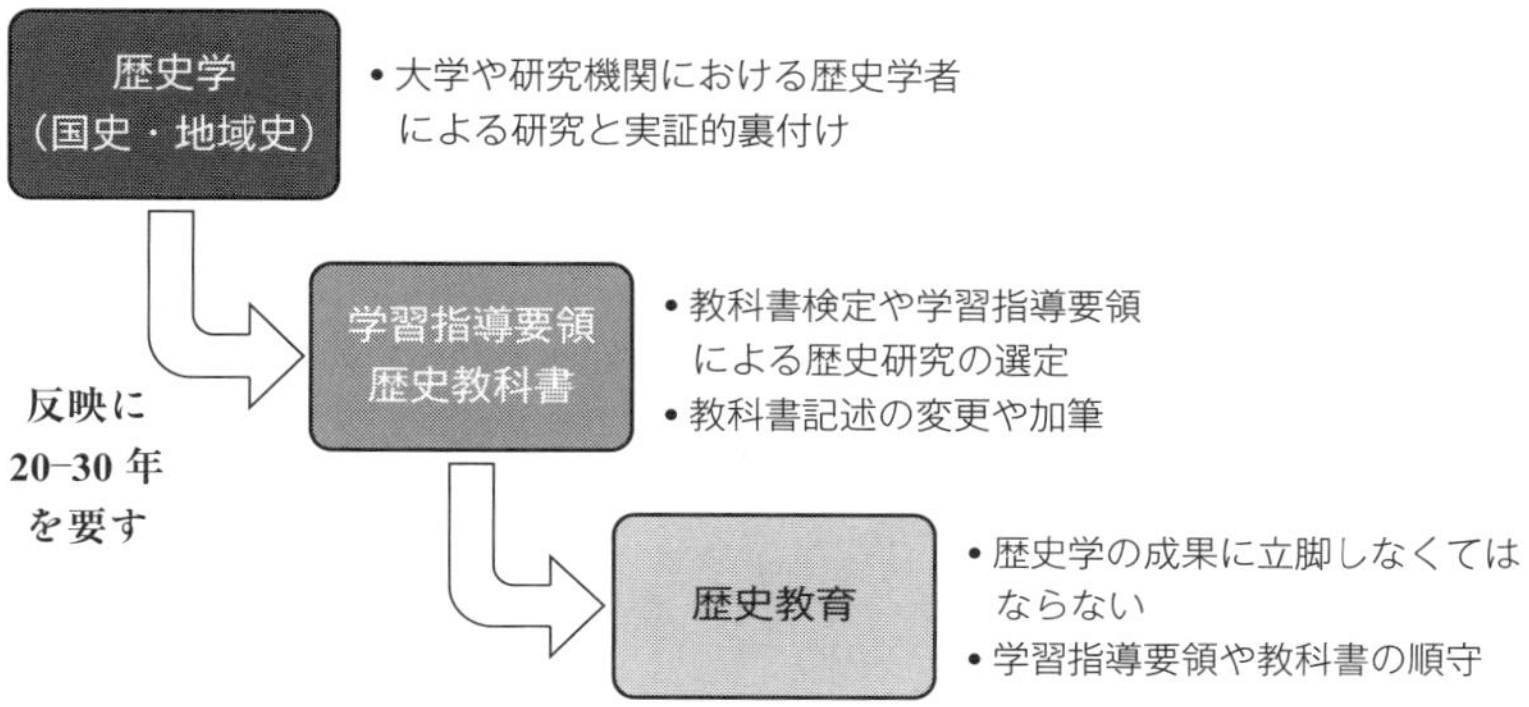

題としてきた団体でもある。歴史研究の成果に立った歴史教育という一方通行的な発想から歴史教育が自由になり、歴史教育が歴史研究に先立ってテーマを発掘していくことや歴史研究と歴史学の結びつきの必要性は上原専禄[5]、遠山茂樹[6]らによって指摘されていた。

　日本における歴史学と歴史教育をめぐる議論を概観すると、歴史学と歴史教育の関係性は**図3**のような上下関係になっていることが分かる。遠山茂樹らによって提唱されてきた歴史学と歴史教育のつながりは、中間に位置する教科書検定や学習指導要領といったナショナル・ヒストリーとしての再編のプロセスを経ることで断絶され、また歴史教育は歴史研究者からも下位のものとして位置づけられてきた（今野 2008 p. 107, 一一二）。つまり、歴史学者による研究によって実証されたことのうち、日本史の通史を損なわないものだけが教科書に反映され、歴史教育において学ぶべきものとして認識されてきたのである。今野日出晴はこうした図式への転換点として、一九七〇年代「地域に根ざす歴史教育」が歴史教育者協議会の運動の基調となったことを挙げ、歴史教育が歴史学の研究成果を越えて地域の民衆の歴史を掘り起こし、子どもたちに考えさせる授業を創造する新たな道を作り出したと論じている（今野 2008）。地域史の掘り起こしという流れは、一九八〇年代様々な歴史研究を生み出し、石渡延男や安井俊夫らの歴史教育実践へと結びつくこととなった。

歴史学研究会は、一九八〇年代に未開拓分野の歴史研究が進み、歴史史料を使い子どもに思考させる実践が議論となっていったことを記している（歴史学研究会 1993）。特に、一九八六年に行われた歴史教育をめぐる座談会「歴史学と歴史教育のあいだ」[7]では、歴史科教諭の石渡延男と安井俊夫、歴史教育研究者の本多公栄、歴史学者の峰岸純夫と小谷汪之（司会）らによって、歴史教育において使用される歴史史料の問題や独自の見解を子どもたちに思考させる実践の意義が議論された。安井は、歴史教育の現場で歴史研究がまだ及んでいない出来事や資料に踏み込んだり使ったりすることについて、次のように述べている。

> （安井）確かに事実の検証は大切です。でも、歴史教育の側で掘り起こされたものを、授業で扱おうとするときに歴史学の側から少し待った方がいいと言われると、いつまで待てばいいのかな、と思うんです。……（中略）……確かに事実として未確認のものもあるだろうけれども、だからこそそれを素材として子どもと教師が一緒になって考えることは、歴史教育として意味があるんじゃないか。（歴史学研究会 1993, p. 30-1）

本多は歴史の授業の在り方について藤岡信勝の言葉を借り、次のように（A）から（C）まで分類し、安井らの実践を（B）と（C）にあるものとして支持する発言をしている。（A）「何らかの意味で確証された史実だけを教えて、教師や子どもの主観的な解釈をいっさい排除して組み立てられた授業」、（B）「実証的には誤りであるか、または確証されていない解釈・想像を多様に含んだ授業」、そして議論の中で新たに本多によって加えられた（C）「実践を通して、実証的にも明らかにしていく授業」（歴史学研究会 1993, p. 25-6）である。

（本多）歴史研究が出してきたから、それを機械的に受け止めるというのは（A）の問題としてあるけれども、同時にその提起に対して歴史教育は歴史教育としてそれを主体的に受けとめて展開するものもあるわけです。（歴史学研究会 1993, 32）

本多は「実証」[8]という部分に焦点をあて、歴史学上確証されていないものであっても、授業実践で使い類型（C）にあるように、自分として事実と思うのであれば教室の中で使ってもよいと考えると述べている。そして客観的な事実を教えること、つまり「正答主義」の問題として、子どもたちを「中立主義」「権威主義」へと導くことを挙げ、歴史教育においては「子どもたちが彼ら自身の歴史像を構想する」「生徒の独自的な思考を、教師がどう保障するか」が重要であると述べている（p. 39）。また、正答主義の問題についての議論から、峰岸は「史実に基づいて自分なりの考えを作り出していく。最低そこのところができるようになれば、歴史的にものを考えたり、調べたりすることができるようになれば、歴史教育の目的は達せられた（p. 42）」のではないかと提案している。議論を通じて、歴史的思考力とは、子どもが身近な地域の人々の視点に立ち、主体的に何が起こったのか考え、歴史的な資料を掘り起こして調べていく作業であるということが分かる。

他方で、歴史的思考力そのものに関する研究は、矢田宇紀（1983）、溝口和宏（1994, 1997）、尾原康光（1995）、佐々木栄三（1996）、森本直人（1998）らによって行われている。その研究の中心は、海外の歴史教育における歴史的思考力の育成を紹介するものである。矢田は、ソビエトにおいてザポロージェツ（Запорожец）によって開発された歴史的思考力育成の授業方法を紹介している。その中で、歴史的思考力は「子どもが意識的に歴史的知識にもとづいて、理論的操作を行い、歴史的判断や評価を行うことができる力である」と明記している（矢田 1983, p. 66）。しかし、その指導方法からザポロージェツの歴史的思考力の育成について教師の指導が中心になっているため、子どもの主体性が保障されにくい点を指摘している。溝口は、オリバー（D.W. Oliver）、ロックウッド（A.L. Lockwood）、シャルバーグ（J.C. Chalberg）といった社会科教育学者らによって監修された歴史教育の副読本を分析研究し、歴史教育における批判的能力の育成は、副読本の単元に見られる「政策論争の吟味によって、既存の政治的規範を根底的に反省する」活動によって可能となり、そうした活動から「開かれた価値観」が形成されると論じる（溝口 1994, p. 128）。次に、尾原は、溝口の取り上げたオリバーの歴史教育に焦点をあて、「公的論争問題」を扱いながら社会的思考力・判断力を育成するその原理と方法を整理している（尾原 1995, p. 88）。

一方、佐々木は、アメリカの高校社会科教師オレイリー（K. O'Reilly）によって開発された教材を分析し、歴史的思考力について森分孝治の言葉を借用（文中、二重鍵括弧）しながら「『個々の事実を概括し関係づけ、データを解釈することによって、歴史の流れ、傾向性、運動を把握すること』であり、生徒が事実を把握し、それらの諸関係を発見するよう導かれることによって育成される」と述べている（佐々木 1996, p. 21）。歴史を「正確に把握する」というところに目標が置かれていることから、前述の先行研究とは異なる歴史学の立場を取っており、歴史的思考力ではなく理解することに主眼が置かれていることが分かる。これに対して、森本直人は安井俊夫の実践を事例として、学びの主体である子どもの事実認識の客観性について論じている。安井の実践において子どもたちの主観的理解の科学性や妥当性に疑問を呈している服部和秀に対して、ボルノー（O.F. Bollnow）の解釈学的論点や、加藤公明の実践の事例を加えながら、安井の実践や加藤の実践は「学習者である子どもたちの主体的な歴史解釈、すなわち歴史認識における主体性を保障しようとする」ものであり、主観的な解釈を許容することは学習者主体の確立という観点で重要な意義が認められると論じている。また児玉康弘の歴史的思考力に関する研究は、実際に「スペイン内戦」という歴史的な事象の教材化を進めながら、解釈批判学習の在り方を論じるものである。その中で、歴史的思考力を「特定の歴史解釈を主体的に批判できる歴史思考力の育成」として、今日のような社会が多元化し、価値が多様化する時代にあって求められる力であると述べる（児玉 2000, p. 1）。

これらの先行研究から佐々木の研究を除き、日本における研究では歴史的思考力は、歴史的な事象について、地域を中心に様々な歴史的知識や史料を子どもたち自身が見つけ出し、そこから何が起こったのか主体的に解釈・判断・評価する能力と位置づけていることが分かる。また、従来の歴史記述にも登場しないような人々や考え方が出てきたりすることで、子どもたちの中に様々な解釈を行うことが許されることとなり、歴史教育を通じて判断力、思考力を育成することにもつながっている。

第3節　調査および研究の方法

1　調査対象

本書では、アメリカの中等教育段階において歴史的思考力の育成を図る歴史教育がどのような形で行われているのか、また大学における歴史教育とのディシプリン・ギャップが存在しているのかを検証する。その際、ディシプリン・ギャップの生起要因を探るための事例として、ニューヨーク州やイリノイ州の歴史スタンダードや歴史教育を取り上げる。両州に着目した理由の一つは、ディシプリン・ギャップについての先行研究が示すように、歴史的思考力を育成するための授業を阻害する原因として挙げられている標準テストの設定が異なっている点である。ニューヨーク州においては、ハイステークスな標準テスト（Regents Examination）が設定され、歴史科目もその中に含まれているが、イリノイ州ではハイステークスな標準テスト（Illinois Standards Achievement Test）から歴史を含む社会科関連科目を除外している。つまり、イリノイ州ではディシプリン・ギャップの要因とされるハイステークスな標準テストがないことになる。

次に、ディシプリン・ギャップが生起する原因の一つとして、学習内容に関する教育委員会や学校区の目標やカリキュラムなどの存在が挙げられている。両州の州スタンダードやカリキュラムに着目した結果、ニューヨーク州には州スタンダードの他に教育委員会が細かく歴史教育の内容を定めたコアカリキュラムが存在し、一九九〇年代の歴史教育論争を踏まえて具体的に理解すべき内容や方法が設定され、標準テストの内容にその内容が反映されていることが分かった。一方で、イリノイ州発行の歴史スタンダードでは、習得すべき出来事や人物といった学習内容よりも、批判的能力や歴史的思考力といった能力の習得に重点が置かれている。具体的な内容に関する分析は第4章において省察するが、イリノイ州が、歴史科教師にとって批判的思考力や歴史的思考力の育成のための授業を組み立てやすい州であることを示している。つまり、歴史的思考力の育成を図る上で阻害要因とされる二つの要因がイリノイ州では存在しないことになる。しかし、イリノイ州においても大学における歴史学と高校までの歴史教育の間にはディシプリン・ギャップが存在しており、その要因を探るために歴史科目の教員養成システムについても調査し、解消に向けての可能性と課題について考察を行った。

2　研究の構造と調査および調査対象者

本書では、アメリカの歴史スタンダード改革を政策レベルから教室における実践レベルにかけて検証していく。その際、政策レベルにおける歴史教育への考え方を検証するために、ニューヨーク州やイリノイ州で発行されているカリキュラムや標準テストの内容について検証する。本書において分析に使用した資料は、以下のとおりである。

ニューヨーク州教育庁（New York State Department of Education）[9]発行

・州スタンダード（New York Learning Standards）
・コアカリキュラム（Core Curriculum with Resource Guide）
・標準テスト（Regents Examinations）

イリノイ州教育委員会（Illinois State Board of Education）発行

・州スタンダード（Illinois Learning Standards）
・社会科パフォーマンス評価基準（Social Science Performance Descriptors）
・社会科評価フレームワーク（Illinois Social Science Assessment Framework）

これらの他にも全米各州の州スタンダードがその参考とした全米歴史教育センター（National Center for History in the Schools）が発行したナショナル・スタンダードについても以下のものを検証した。

・一九九四年版　合衆国史ナショナル・スタンダード（National Standards for United States History: Exploring the American Experience）
・一九九四年版　世界史ナショナル・スタンダード（National Standards for World History: Exploring Paths to the Present）
・一九九六年版　改訂歴史ナショナル・スタンダード（National Standards for History Revised Editon）

ニューヨーク州、イリノイ州、そして全米歴史教育センターで発行されたカリキュラムにある学習内容や目標が歴史学においてどのような立場を取っているのか、またどのような歴史理解を求めているのか、どのような能力を育成しようとしているのかなどを分析した。次に、カリキュラム内容がどのような形で歴史教育の実践となっているのかを調査するために、歴史教育の学習内容がカリキュラムにおいて具体的に示されハイステークスな標準テストが実施されているニューヨーク州の実践を調査した。調査対象者の名前はすべて仮名を使用している。

ニューヨークにおける実践調査校および調査対象者（期間二〇〇一年一〇月～一一月）

図4　ニューヨーク州の研究の構造と調査

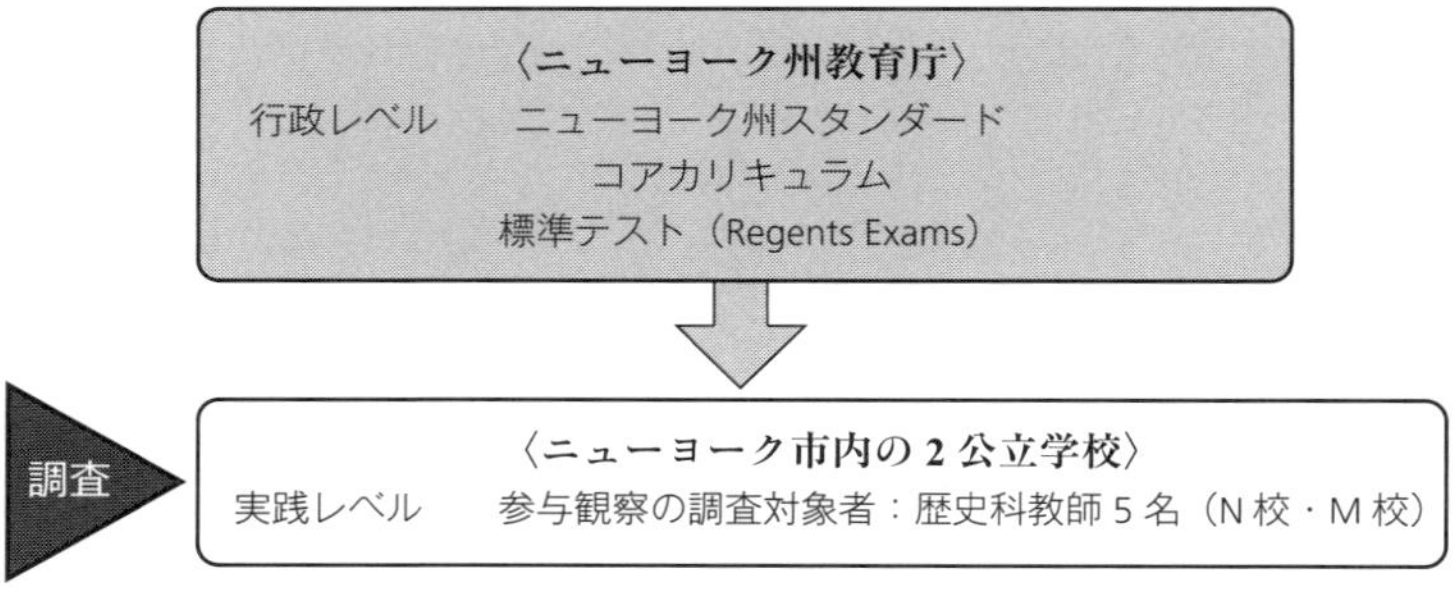

・N高等学校（ニューヨーク市内：移民やその子弟が多く在籍する）
調査対象者：ブルーノ先生、ヒュース先生の合衆国史の授業
　　　　　　マーカス先生の世界史の授業

・M高等学校（ニューヨーク市内：マイノリティや貧困層が多く在籍する）
調査対象者：グレイス先生の世界史の授業、パトリシア先生の合衆国史
　　　　　　の授業

これらの調査対象の相互関係を示したものが**図4**である。

一方で、歴史の学習内容に対する州発行のカリキュラムやハイステークスな標準テストなどの発行・実施がされていないイリノイ州についても調査を行っている。イリノイ州では特に歴史的思考力の育成がイリノイ州教育委員会、教員養成系の大学であるB大学において進められているため、B大学およびB大学と提携関係にある教育実習協力校において調査を行っている。

イリノイ州における調査校および調査対象者（期間二〇〇八年八月～二〇〇九年五月）

・教員養成系のB大学（イリノイ州内の都市近郊部）
歴史科教員養成コースにおける授業観察
（1）二〇〇八年八月～一二月歴史教育コース担当エレーナ教授の授業
（2）二〇〇九年一月～五月歴史教育コース担当ヒース教授の授業
教育実習校へ派遣される大学指導教官（University Supervisors）

（1）二〇〇九年一月サーベイ調査一一名
教育実習生（三〇名）
（1）二〇〇八年一二月インタビュー二名（グレゴリーとブライアン）
（2）二〇〇八年一二月サーベイ調査二〇名回答、二〇〇九年五月サーベイ調査七名回答
•U高等学校（イリノイ州都市近郊部、実習協力校）
調査対象者：実習協力教師ロジャー先生の合衆国史・世界史の授業（二〇〇八年八月〜二〇〇九年五月）
•B高等学校（イリノイ州都市近郊部、実習協力校）
授業観察：実習協力教師二名、教育実習生一名（二〇〇九年一月〜五月）

さらにイリノイ州においては、B大学における教育実習生の支援システムを調査するために、二〇一〇年三月に追加調査を行っている。教育実習に行った学生のうち、シカゴ市内の高等学校で教鞭を執り始めた新任教師二人にインタビューし、その授業を観察した。

•シカゴ市内の中間層・白人生徒が多く通う高等学校（R高等学校）
大学指導教官クライブ先生へのインタビュー及び実習生（エマ）指導観察
•シカゴ市内の低所得層・マイノリティの多く通う高等学校（二校）
新任教師（アンディとブレンダ）へのインタビュー

イリノイ州における研究の構造を示したものが**図5**である。ニューヨーク州とは異なり、州における教員養成系大学B大学は州教育委員会と連携して教育運営を行っている。そこから、B大学の歴史教育を中心にイリノイ州の調査対象者を選定した。選定にあたり、B大学において歴史教育コースで存在論的歴史学の立場から教鞭を執るエレーナ教授の授業を履修していることを条件とした。つまり、被験者全員が存在論的歴史学のディシプリンに基づ

図5　イリノイ州の研究の構造と調査

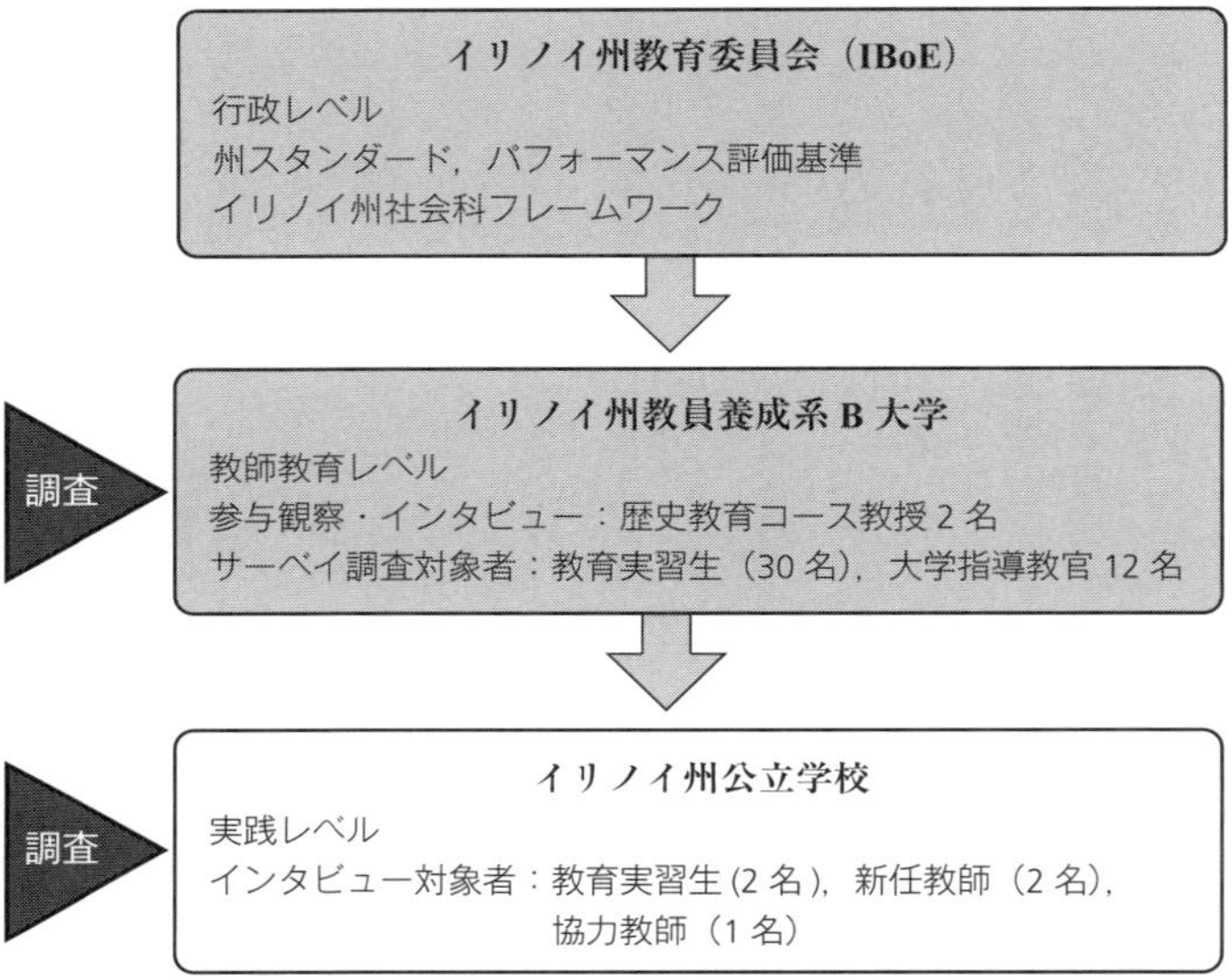

く歴史教育について学んでいることになるためだ。ただし、大学指導教官については、B大学に所属している者に限定をしている。大学指導教官に関しては、中等学校における歴史科教師として長年勤務をしたのち、退職後にB大学に雇用されているケースが多く、そのほとんどはエレーナ教授の歴史教育コースを受講したことはない。

3　調査の分析方法

ニューヨーク州における調査によって得られたデータは、参与観察のためのメモやインタビュー記録（メモ）および教室における配布資料およびシラバス（N校）である。現在では学校教育の現場における調査は行政によるものを除いてはほぼすべて実施が不可能になっている。二〇〇一年同時多発テロが起こったころのニューヨーク市は、ジュリアーニ市長の施政下にあり、次々と改革が進められている途上であった。現地調査にあたって、生徒との接触の禁止、ICレコーダーや写真などの記録の禁止がその実施の条件となった。すべての記録は、聞き取れる範囲の教師と生徒との対話や配布される授業資料を基にしている。

データの収集や分析にあたっては、エスノグラフィーの手法（北澤・古賀 1997）を参考とした。その他に、学校現場を見ていく視点としてボグダンとビクリン（Bogdan & Biklen 1998）の質的教育研究の方法を参考とした。彼らの手法は、ヴァンズレッドライトの教育実践研究においても活用され、ディシプリン・ギャップを調査分析するにあたり、同様の視点で分析を行うことができると考えた。

また、ニューヨークでは学校を選定するにあたり、様々な歴史的な視点や文化的価値観を持ち込みやすい移民やマイノリティの子どもたちが多く通う学校という選定基準から、ニューヨーク市教育委員会（当時）から毎年発表されるスクールレポートカード（Annual School Reports）[10]のデータを基に選んだ。N校の生徒は三四以上のエスニック集団からなり近年アメリカに移民してきたか、その子弟である。また、M校は主にヒスパニックと黒人の生徒が九〇パーセント以上を占め、フリーランチ[11]の需給率も高く低所得者層が多く通う学校である。両校は低所得者層の多いインナーシティにあり、マイノリティや低所得者層が多く通う学校であることから、一九七〇年代以降の白人男性を中心とする歴史観に代わる多様な価値観や歴史観を持った歴史教育を行うことに対して、その在校生の多様な民族的文化的な背景からも難しいことではなく、むしろ求められていてもおかしくない学校である。この両校において、記録されたデータは歴史教育においてニューヨーク州教育庁から発行された州スタンダードやコアカリキュラム、標準テストの影響を受けていると思われる部分などを中心にデータをカテゴリー化し分析を行っている。

イリノイ州における調査によって得られたデータは、インターネットを介して得られた量的なサーベイデータと自由記述から得られたサーベイデータ、そしてＩＣレコーダーに記録されたインタビュー・データ、そして授業における参与観察から得られた配布資料や授業中の生徒教師間や生徒同士のやり取りなどを記録したメモである。それぞれのデータはB大学に関わるものであったため、B大学における倫理規定に則り調査計画を作成し調査対象者も限定した上で調査許可（ＩＲＢ）を得た。調査許可を得たことや調査にあたっての目的については被験者にそれぞれ事前に直接口頭で説明をしている。

B大学の選定に関しては、第4章において詳しく述べているが教員養成系の大学であったことや州教育委員会との関係が密接である点を考慮した。また被験者の選定にあたり、調査への協力を承諾した者にのみ、インタビューやサーベイ調査を行っている。調査を行う際には、答えたくないことなどは答えなくてよいことを伝えている。得られたサーベイデータは、量的データも含まれていたためクレズウェル（Creswell 2008）の教育調査法の手続きに則ってデータを取り、また分析を行っている。インタビュー・データや参与観察のデータに関しては、質的であることからメリアム（Merriam 1998）やパットン（Patton 2002）の質的調査法の手法を使いインタビュー項目を作成し、またデータ分析を行っている。インタビュー項目の作成に関しては、被験者以外の高校教師や大学教員からもその妥当性について修正を加えている。質的データの分析にあたっては、パットンのデータ分析方法を使用し、会話をすべて書き出したものを細かく分け、それをカテゴリーに再統合し、そこから大きなテーマを導き出すという手法を取った。質的データの分析にあたり、その信頼性のためにそれぞれの被験者にデータ分析について説明し意見を求めている。

第*4*節　本書の構成

本書では、まず歴史教育における歴史的思考力の育成について、これが歴史的な事柄への共感や批判的な思考として定義し、そこで歴史的思考力とは存在論的歴史学のディシプリンの思想に基づいた考え方であるとした。構造図（図6）にあるとおり、本書はアメリカの歴史教育の方向性や様々な歴史カリキュラムの策定において、存在論的歴史学と認識論的歴史学の二つの歴史学のディシプリンが関与し、二つの歴史学は対立する構造の中で、歴史教育を二分し様々な分野や場面でディシプリン・ギャップを引き起こしていることを論証している。

まず、歴史的思考力の育成がとりわけアメリカ公教育における歴史教育の場において進展していない理由を明らかにするため、まず存在論的歴史学を基礎とする社会史がどのようにアメリカの歴史教育に取り入れられていったのかを論じる必要がある。そのために、第1章では一九六〇年代の多様性を教育に取り入れようとしたレリバンス運動と多文化主義が従来のアメリカの歴史教育に対してどのような批判を行っていたのかを検証した。そして、国民史として理解され続けているWASP[12]を中心とした合衆国史観への批判からもたらされた政治的対立について詳述した。その上で、一九八〇年代から一九九〇年代にかけて起こった保守派からバックラッシュを、全米歴史ナショナルスタンダード論争を象徴的な出来事として検証し、この論争の果たした役割と、現在の歴史教育に対する影響について次の点から論じた。一つは、WASP文化中心の歴史観への揺り戻しと、標準テスト実施による暗記型歴史教育への回帰の関係性について、次に大学教育の中に取り残された歴史的思考力の育成を重視する歴史教育と中等教育段階の歴史教育との間のディシプリン・ギャップについてである。それらを論じるために、論争の経緯から暗記型か思考型かに揺れる中等教育段階の歴史教育の現状を、州スタンダードや標準テストの実施状況や先行研究に見る調査から概観している。また、歴史スタンダードの目標や標準テストが示す歴史認識や解釈については第2章で検討している。

第2章では、歴史教育におけるディシプリン・ギャップについて、その生起要因を先行研究およびニューヨーク州における事例から検証を行う。先行研究では、これまで教育実習生や新任教員が大学における課程で学んだ新しい教育実践や思想をK－12レベルの学校教育に持ち込めない要因として、教育実習生が伝統的な歴史教育に慣れ歴

図 6　本書の構造と各章の位置づけ

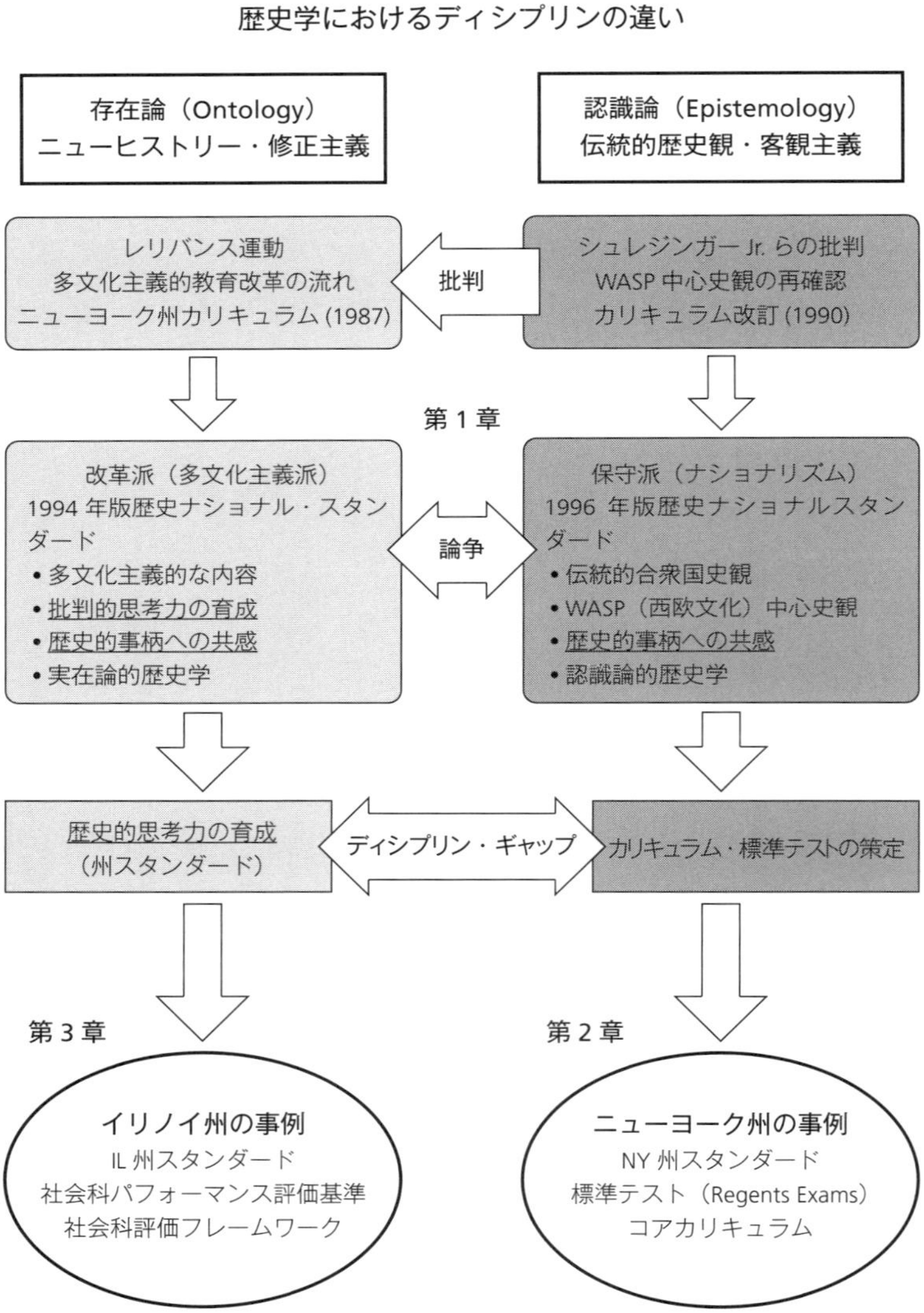

史的思考力を育成するような歴史教育を体験してこなかったこと（Slekar 1996; James 2008）、学校区の教育目標に学校や教師が拘束されていること（Vansledright 1996）、教育実習生にとって孤立しやすく教えづらい教育環境（Van Hover & Yeager 2004）が挙げられてきた。これらの先行研究を踏まえ、歴史教育におけるディシプリン・ギャップの生起要因の一つである教育政策上の要因である学校区の目標といったカリキュラムやテストの拘束がいかなる形やプロセスを通じてディシプリン・ギャップを生み出しているのかをニューヨーク州の事例から考察を行う。

第3章と第4章においては、第2章で検証したディシプリン・ギャップの要因が発生していないと考えられる環境としてイリノイ州に焦点をあて、州が発行する州スタンダードおよびその他の歴史カリキュラムや、イリノイ州の教員養成系大学における歴史教育コースや教育実習のカリキュラムや実践状況について分析を行う。イリノイ州の州スタンダードには学習すべき時代や人物などの具体的な内容に関する記載がなく、幅広い資料の活用や解釈などの活動が示されているだけである。そこで第3章では、州スタンダード内容やその他のカリキュラムの内容などから歴史的思考力の育成が可能であるかどうか、そして州の歴史教育を指導する立場の教員養成系大学における歴史教育の方針についても検証する。

第4章では、イリノイ州の教員養成系大学において教育実習に臨む歴史教育コースを履修する学生に焦点をあて、ディシプリン・ギャップに直面する教育実習生について分析を行う。調査研究の途中で明らかになってきた問題は、歴史スタンダードをめぐって行われた一九九〇年代の論争にも見られた多様な歴史観に関わる教材の教室への持ち込みにあることが分かった。こうした教材についてはその教育への利用が論争の焦点となっており、論争中のトピックをめぐる教育実習生や実習先の担当教師らの意識や考えについて、インタビューを行い、その意識がもたらす教育現場における現象に焦点をあて検証を行う。

第5章においては、論争中のトピックを扱ったり新しい歴史教育の実践をためらったりする実習生を支援するシステムについて考察するために、近年プロジェクトとして始まった協働的教育実習についてその可能性と課題を検証する。また、教育実習中に論争中のトピックなどを扱うなど、歴史的思考力を育成する歴史教育の実践を行うことのできた新任教師へのインタビュー調査から、実習生や新任教員の置かれた環境の課題や改善策についても検討を行う。そして、大学において提起される歴史的思考力を育成するための教育方法を実習生や新任教師が、実践に移していくために必要なサポート体制について、必要とされる条件などの課題面とともに論じる。

終章では、各章を概観し本研究の総括を行った上で、調査や分析から課題を明らかにし、日本における本研究が与える示唆についても言及した。

［注］

1　ゴードン（Gordon 1964）の研究では、日系人女性の白人男性との婚姻率は三六パーセントにものぼり、黒人女性と白人との婚姻率は三パーセント程度という政府の人口調査の結果が紹介されている。

2　ニューヨーク州の標準テストは、公立学校の在籍者は全員受験が義務づけられ、その正解率が六五パーセント以上でないと進級が認められず、それ以下の場合は落第となる。落第の多い学校は予算がカットされ、閉校も余儀なくされることになる。州の政策において標準テストでの獲得点数が一定の基準に満たしていることが進級や卒業の要件となることをハイステークス化と呼ばれる。ボロー（Borroughs 2002）によると、全米三〇州で標準テストが実施され、そのうち二二の州で実施される標準テストがハイステークス化されているという。

3　幼稚園（Kindergarten）から高校三年生（12th Grade）までのアメリカにおける義務教育段階を指す。

4　岡本はフィッツジェラルドのAmerica Revised（1980）より参照している。

5　歴史学研究会編『歴史学研究』一六七号（一九五四、三八頁）所収。

6　遠山茂樹「歴史教育論への私の立場」『歴史学から歴史教育へ』岩崎書店（一九八〇、九頁）

7　歴史学研究会編『歴史学研究』五五三号（一九八六、四）所収。

8　本多は、議論の中で「実証」という言葉を「確証」という言葉に置きかえて説明している。

9　二〇〇二年ブルームバーグ（Michael R. Bloomberg）ニューヨーク市長（当時）によって教育委員会は廃止され、カリキュラムはすべてニューヨーク州の行政組織（教育庁）発行となった。

10　ニューヨーク市教育庁によって運営されるウェブサイト（http://schools.nyc.gov/Accountability/data/AnnualSchoolReports/default.htm）において取り出すことができる。

11　フリーランチとは、家庭の所得に応じて支給されるかどうかが決定される、各学校のカフェテリアで取る給食のことである。無料の場合もあるが、半額などの支給率が所得額に応じて異なる。

12　ＷＡＳＰ（ワスプ）とは、ホワイト（白人）、アングロサクソン（イギリス系）、プロテスタント（宗教）の略である。アメリカ独立戦争や建国の歴史において登場する歴代大統領をはじめとして、アメリカ合衆国の歴史観はこのＷＡＳＰを中心に描かれてきた。

第*1*章　スタンダードによる教育改革

本章では、歴史的思考力の育成を重視するようになったアメリカの歴史教育の背景を探るために、一九六〇年代から現在まで社会や政治の影響を受けながら変化していった教育カリキュラムの変遷と、歴史教育がたどってきた流れを追う。そして現在の歴史教育が、暗記型か思考型かに揺れているという現状を教育実践者の反応や歴史教育実践の研究から明らかにする。

そこで、第1節ではアメリカの教育改革を一九六〇年代の学校教育に多様性を取り込もうとするレリバンス運動からナショナル・スタンダードの導入まで概観し、近代学校システムをその根幹から批判するポストモダニズムの動きとその反動である保守派からの批判という対立構造を描く。第2節では、保守派からの批判から始まった国民統合の流れとして歴史ナショナル・スタンダードをめぐる論争とその帰着点について明らかにした。そして、第3節では歴史的思考力の育成を目指す歴史ナショナル・スタンダードと、標準テストが示す一定の歴史認識や解釈との間にあるギャップを明らかにし、標準テストが特に政治的・文化的な多様性を志向するものではなく、逆にマジョリティ側の歴史観を定着させる暗記型の教室実践を生むものであることを論じる。

第1節　アメリカにおけるカリキュラム改革の流れと多文化主義

1　レリバンス運動から多文化主義へ

アメリカにおいて一九六〇年代半ばから一九七〇年代にかけて行われたカリキュラム改革には、多様な文化との「関連性（レリバンス）」を求めた次の三つの視点が取り入れられた。「人種差別・貧困・麻薬・環境問題などの現実的な問題」、「貧困地域や黒人居住域を中心に子ども中心主義の学校を建設する運動」、「バイリンガル教育の普及・能力別学級編成の拡大・LD（学習障害）児などに対する補償教育プログラムの拡充」（佐藤 1996, p. 216）である。こうした「レリバンス」を重視するこのカリキュラム改革は様々な問題を持った子どもに目を向けた、進歩主義的かつ多文化的なカリキュラムを生み出すレリバンス運動は能力別学級編成の拡大やエスニック・スタディーズなど選択科目の増加を促した。

一九六〇年代のアメリカは、ニューレフトの登場、学生運動の高まり、黒人音楽を源流とする音楽の流行、反抗的若者文化の動きが高まり、といったことに代表される（Gitlin 1987）。つまり既存の社会や文化に対し、各分野で見直す動きが始まった時代と言える。中でも、黒人の置かれた差別的地位については、南部におけるバスボイコット事件や公民権運動を通じて、その不平等性が国内外で認識され、これを問題視して改善するために、アメリカの社会・学校を対象とした調査分析が行われるようになった。[1] そのきっかけとなったのが、一九三〇年から五〇年にかけて行われたクラーク夫妻（Kenneth & Mamie Clark 1939, 1950）のアフリカ系アメリカ人の幼児への調査であり、また黒人と白人の教育的不平等性を調査したコールマン（James Coleman）による報告であった。しかし、カラベルやハルゼー（J. Karabel & A.H. Halsey）はコールマン報告が、学校の内部的な作用や「家族的背景」の諸要因に関するデータを様々な角度から集めなければならないという難解さと、結局のところ不平等を説明できなかった点で調査の限界を示したと述べている（Karabel & Halsey 1977; Bowles, Gintis & Herbert 1976）。けれどもこのコールマン報告が、教育研究者や社会学者を机上のカリキュラム分析から教育現場へと旅立たせ、子どもたちの家庭的背景や教師の子どもたちへの期待といった心理的背景にまでその調査対象を拡大させることに寄与したことは、その後の教育への影響を考えると大きな出来事であった。そうした調査の中でも、ボウルズ（Samuel Bowles）の行った調査は、アメリカの近代教育が果たしてきた不平等の再生産を、家計の所得水準と大学在籍率、そして親の学歴・所得水準と子どもの在籍率との比較から明らかにした（Bowles 1971）。そして、バーンスタイン（Basil Bernstein）は子どもたちの家庭的背景に注目した調査を行い、家庭内で使われる言語コードを労働者と中産階級に分け、学校文化が中産階級の文化に適したものであることを論証した（Bernstein 1973）。

こうした社会学の研究成果に基づく教育研究や調査分析は、学校教育の階級や人種間の不平等を再生産させる機能を明らかにし、モダニズム的性格の学校カリキュラムはもとより学校そのものまでもが批判の対象となった。佐藤学によれば、カリキュラム研究がこれを機に「行動科学の心理学と技術学の枠組みから脱して、社会学と政治学を基礎とする領域へとシフト（佐藤 1996, p. 14）」し、「教室に生起する教師と子どもの経験の文化的、政治的、倫理的意味を問う（佐藤 1996, p. 15）」ことが主となって、その課題は教育学的目標を語ることではなくなったという。つまり、ポストモダニズムの言説によって、絶えず学校・教師・カリキュラムはその認識や信念を批評される対象となり、確定的な方法や目的は失われたのである。

一九六〇年代のポストモダニズムの批判を受け始まったレリバンス運動以降、ナショナル・スタンダードといったカリキュラム作成が始まる一九八〇年代までが、多文化教育がしきりと提唱されるようになった時期でもあった。しかし、モダニズム的性格のカリキュラムや教育期待が強く残るままの学校教育において、多元的価値の育成や多文化教育の導入は論争を生み出さずにはいられなかった。ポストモダニズムの学校批判は、学校の機能・役割がいかに国家主導型であり、特定の文化集団による支配を強く受けていたことを暴露するものであった。こうした学校の機能や役割と、多文化的な内容を折衷させたカリキュラムの創造は困難な作業となった。そのことはナショナル・スタンダードやカリキュラムにおける多文化主義論争に如実に示されている。

しかしながら、一九九〇年代になり多文化的な内容を織り交ぜたカリキュラムの創造が図られるようになった。ワシントンにあるスミソニアン・アメリカ歴史博物館に行くと日系移民の展示コーナーがある。強制収容所内での生活の様子を復元したものや、兵隊として志願する日系人の写真、その当時の手紙などを見ることができる。アメリカ国籍を持つ日系人が差別されてきた実態をあらわにし、彼らのアメリカ人としてのアイデンティティを認めようとしなかった当時の政府の行いを反省し、アメリカが多様な民族や文化を内包する国であることを政府自らが証明する出来事だった。このことは、政府が表明するナショナル・アイデンティティの性格がＷＡＳＰ文化のみをアメリカ文化とする考え方から多様性を内包するものに転換したことを意味している。森茂岳雄は、日系人と戦後補償について、「日系人以外のアメリカ人にとっても、アメリカが強制収容という戦時中の不正義に対して、謝罪と補償という民主的な方法で対応したことを知ることによって、アメリカ人としてのナショナル・アイデンティティを確認することにもなった」（森茂 1999a, p. 31）と述べている。

2　多文化主義への批判とカリキュラムをめぐる政治的対立

一九六〇年代から始まった、多様性を認めながらもナショナル・アイデンティティを具現化しようとする動きは、一九八〇年代に出現し、論争を巻き起こすようになった。カリキュラムにおいて、それぞれの文化集団の描き方、そしてそれぞれの文化の政治的位置取りをめぐって論争が起こったのである。まず、ハーシュ Jr.（E.D. Hirsch Jr.）によって書かれた論文「文化的リテラシー（Cultural Literacy）論」の発表（Hirsch 1983）がその始まりとなった。その後出版した『文化的リテラシー』（Hirsch 1987）の中で、ハーシュ Jr.はアメリカ国民として知るべき共通の知識をリストアップし、文化集団によって異なっているカリキュラムが学力低下を招く原因であるとして批判した。

森茂は、一九八七年のニューヨーク州社会科カリキュラムと一九九〇年のカリキュラム改訂に注目し、社会科における多文化教育のゆくえと、国民統合のためのナショナル・アイデンティティについて分析を行っている。その分析によると、一九八七年作成のカリキュラムは「ニューヨーク市立大学教授のレナード・ジェフリース（Leonard Jeffries Jr.）が指導的立場にあったことでアフリカ中心主義の考え方が色濃く反映されているものだった（森茂 1996, p. 16）」という。しかし、レナード・ジェフリースは、アフリカ系アメリカ人の黒人研究者であり、彼の考えが強く出された社会科カリキュラムは、シュレジンガー Jr.（Arthur M. Schlesinger Jr.）によって批判の矢面に立たされ、一九九〇年に社会科カリキュラムは改訂され、この出来事は多文化主義カリキュラムからの方向修正に大きく関わるものとなった。

シュレジンガー Jr.は、この報告書が「ヨーロッパ中心の偏りが少数民族の子どもたちの精神状態をだめにしているという主張については、何の証明もしていない。私が見いだしえたかぎりでは、民族研究プログラムと民族集団の自尊心とのあいだには、両者の相関関係を示すような科学的研究は何もない（Schlesinger Jr. 1991, p. 108–9）」と主張する。また、一九八七年の社会科カリキュラム内容において大きく取り上げられている「ホーデノソーニー政治体制[2]」について、その無意味性を「功業をいたずらに賛美したものである（Schlesinger Jr. 1991, p. 120）」と指摘した。彼は、各民族の誇りと自尊心によって歴史の教科書が書かれることは、それぞれの集団にとっての汚点を隠す歴史教育となるだろうと唱えるラヴィッチ（Diane Ravitch）らの言葉を借り、一九八七年の社会科カリキュラムにおける歴史観を痛烈に批判した。

一九九〇年のカリキュラム改訂では、歴史学者シュレジンガーJr.が出した批判が強く影響し、カリキュラムの修正が行われた。彼は「民族的ないしは人種的な誇りを教えることが、いったい学校の機能なのであろうか。相違点に固守することは、全体を包み込むアメリカ国民性の理念をおびやかすことになるのではないか（Schlesinger Jr. 1991, p. 90）」と力説している。このように、シュレジンガーJr.が何よりも危機感を持って語ることは、アメリカ人という理念の喪失である（Schlesinger Jr. 1991, p. 121）。その上で、シュレジンガーJr.は、クレヴキョール（Crevecoeur）、トクヴィル（Tocqueville）、エマーソン（Emerosn）、ミュルダール（Myrdal）といった人々の言葉を借り、彼らの捉える共通の理想への傾倒、つまり「すべての人間の基本的な尊厳と平等の理想であり、自由と正義と機会への絶対的権利の理想」を基本理念として国民の統合を重要視するよう訴える（Schlesinger Jr. 1991, p. 21, 149）。さらに、「ヨーロッパの特定の犯罪が何であったにせよ、あの大陸は同時にまた、我われのもっとも貴重な遺産を構成し、世界の大半が今日あこがれている個人の自由、政治的民主主義、法治の原則、人権、そして文化的自由といった解放思想の源泉——独特の源泉——なのである」（p. 165）とアメリカの統合理念の源泉としてヨーロッパ政治思想を称揚する。

アフリカ中心主義の主導といった多文化教育から国家理念の喪失を警告し、新たな国民統合の理念を民主主義という政治思想に求め、その土台である西欧的価値観の重要性を喚起するシュレジンガーJr.の問いかけは大きな論争を呼び、多文化主義を称揚する教育者の考えにも影響を与えた。多文化教育論の第一人者でもあるバンクス（James A. Banks）も影響を受けた一人であると言えよう。彼はその後多文化教育のあり方を提示したが、その内容はシュレンジンガーJr.の多文化教育批判を受容する形となって提示されている。バンクスによると、多文化教育の特徴は以下の四点とされている。

（1）西洋伝統主義者と多文化主義者の両者が非白人の割合が増え続けているアメリカ社会の「現実を直視する」こと

（2）西洋文明を作ってきた人々が主人公として描かれ歴史の作り手として認識されてきた「神話を作り変える」必要があること

（3）多文化教育が、人間の尊厳、平等、自由といった西洋的理想によって導かれていることに言及し、「西洋的原理によって作られた民主主義の理想が、すべてのものを対象に実現するような国民国家を作り上げる」こと

（4）幼年期の社会化を通じて養われている集団による文化的規定からの「自由を目指す教育」である。

（Banks 1994 = 平沢安政訳 p. 9–16）

（3）の新しい民主主義的「国民国家」の考えを除いて、これまで学校や社会において認められてこなかった非白人・女性など周辺にいた人々を認識するという点は、これまでの教育が単一の価値観に支配されていたことを批判したポストモダニズムの言説を受け入れたものと言える。また（3）の視点は、西洋近代思想を中心に据えたアメリカ文化が、多様な文化を持った人々を承認するという位置取りを示すものでもある。カリキュラム論争の中でポストモダニズムの言説から起こった多文化主義思想は、カリキュラム論争の中で西欧的思想をもとにした自由や民主主義の思想による国民統合という妥協点を見いだしているのである。

第2節　WASP中心史観による国民統合への回帰と歴史スタンダード論争

1　WASP中心史観による国民統合

多文化教育の目標である多元的な価値認識の育成は、こうした国民統合というモダニズムのカリキュラムとの折り合いの中で図ることは可能なのであろうか。ここでは、シュレジンガーJr.の唱える多文化教育への考察をまとめ、その多文化教育にあるはずの多元的価値が西欧的価値とすり替えられているのではないか検証を行う。

桐谷正信は、先のカリキュラム改訂におけるシュレジンガーJr.の主張について、これはヨーロッパ的価値の復権であるとし、この主張によってアメリカ人のナショナル・アイデンティティ創出の問題が議論されることとなったと述べている（桐谷 1999, p. 9–10）。確かに、ニューヨークの社会科カリキュラム改訂をめぐる論争の中で、憲法理念や西洋思想と合致する国民統合の理念を重視することは、一九六〇年代の公民権運動に端を発するカリキュラムの多文化化に歯止めをかけ、カリキュラムの統合化へ回帰する一つの分岐点となった。また、桐谷はニューヨーク州の社会科カリキュラムが再改訂される過程において、「多様性」尊重から「多様性」と「統一性」の両者の尊重へと価値転換されたとした上で、その「統一性」は合衆国憲法、権利章典、独立宣言の民主主義思想に基づいたアメリカン・アイデンティティによって示されたと分析している（桐谷 1999, p. 8; 2012）。

しかし、カリキュラムにおいて、合衆国憲法や権利章典などの理念や民主主義思想を起用することは、目新しいことではない。逆にそれはアメリカ公教育の目標、愛国心の育成の中で使い古されてきた思想である。森田尚人は、アメリカ公教育の特質として、愛国心教育と公民教育とが同一視されてきたことを次のように考察している。

アメリカは共通の歴史的伝統を持たずに国民的統一を達成しなければならなかったため、複雑な人種と多様な地域を統合する絆となったのは、人権宣言と憲法に述べられた「自由」の観念であった。その手段として「早くから発達した学校教育は、自由主義を唯一のアメリカ的価値として教え込むことによって、国民的一体意識の創出に携わってきた」（森田 1979, p. 303）。こうした自由主義の用いられ方が、ナショナリズムのシンボルとなり、「自由主義に対抗原理を持たない唯一のイデオロギーとして絶対化され、『自由の専制』とも言うべき事態を引き起こし」（森田 1979, p. 303）、結果として、目標とされた「よい市民の形成」とは、「人種・出身階層にかかわりなく、アメリカ体制に信従する国民をつくることにほかならなかった」（森田 1979, p. 304）。

シュレジンガーJr.の唱えるアメリカン・アイデンティティは、森田の述べた「自由」の観念を持つものとほぼ同義であり、従来の愛国心教育で使用されてきた思想が再び用いられたことを意味する。アメリカ建国時のナショナリズムは、自由の観念を持ったアメリカ人への同化を建国の父祖であるワシントンやジェファーソンといった人々へも信奉させ、アメリカ人としての言語や文化・歴史はＷＡＳＰ文化への同化も含むものであった。このことは、イタリア系移民であるレオナルド・コヴェロ氏の追想を研究した山田史郎の研究によく表されている（山田 1982）。アイルランド移民に関しても、一八九〇年から一九二〇年における教育委員会制度の成立において、その改革者の教育哲学が、「他集団に優越するアメリカ生まれの……ヤンキー・プロテスタントの理念を移民や貧民の子どもに画一的に注入することこそ、学校教育の使命」（堀 1976, p. 27）であったことからも、長い間「自由」の名の下でＷＡＳＰ的アメリカ人への同化が行われていたことが分かる。

シュレジンガーJr.の唱えるアメリカの国民性の理念を中心とする社会科カリキュラム観は、建国当時の人びとの思想に焦点をあて民主主義の概念を教育する市民性育成のための教育と考えることもできる。しかし、その結果ＷＡＳＰ中心のアメリカン・アイデンティティが強調され、そのアイデンティティをもとに国民統合教育が行われることを意味している。そうであるならば、シュレジンガーJr.の唱える歴史教育は子どもたちの多様性に準じた教育ではなく、子どもを社会に適応させようとする伝統的な歴史教育への回帰と考えることができる。実際に、スタンダード策定におよび、学力の向上を理由に行われている標準テスト（Standardized Test）など、そのカリキュラム観や教育方法は伝統主義の特徴を備えることとなる。このことは第2章で詳述する。

2 ナショナル・スタンダードの策定

先述したニューヨークでの社会科カリキュラムをめぐる論争から四年後の一九九四年、全米歴史教育センター（National Center for History in the Schools: NCHS）から『合衆国史ナショナル・スタンダード』（National Standard for United States History: Exploring the American Experience）が発行された。このスタンダードの内容をめぐって、またもやニューヨーク州の多文化主義論争と同じような論争が行われることになる。そして、その『合衆国史ナショナル・スタンダード』発行から早くも二年後には改訂され、『世界史ナショナル・スタンダード』と合冊となった改訂版『歴史ナショナル・スタンダード』が発行されることになる。ここでは、全米を巻き込むこととなった歴史科目のナショナル・スタンダードをめぐる論争について論じる。

アメリカにおける社会科目に関するナショナル・スタンダード[3]は、一九九〇年代にNCSS（全米社会科教育協議会）やUCLA（カリフォルニア大学ロサンゼルス校）において出版されたものが代表的なものである。そもそもスタンダード作成による教育改革の必要性については、一九七〇年代より一九八〇年代にかけて、教育改革の議論の中で保守派の立場をとる教育研究者や政策決定者の間で論じられてきた（Fuhrman 2001）。とりわけラヴィッチはその著書の中で、大学入学や就職のため不適切な学習に傾倒している点、世界的に見て数学や理科の学力が低い点、学習の結果を評価する必要性がある点、エスニック集団によって学力差があるという点、また低学力の生徒に対する教育者の低い期待意識を挙げ、スタンダードの策定は、①相互依存の高まる競争的グローバル経済をけん引する先進社会には必須、②同じ学年に同じ方法で教育を行うことが望ましい、③ハイレベルなナショナル・スタンダードは具体的かつ重要な目的のために有効なもの、④科学、数学、英語についての知るべき事柄はどこでも共通のもの、といった点から必要性に迫られていると訴えた（Ravitch 1992, pp. xxiv-xxv 3–4）。

この点から、ここで目されるスタンダードとは、全米においてバラバラとなっている教育内容や方向性に一定の指針を与えるもの、学力の底上げを図るもの、基準を定めることによって学校や生徒を評価できるようにするものとして作成されたものと言える。

ナショナル・スタンダードの作成の拠点となったのは、全米歴史教育センター（NCHS）であり、同センターは全米人文科学基金（National Endowment for the Humanities: NEH）によって立ち上げられたため、ＮＥＨの代表を務めていた保守派の教育学者リン・チェイニー（Lynne Cheney）がプロジェクトのマネージャーとなった。皮肉なことに、このセンターで出された初版歴史スタンダードに対して、批判を繰り広げた人物でもある。そのリン・チェイニーが批判を行ったのは、一九九四年ＮＣＨＳにおいて歴史科目のスタンダードが刊行されたときであった。その編集にあたっていたナッシュ（Gary Nash）らは、歴史スタンダード論争の経緯について、修正主義歴史学者によって記された一九九四年版の歴史スタンダードは保守派による攻撃に遭い、一九九六年改訂版が出され、その内容は従来のＷＡＳＰ中心史観へと回帰したと述べている（Nash, Crabtree & Dunn 1997; Symcox 2002）。

歴史科目のナショナル・スタンダードが当初示していた学習内容の多くは、一九九六年に発行された改訂版では削除されていったものの、歴史教育の目指すべきゴールに示された歴史的思考力の育成と歴史の理解の二つの定義は変えられることはなく、これらの歴史教育の目的が記されたページは一九九四年度版と一九九六年度版はほぼ手を加えられることはなかった。歴史教育の目標については細かく定め、歴史教育の内容は最小限にとどめるといったナショナル・スタンダードのスタイルは、その後全米の各州において作成されていった州スタンダードに次々と踏襲されていった。

3　歴史スタンダードをめぐる論争

歴史ナショナル・スタンダードの策定過程における論争については、日本における先行研究でも扱われている。代表的なものに、森田真樹（1997）や桐谷正信（2012）らのものがある[4]。森田は一九九六年版と一九九四年版歴史ナショナル・スタンダードの比較を通じて、一九九六年版にはマイノリティであるエスニック集団の社会史的な内容や資料が削除されていると分析し、桐谷は社会史が一九九六年版にも一部登場していると論じている。具体的には、森田は、『合衆国史ナショナル・スタンダード』一九九四年版にある、「従来の歴史教育において軽視されてきたアフリカ系アメリカ人、アメリカ先住民などのマイノリティや女性を強調した社会史的、文化史的内容が多く組み込まれている」学習事例を取り上げ、後にこれが議論の的となり、一九九六年改訂版（歴史科スタンダードのみ発行）からはその「学習事例」が省かれていることを突き止めている（森田 1997, p. 46）。森田の分析から、歴史科目のナショナル・スタンダード論争は、マイノリティの視点を備えた社会史の記載が争点ともなっていたことが分かる。この論争についてその経緯を追うと、次のようなものである。

まず、一九九四年版合衆国史ナショナル・スタンダードをめぐる批判はある新聞記事から始まった。それは、一九九四年一〇月のスタンダード発行と同時期にニューヨークの主要新聞である *Wall Street Journal*（Oct. 20, 1994）に掲載された「歴史の終わり」という見出しをかかげたリン・チェイニーによる意見文である。その内容は、スタンダードが「不正確でバイアスのかかったもの」であるというものであり、具体的には、ライト兄弟、ポール・リヴィア（Paul Revere）[5]、エジソン、ワシントンといった人物や、合衆国憲法、権利章典といった項目が不足しているという指摘であり、またマッカーシー議員、クー・クラックス・クラン、タブマン（Harriet Tubman）[6]といった人物や、マッカーシズムおよび奴隷制について過剰に取り扱っているというものであった（Johnson & Avery 1999, p. 459）。この記事や世の中の反応に対する当時の新聞やテレビといったメディアの論調について、ジョンソンとアヴェリー（Theresa Johnson & Patricia G. Avery）は次のように振り返っている。

新聞諸紙はスタンダードの持つ自発的な性質を見落とし、結果として伝統的にアメリカが恐れている学校カリキュラムの国家統制を導いた。さらに、新聞において歴史スタンダードは（カリキュラムとしてではなく）歴史として扱われ、また同時に合衆国史に挑戦するものとして表現され、多文化主義や歴史的修正主義に対する過剰な反応が後に醸成されることになった（Johnson & Avery 1999, p. 463）。

このようなメディアの風潮の中、一九九五年一月一二日、全米歴史教育センターが合衆国史ナショナル・スタンダードの見直しに同意すると、一八日には議会によって同スタンダードに対する糾弾が九九対一で可決された。一九九四年合衆国史ナショナル・スタンダードへの批判は、合衆国史にネイティブ・アメリカンやアジア系移民、黒人の歴史が社会史の視点から書き足され、また学習資料として日記や日々の生活を描いたものが掲載されたことにあった。それは、様々な視点として庶民やマイノリティの資料を用い合衆国の歴史を学ぶといった社会史のような存在論的歴史学の持つ歴史観では、ＷＡＳＰを中心とする従来の客観的な一つの歴史観を否定するものだったからである。

存在論的歴史学の立場からは、合衆国史がアングロサクソン系を英雄視する歴史によって構成され、これを事実とみなしたとしても、それは解釈された歴史のうちの一つに過ぎないとみなされる。被支配下に置かれてきた多様なエスニック集団の人々の持つ視点を導入することで、従来のＷＡＳＰ中心の合衆国史が批判の対象になることは想像に難くない。ナショナル・スタンダード論争は、アメリカのナショナル・アイデンティティがＷＡＳＰ中心のものから多様な民族や宗教から構成されているということや、支配層にあった人々が批判の対象になることに多くの嫌悪感が表出されたものであると言える。

アメリカには、「アングロ社会への同化（Anglo Conformity）」という言葉がある。時代によって幅はあるものの、移民に対してアングロサクソン系の文化にどの程度同化しているかによって、敵意や排撃の対象から外れていくというものである。例えば、移民がアングロサクソン系の風貌に近ければ近いほど差別の対象とならないといったことから、アングロサクソン系の文化的なパターンを踏襲するのなら反感などを買わないというものである。一九九四年度版の歴史ナショナル・スタンダードは、この「アングロ社会への同化」を否定するものであり、逆に保守派から出された批判はこの「アングロ社会への同化」意識が依然として根強いことの表れであるとも言えよう。

歴史科目のナショナル・スタンダード改訂が一九九六年に出された時には、結果としてＷＡＳＰ中心の米国史観を揺るがすような多様なエスニック集団の歴史観については、これをすべて削除することになった。結局、ナショナル・スタンダードをめぐる論争は、歴史的思考力の育成についての記載はこれを継続したまま、アメリカ民主主義の歴史として内容を年代順にまとめた従来の合衆国史へとナショナル・スタンダードを回帰させた論争だったと言える。これは、ニューヨークの社会科カリキュラム改訂と同じ道程をたどったことを示している。森田が指摘しているようにアメリカ民主主義や自由への賛歌は、アメリカ独立革命以来登場するアングロサクソン系の英雄の歴史の焼き直しに過ぎない。合衆国史のたどった歴史が、内部において黒人や先住民を民主主義や自由から隔離してきたものであり、現在もなお、エスニックグループ間の所得や社会的地位には大きな格差があり、一九九二年のロサンゼルス暴動に見られるようなマイノリティの持つ不満はアメリカ全土各地に潜んでいる。しかしながら、例えば「カラー・ブラインド」と呼ばれるように有色人種への差別の事態がまるで次々に解決されたかのような物語が、一九九六年以降の歴史ナショナル・スタンダードや教科書の中でより一層定着してきているのである。

一方、アメリカはブッシュ（George W. Bush）政権の二〇〇一年に出された「落ちこぼれをなくす法（No Child Left Behind：NCLB）」政策によって、スタンダードに基づいた教育改革を推進してきた。このため、すべての子どもたちに同じ学力を身につけさせることを重視した結果、スタンダードに基づく標準テストが学力評価において大きな役割を担うこととなり、多くの学校ではテスト対策のための教師主導型の伝統的な一斉授業・暗記型の授業スタイルに回帰するようになった。テスト準備のための歴史教育においては、歴史的な出来事に対する多様な歴史的解釈は許されず、選択問題において正解は一つに限定されることとなる。こうしたテストにおける評価は、進級や卒業要件となり、また学校や教師への評価の基準となり、ますます今日の学校において重要な役割を担っている。そしてその蔭で、多くの子どもたちがテストに合格できずに学校を去っているという状況が生まれている。これについては、次の第3節と第4節で詳しく述べる。

第3節　スタンダード改革と各州の取り組み

1　クリントン政権における教育改革——学力低下への取り組み——

一九六〇年代のポストモダンによる教育批判から始まったレリバンス運動は、一九七〇年代になると公民権運動の影響から、アメリカにおいて様々な人種や民族からなる学校では社会史を使った歴史教育が行われ、マイノリティである子どもたちを癒す（remedy）カリキュラム、つまり被抑圧者への教育として広まっていった

(Saixas 1993)。しかし一九八〇年代になると、アメリカの子どもたちの国際学力評価ランクの低下や、日本の経済力の伸張、『危機に立つ国家(*A Nation At Risk*,1983)』の発行から、アメリカ政府は学力低下対策へと大きく舵を切っていく。その後、報告書『危機に立つ国家』に基づき、基礎教科(数学・英語・理科・歴史・地理)の履修率を伸ばすことが各学校で推進されるようになった。実際に、一九八二年の一四パーセントから一九九四年には五二パーセントまで増加したように、基礎教科の履修率は確実に伸びてはいったものの、国際学力評価機関の評価順位はそれほど上がらず、学力低下に対する教育改革の方針は、一一年後クリントン政権に引き継がれることになった。

クリントン政権においては党派を超えた支持のもとに、一九九四年、その教育改革方針である「Goal 2000」が議会を通過した。この教育改革は、スタンダードや標準テストの実施などによってカリキュラム統合を図るものではあるが、方法や改革の主導性については各州に委ね、各州への連邦政府の関与を最小限にしようとする旨が記されている。「Goal 2000」に記された教育改革の目標は次のようなものである。

(1) 読む能力の向上
(2) 卒業率を九〇パーセントに(中退者を減らす)
(3) 学業達成の向上と市民性の育成
(4) 教師教育と専門性の開発
(5) 数学と科学の成績を世界一に
(6) 成人の識字率向上(仕事に直結した学習内容に)と生涯学習
(7) 安全で規律ある、アルコール・喫煙のない学校へ

（8）保護者参加の教育（保護者のパートナーシップ）

これらの教育目標のうち、（2）（3）（5）（6）（8）はとくにマイノリティの子どもたちや保護者に焦点があたっており、全体的なボトムアップを図るという効果を期待するものとなった。クリントン大統領の学力低下への危機意識は、アメリカ教育省の発行した報告書[7]に記された次の文章に現れている。

アメリカの上位二〇パーセントの生徒が八年生で学ぶ典型的な数学は、日本の七年生（筆者注：中学一年生）のほとんどがすでに学んでいる。今日アメリカの四年生の読む力がこれまでにないほど高い一方で、四〇パーセントの生徒が将来安定した職に就くだけの読む力をつけていない。

こうした危機意識のもと、一九九七年年頭教書においてクリントンは学力の向上をはかるため、リーディング（四年生）と数学（八年生）の教科について全米学力調査（National Assessment for Education Progress：NAEP）による全米の子どもたちの学力評価の実施を呼びかけた。クリントン政権によって出された教育改革の目標や具体的な政策から、その目標となった「学力」の向上とは、明らかに読み書き能力と計算能力の向上であったことが分かる。

次に、教育改革によって示された教育方針・内容が州においてどのように具現化されたのかを検討する。

2 スタンダード改革への各州の取り組み

一九九四年には、クリントン政権の教育政策「Goal 2000」において、その主要な取り組みであるスタンダードに基づく教育改革が行われることになった。ナショナル・スタンダードは多くの州で取り入れられ、一九九五年までに四八の州と八つのテリトリーで受け入れられるようになった。改革は、州主導（Statewide Systematic Initiatives: SSIs）のかたちを取り、それぞれ独自に教育改革が進められていった。

「Goal 2000」実現のために行われた取り組みは、ＡＰ（Advanced Placement　大学レベルの高度な知識やスキルを学ぶ大学との連携プログラム、第4章の注4参照）のコースの設置およびＡＰ学力評価テストの実施、クラスサイズの低減、ナショナル・スタンダードおよびスタンダードに基づく評価（テスト）の実施などに及んでいる（Smith, 1995 p. 10）。こうした取り組みが教育にもたらした影響として、国立教育研究団体（National Society for the Study of Education：NSSE）は次の三点を挙げている（Fuhrman 2001 p.p. 6–7）。

（1）それぞれの学校に子どもたちの学習成績（全体平均）を公表させることで、そのパフォーマンスに対する説明責任を付加することになった。

（2）学校が果たすべき役割を怠っていないかを審査することで、各学校には子どもたちの学習環境を良くするようなコンピューターの導入などの「教育設備」の改善、大学との連携によるカリキュラムの実施といった「システム」などが整えられた。

（3）教員が授業方法などで専門的な改善に向け努力するようになった。それは、ワークショップ形式の授業への導入などが挙げられている。

これら「Goal 2000」の政策およびスタンダードによる教育改革の果たした役割は学校教育の改善につながり、学校教育の改革において高く評価されていることが分かる。実際にＮＡＥＰによる学力評価結果では、一九九〇年から一九九七年にかけて「学力」が向上した州として、ノースカロライナ州とテキサス州が挙げられている。

その他に、州レベルからも「学力の向上」が報告されている。テキサス州、メリーランド州、ミシガン州、コネティカット州、フィラデルフィア州などがそうであり、特にテキサス州では州の標準テスト（Texas Assessment of Academic Skill）の第四学年の合格率が一九九四年の五四・八パーセントから一九九七年には七二パーセントとなり、アフリカ系アメリカ人では三三・三パーセントから五三・八パーセントへ、また経済的貧困層の子どもたちでも四〇・二パーセントから五九・八パーセントへとそれぞれ上昇したと報告され「テキサスの奇跡」とまで呼ばれた（Fuhrman 2001, p. 7）。しかし、同じ問題が繰り返し出される州の標準テストの得点率が年々上昇していくことは、学校現場がテスト対策を実施し、同じ問題に対処することで教師も生徒も慣れていくことを考えると当然の結果とも言える。他にも、標準テストの結果が学校評価に結びつくことから、学校ぐるみで生徒の答案を改ざんしたり、事前にテストを見せていたりしたことがメディアに暴露されたケースも出てきている[8]。

スタンダードに基づく改革を教室における実践に浸透させるために、各州はさまざまな方策を取ったが、ほとんどの州では学校評価を行うための標準テストを導入するなどした。その結果、学校選択制の進むアメリカにおいて標準テストの結果は、保護者にとって大きな学校選択の基準となり、また学校も標準テストに結びついた州スタンダードを重視し、改革は教室実践に反映されるようになり、学校運営においても、教師の指導方法にも大きな影響を与えた。

州スタンダードの導入が各学校における教室実践への取り組みに与えた影響は、全体としてそのカリキュラム内容というよりも、スタンダードに基づく標準テストの実施の方が大きい。特にテストによる生徒の学力評価への対策として、教室では特に数学の計算能力や読み書き能力の向上に重点が置かれ、例えば、「日々の音読（Dairy Oral Readings）」といった教材を使った活動や、文法やスペルの日々の訓練、また数学では公式や解法の暗記といった指導が行われるようになった。主要科目ではないが、歴史教育に対してもテスト評価が導入されることによって、問題解決学習の形式か、解法や技法のトレーニングに力を入れるかどちらかを選択することを迫られたのである。これについては第2章や第4章で詳述する。

3 オバマ政権下でも引き継がれたスタンダード教育改革

二〇〇〇年以降、落ちこぼれをなくす法（NCLB法）とともに定着していった州スタンダードと標準テストは、オバマ大統領の民主党政権においても、二〇〇九年発表の「頂点への競争（Race To The Top：RTTT）」により継承されることになった。その改革項目は下記四つの領域に集約されている。[9]

（1）精査されたスタンダードとより良い評価方法の開発…生徒が大学や就職先において成功し、またグローバル経済において競争するための準備ができるようなスタンダードと評価を実施する

（2）生徒を向上させる情報を学校・教師・保護者に提供するためのデータシステムの改良および実施…生徒の成長や成功を計測し、教員や校長にどう指導方法を改良できるのかを情報提供できるデータシステムの構築

（3）効果的な教師や学校のリーダーを育てるためのサポート…特に最も必要とされる場所に、適切な教師や校長を雇用し、指導及び報酬を付与する

（4）成果の上がらない学校を変えるために必要な介入を可能とする重点化と財源の増額…達成度の低い学校を転換させる

この四つの領域に見られるように「頂点への競争」の政策内容に現れる特徴は、それまでのNCLB法がたどっ

てきた方向性とほとんど変わらない。さらに、篠原岳司はこの「頂点への競争」に見られる政策は、「各州を連邦補助金の獲得競争に巻き込み、連邦が定める各改革項目とRTTTの審査プロセスを媒介にして州と学区の教育政策の内容と実施を転換させる」と述べ、これまで以上に教育政策を各州へと誘導する効果の高いものであると分析している（篠原 2012, p. 59）。つまりRTTTの政策により各州の自主性・自立性が薄れ、連邦政府による教育政策が州の教育に一定の介入する力や影響力を持つようになるというのである。ナショナル・スタンダードは州スタンダードを作成する上でのガイド的なものであったが、RTTT政策ではナショナル・スタンダードに代わるものとして連邦政府により「コモン・コアスタンダード（Common Core Standard）」が策定された。コモン・コアスタンダードの州への導入は、そのRTTT政策によって注ぎ込まれる資金をめぐって各地で急速に行われるようになり、導入をしていないのは二〇一四年の時点でアラスカ州とワシントン州を残すのみとなった（山本由美 2015, p. 29）。

さらに、この「コモン・コアスタンダード」について、デイヴィッド・ハーシュ（David W. Hursh）は、その背景にはマイクロソフト社の創始者によって設置されたゲイツ基金（Gates Fundation）の存在があり、コモン・コアスタンダードの導入は、そのスタンダードに基づく評価のために、学校はコンピューターを購入し使用することが前提となっていると指摘する（Hursh 2016）。コモン・コアスタンダードの各州への導入によって、ビル・ゲイツ（Bill Gates）はテスト産業の大手であるピアソン社と共同し、教室にマイクロソフトのタブレットである「サーフェス（the Surface）」を使用したコモン・コアの教室教材を開発・導入することを発表した。その結果、マイクロソフト社およびその株を保有している投資家は一四〇億ドルの利益をあげたという（Hursh 2016, p. 34）。

またナショナル・スタンダード策定期には保守派として政策決定に深く関わっていた。ラヴィッチも、各州がその政策に取り入れようとするコモン・コア・ステイト・スタンダード（Common Core State Standard : CCSS）の文言について次のように憂慮している。ゲイツ基金によって運営され、オバマ行政によって推進されたＣＣＳＳの「大学や職業における成功の準備」のために、州はそれに見合う学力の伸びを図るためにテストを行うこと、アメリカ教育庁に州のスタンダードと評価を報告すること、生徒のテストスコアを使って教員や校長を評価すること、さらに学校を優秀な「報酬（reward）」校、「注目（focus）」校と、底辺校を意味する「緊急（priority）」校に対して攻撃的なくらいに介入をすること、そしてすべての学校に対して数値で測れる目標を設置する計画を立てること、これらのことに同意しなければならなくなってしまった。さらに、ラヴィッチは、ＮＣＬＢ法とＲＴＴＴ政策によって、連邦政府を支配的な地位に押し上げたと断言する（Ravitch 2013 p. 282）。アメリカでは伝統的にも、州政府の持つ州内の学校や教育政策に対する権限は強いものであったが、全米で行われてきたスタンダード改革の波は、ここへ来て一気に連邦政府と、巨大ＩＴ企業や教育産業の介入という新自由主義の流れによって、各州の教育政策に大きな権限を持ち始め、多大な影響をもたらしている。

底辺校の転換を呼びかけるＲＴＴＴ政策が各地で波紋を広げるなか、コモン・コアスタンダードの導入時期の二〇一三年にシカゴ市では、五〇校にもおよび公立学校が閉鎖された。地域のコミュニティやそこに通う生徒の保護者たちに大きな衝撃を与える出来事となった。閉校が決まったのは、シカゴ市のインナーシティ地区にあるアフリカ系アメリカ人が通う学校がほとんどであった。二〇一四年二月に発行されたイリノイ大学シカゴ校学校のニュースペーパー『*CEJE Research Snapshot*』によると、その閉校理由は当初成績の低い底辺校だったからとされたが、事実はそうではなかったことが記されている。

シカゴ教育委員会が二〇一三年に五〇校を閉鎖したとき、ＣＰＳ（Chicago Public Schools：シカゴ公立学校）の役人は閉校が学区を団結させる材料となり、また生徒たちにより良い教育の機会を提供するものであると約束していた。しかし、閉校に伴い生徒を受け入れる正式な受け入れ校五一校のうち、たった一二校だけしかCPSによって「レベル1（優秀校）」に位置付けられていない上、閉校措置が取られた学校のうち四一パーセントは受け入れ校と同等のレベルの成績評価であった。[10] ヒアリングからは、保護者たちは地域の閉校となった学校について多くの関心を表明している。実際には、生徒たちの六〇パーセントしか受け入れ校に入学しなかった。[11] いくつかの閉鎖になった学校には、豊富なプログラムや教材、コミュニティとの連携を確保し、コミュニティにおいて要となるようなところもあった。二〇〇一年から実施された一五〇校を超える学校への政策によって、シカゴ市南部と西部地区の幾つかのエリアは今、公立学校の「砂漠」地帯と化している。

現実にオバマ政権下で起こったことは、「底辺校を中心とする公立学校」の閉鎖であった。シカゴの場合は、それは底辺校だけでなく貧困地区にある公立学校にまで及んだことが分かる。こうしたシカゴ市やニューヨーク市の公立学校閉校の流れは、新自由主義政策が吹き荒れる時代の到来を意味した。つまり、学力向上を目指すオバマ大統領の教育改革に対する熱意は、諸刃の剣のように、低所得者層が多く住む地域から公立学校を奪い、そうした学校の教師から職を奪うことになった。ニューヨークの教育現場で起こった新自由主義の潮流から、デイヴィッド・ハーシュはその著書の巻頭で「私たちはアメリカ合衆国における公立学校の終焉を目撃することになるだろう」と衝撃的な言葉を綴っている。その背景には、ニューヨーク州において発覚した州立大学など教育機関に置かれる評議委員会（Board of Regents）や州知事によるテストの点数の改ざん、利益誘導のために彼らの政策にとって不必要な学校は閉鎖するという事態、さらに浮いた教育予算は評議委員のメンバーによって、閉鎖された公立学校に代わり設置されたチャータースクールへと流用されるという呆れた実態があった（Hursh 2016 p. 1）。

同様のことは、シカゴ市でも「コマーシャル・クラブ Commercial Club」と呼ばれる地元の経済団体によって引き起こされている（Lipman 2011）。コマーシャル・クラブのホームページからは、その団体がシカゴ市の街づくりデザインを取り仕切り、さらに教育政策のデザインをも行っていることが分かる。リップマン（Paulin Lipman）によると、コマーシャル・クラブは二〇〇八年に「シカゴ・ルネサンス・スクール基金シンポジウム」において、スローガン「選択の自由を、成功への自由を Free to Choose, Free to Succeed」を掲げ、その会場には経営者（ＣＥＯ）やシカゴ市立学校（ＣＰＳ）の役人、チャータースクールの運営者、全米のチャータースクール協会の代表者、主要都市の教育行政官、全米の慈善事業家たち、およそ三〇〇名が集まり、シカゴ市の教育において私的セクターと公的セクターのパートナーシップをより促進させることが確認されたという。つまりシカゴ市は公立学校にかわる半民半官のチャータースクールの導入を宣言したのである。導入の背景には世界経済への競争力の強化があった。
（Lipman 2011, p. 56–8）

シカゴ教員組合が保護者や教師と生徒と一緒にデモやストライキを起こす発端となったのは、二〇一三年の公立学校の閉鎖であった。シカゴ市において公立学校を廃止し、チャータースクールへの転換を加速させた要因として、教員組合は次のように表明している。[12] バンク・オブ・アメリカは二〇〇八年のリーマンショックの際にサブプライムローンや住宅ローンの破綻から大きな赤字を抱えて以降、ＣＰＳに対して金利スワップなどを行い始め、これによりＣＰＳは毎年三六〇〇万ドルだった市債返済額が、二〇一五年にいたっては二億七四〇〇万ドルもの返済額となり、教育予算の多くが市債の貸付金利の返済に回ってしまったという。つまり、二〇一三年に起こった公立学校の閉鎖の理由は、その学校の実績が理由だったわけではなかった。その一方で、旧公立学校校舎に新設された民間が運営するチャータースクールについては、十分な実績をあげることができないところが多いという。

一九九〇年代のナショナル・スタンダードをめぐる歴史教育論争において保守派の立場をとり、さらにスタンダード政策や標準テスト、ＮＣＢＬ法について肯定的な立場を取っていたラヴィッチは現在、テスト政策や公立学校を閉鎖しチャータースクールに転換していく政策に反対する立場を表明している。数々のインターネットメディアに登場し、新自由主義の功罪を表明し、オバマ政権下で起こっている教育政策がいかに失敗し、また間違っているかを力説している。[13] 教育に失敗したとされる学校や教師を閉鎖・解雇という形で処分するのではなく、地域のコミュニティのためにも公立学校は守られなければならないことや、点数で学校や教師を評価するのではなく、学校や教師は観察されることで評価されるべきであり、必要に応じて改善に向けてのサポートを受ける必要があること、公立学校の代わりに民営化され設置されるチャータースクールについても、多くの場合それ以前の公立学校とさほど変わらない結果しか出せないか、失敗に終わっていることを主張している（Ravitch 2011：2013）。

こうした教育をめぐる情勢が新自由主義のもたらした弊害を白日の下にさらすことと、二〇一五年、オバマ政権下において二〇〇二年の施行から一向に改定されることのなかったＮＣＬＢ法が、ようやく「すべての生徒が成功する法 Every Student Suceeds Act：ESSA」という名称で改定されることになった。新自由主義による改革の要素が高かった「頂点への競争」に対して、ＥＳＳＡ法はいくらか連邦政府の介入を和らげる内容となっている。ＥＳＳＡ法が掲げる目標の一部を挙げると下記のとおりである。[14]

- アメリカにおいて不利な立場に置かれ一刻も早く救済を必要としている生徒に必要不可欠な保護政策を立ち上げることで平等を前進させること
- 最初に必要なことは、大学や職業における成功への準備ができるよう、全米の生徒は高度にアカデミックなスタンダードを教わるようにすること
- 必要不可欠な情報が、毎年全米で行われる生徒が高いスタンダードにどの程度近づいたかを測る評価を通して、教育者、家族、生徒、コミュニティに確実に提供されること

・地域の刷新と明るい見通しのための投資から、地域の改革の促進・サポートを補助すること（根拠に基づき、地域に根ざした介入を地域のリーダーや教育者によって進めることを含める）
・高い質の就学前教育を受けることのできる機会を増やすために、学校行政の長期の投資を継続させ、拡大させること
・多数の生徒の成績が振るわず、また留年の延長期限を越えて卒業する割合も低いような底辺校についても、良い方向に変えていけるようなアカウンタビリティや対策があるという期待を持ち続けること

ＥＳＳＡ法では、底辺校の学校に対する政策として閉鎖も意味するような「転換（Turn Out）」という言葉を使わず「変化（Change）」という言葉を使ったり、また貧困の中にある生徒に対しての保護を掲げたりするなど、政策が目指す内容には、シカゴのような都市で二〇一二年ごろから始まった公立学校閉鎖に対する反対運動などへの一定の配慮が感じられる。また、この法律が制定されたときに出された報告書「すべての生徒が成功する法（Every Student Succeeds Act：A Progress Report on Elementary and Secondary Education：ESSA）」を見ると、二〇〇八年以来のオバマ教育行政の成果が報告され、上記のＥＳＳＡ法の内容がさらに詳しく記されており、ここにもＮＣＬＢ法に対する反省ともとれる「これまでの落ちこぼれをなくす法（ＮＣＬＢ法）がしてきたような画一的な連邦の解決法でなく」といった表現を使い、さらに連邦政府の権限の強化から州の自主性を尊重することを明言した一文が添えられている。また、テストについても学習を阻害するほどに頻繁に行うようなものは減らしていくようにも示すものになっている。つまり、このＥＳＳＡ法がＲＴＴＴ政策を継承し支持するものではあるが、学校閉鎖やテスト政策の功罪が各地でさまざまな抗議活動となって噴出したことへの回答とも取れる目標となったことがうかがえる。

成果（抜粋）

- 白人以外の生徒も含む中で八一パーセントと最高の高校卒業率に到達した
- 幼児教育に一〇〇万ドルの予算を投じた
- 優れた理系（STEM）の教師一〇万人育成計画において半分のところまで達した
- 二〇〇〇万人の生徒にハイスピード・インターネット接続環境を用意した

これからの目標（抜粋）

- 大学進学や就職への準備が整った高卒の子どもたちを育成するために、高度なスタンダードの設置を各州に確約させる
- 生徒が学力不振に陥ったときに、州がその生徒や学校（特に底辺五パーセントにある学校、退学率が高い高校、困難と格闘する生徒の多い地域の学校）が向上するよう手助けするため、資金投入を保証することでアカウンタビリティを維持する
- これまでの落ちこぼれをなくす法（NCLB法）がしてきたような画一的な連邦の解決法でなく、根拠に基づいた学校改革のための強力なシステムを、州や地域の政策決定者たちに自分たちで開発するように権限を与える
- 毎年評価は実施し続けるが、頻繁に行われ教師や生徒にとって煩わしく不必要で有効とも思われないようなテストは減らし、標準テストが指導や学びを阻害しないことを確認する。その際、保護者や教師にとって子どもたちが学んでいることを確認するのに必要な、年ごとに開示される情報を阻害しないようにする

第4節　標準テストのもたらす歴史教育への影響

1　歴史教育に浸透する教育改革

これまで述べてきたように、「Goal 2000」や「NCLB法」のためのスタンダード改革は学力評価を強力に推し進めてきた。その結果、テストの点数が上がり成功したかのように見えたが、しかし、学力評価の推進は標準テストのハイステークス化をもたらし、落ちこぼれを出さないどころか、黒人やヒスパニック系の生徒を中心に留年やドロップアウト（退学）の数を増加させる結果にもつながった（Meier & Wood 2004）。

ハイステークス・テストは、テストを受けるか受けないかといった受験する側の選択権はなく、テストを受け所定の得点に満たなければ、進級もしくは卒業できないといった、非常に拘束性の高いものである。こうした標準テストの導入は、生徒の進級や進学に大きな影響を及ぼす。ハイステークス性のない標準テストであっても、保護者にとっては学校選択する上で、学校を評価する大きな目安にもなっているため、学校では大きな努力目標として捉えられている。

数字上では、成績の向上や合格率の向上が指摘されているが、学習内容が規定され、一定の範囲の事柄からテストによる評価が行われることが規定されてしまうと、事実上テストに出題される項目や事柄をくり返し訓練することで点数は向上する。しかし、裏返してみると、テストに出題されない範囲の事柄は学ぶ必要がなくなるということである。学習者にしてみれば、これまでどこからどこまで学習しなければならないのか分からなかったものが、明確に学習範囲が規定されることで効率よくまた目標を持って学習することができるという利点がある。教育者にとっても、毎回の授業で何を教授するべきかが明確に指示されているために、教える人や学校によってバラバラな内容を教えることもなくなり、スケジュールも立てやすく、標準テストへの準備という動機づけも明確なものになる。

数学や英語などの教科と異なり、歴史を含む社会科を州の標準テストにおいて受験必須教科としている州は三〇州であり、また標準テストの結果が進級や卒業資格付与の基準となっている州は一四州（二〇〇二年）、検討中であるとした州は八つある（Burroughs 2002, p. 315–8）。方向として標準テストに社会科をこれから組み込んでいこうという流れがある。

歴史を含む社会科は全般的にその内容から、基礎教育としての計算能力や、読み書き能力を問う数学や言語などの問題形式とは異なり、意思決定をする上で必要な批判的思考や、市民として民主的態度をいかに育成するかという課題がつきまとう。歴史的思考力の育成もまたナショナル・スタンダードにも記載されている教育目標であるにもかかわらず、その学力達成度を測る評価には、正しい一つの答えを導き出すためのテストのみが用いられているのである。歴史教育が志向する思考型の教育と、ただ選択肢から正解を当てるような暗記力を必要とする標準テストによる評価との折り合いをどうするのかという点で、なお決着はついていない。

政策推進者の考える標準テストの実施には、国民共通の知識の浸透を図り、この知識の獲得を評価基準とすることで教育機会の均等をもたらすという視点がある。しかし、そうした知識やスキルの均質化、歴史教育の目標である批判的思考力を含む歴史的思考力は折り合うのか、つねに教育実践者からは批判と賛同の声が上がっている。次にこれらの声について検討する。

2　社会科スタンダードと標準テストに対する教育実践者の反応

バロー（Burroughs 2002）の全米各地の二〇〇人を超える教師に行った調査によると、六六パーセントが、社会科も含めたハイステークスな標準テストが自分の指導方法に影響を与えていると答え、七一パーセントがテストの内容がカリキュラムに影響を与えていると回答している。またその影響は拡大傾向にあり、教授法・カリキュラム・テストはそれぞれ相互にまた暗黙裏にも影響を与え合っており、教師も生徒も必要以上にテストを意識していることなどが、その回答結果から分析されている。教師に対するインタビューから明らかになった社会科の標準テストに対する否定的意見・肯定的意見をまとめると次のようになっている（Burroughs 2002, p. 316）。

標準テストへの否定的意見

- 教える内容に関して、「（テストの）目的が曖昧／広い」ため「何を教えるのか」もしくは「何がテストされるのか」知ることが難しい
- 内容が「一義的な事実」「概念のない基礎」「トリビア（取るに足らない知識）」である
- 授業の進行に関して、教えることの「スコープが限られている」「あわただしいカリキュラム」である
- 「柔軟性がない」「内容に豊かさがない」「観察するための余裕がない」「地域の研究を行う余地がない」
- 「生徒の興味は軽視されるか無視されている」「一つのことに全員を当てはめている」
- 「テストに出なければ、教えることもない」「学問の自由を制限している」
- アカウンタビリティに関しては、「生徒にとって何の結果でもない」のに、教師に結果に対する最大限の責任がかかっている

・「教師や生徒のネット上の評判」といった形での「継続的な審査」となっている
・テストやテストを行う制度について、テストの項目は「曖昧なものであり、誤った方向に導くもの」であり「風変わりなものを含んでおり」、「一時的な暗記」になりがちなものである
・テストは、「指導の時間を減らすものである」
・教師は「たくさんのプレッシャー」に晒されており、教える環境は「ストレス」「恐れ」「不安」「落ち込む」ことが増えている
・テストで「教える楽しさやうれしさが奪われてしまった」

標準テストへの肯定的意見
・教える内容に関して、「教師のための統一された青刷り写真」「コースの枠組み」「余計なものを省いたスパイラルなカリキュラム」「縦割りの配列」を提示してくれる
・授業の進行に関して、スタンダードや標準テストによって「少しずつ進める」ことができ、「目的を持った活動で留まらざるをえない」ことで「行き詰まる」ことを防いでくれる
・教師と生徒のアカウンタビリティに関して、多くの教師が賛成にまわり、生徒の達成度を測るための有効で、信頼あるデータを提示してくれる
・テストやテストを行う制度について、「教師が教え生徒が学ぶ」上でテストは「インセンティブ」なものとなり、よく組み立てられたテストは知識やスキルのコア（例：読地図、チャート化、グラフ化、読む、書くなど）を重視する

以上の教育実践の立場の意見からは、スタンダードや標準テストによるある程度の枠組みは歓迎する意見が見られる一方で、規格化された内容やテストの問いから、自由な発想や教師自身の授業の創造性が奪われているといった危機感を見ることができる。教師の特性や生徒の反応によって、従来の視点や内容から外れたり、不均等な時間配分になったりすることを危惧する立場は、学校での教育が多様化することに否定的であり、均質化されることを望んでいることが分かる。

また、テストの形式化によって教師の手順は単純化され、効率よく授業が行われるといった意味で、新任の教師にとってはよい参考になるが、独自に指導の工夫などを行ってきたベテランの教師には、独自の裁量の幅が狭められるとスタンダードや標準テストに否定的な意見を持つ傾向がある。一方で、バローは、最後にベテラン教師の言葉を載せている。「私は修士号を持ち、法学の学士号も持ち、三〇年歴史を教えてきたが、テストには私の解けない問題がある（Burroughs 2002）」。これは、均質化されたスタンダードが必ずしも、歴史を含む社会科全体で認識されている普遍的な知識を示したものではないことを示している。ここから、スタンダードや標準テストが特に歴史教育にもたらす影響は、批判的思考の育成や解釈力の育成といった方向に向いているのではなく、むしろスタンダードやテストに定められた知識や解釈が一方的に教室へ持ち込まれ、さらに生徒の歴史に対する思考をテストの解答という一つの結論へと傾斜させ、さらに固定化させていることを示している。

第5節　スタンダード改革が歴史教育にもたらしたもの

アメリカの歴史教育の改革はこれまで見てきたように、一九六〇年代のポストモダンによる伝統的なＷＡＳＰ中心の教育に対する批判から始まった教育における文化的なレリバンス運動は、公民権運動などのマイノリティの権利獲得運動と共鳴しあい一九七〇年代に普及していった。序章でも挙げているフィッツジェラルドもまたその教科書研究の中で一九七〇年代のマイノリティに関する記述の増加を指摘している。

しかし、マイノリティに焦点をあてた歴史教育は一九八〇年代に大きな転機を迎える。多様な民族や文化に焦点があてられたカリキュラムは学力の低下へとつながり、「国家の危機（Nation at Risk）」を招いたとされた。八〇年代後半から九〇年代の歴史をめぐる保守派との歴史科目のカリキュラム論争では、その学習内容が焦点となる。ハーシュJr.やシュレジンガーJr.、そしてラヴィッチらの保守派は、伝統的な合衆国史に登場する人々や出来事を国民の共通の知識として学習項目に挙げるよう要求し、先住民や黒人、移民から見た歴史の記録については、歴史カリキュラムから除外することに成功した。しかし、歴史的思考力の育成といった歴史教育の目標については継続維持されていったのである。このことが以降のディシプリン・ギャップ生起の要因の一つとなっていった。

論争を経て一九九〇年代以降、ニューヨーク州の社会科カリキュラムをはじめとして一九九六年度改訂版の歴史ナショナル・スタンダードには、アメリカの民主主義という思想のもとに多様な民族や文化をその傘の下に入れていくという「統一性」が見られるようになった。森茂や桐谷が述べるように、多文化を包摂したアメリカ社会の国民統合の原理つまり統一性が、西欧思想を起源とする人権や自由に基づくアメリカ民主主義となれば、黒人への人種差別政策や日系人への強制収容政策はアメリカ民主主義の歴史における過ちとなる。そして、過ちを認めた現代のアメリカはアメリカ民主主義の体現者ということになる。しかし、それでも現実にはエスニックグループ間の所得や社会的地位には大きな格差があり、一九九二年のロサンゼルス暴動に見られるようなマイノリティの持つ不満はアメリカ全土各地に潜んでいる。またマイノリティ・グループの生徒たちの間には現実とのギャップからアメリカ合衆国史の学習内容に不信感を抱くものも多い。

合衆国史が西洋的な原理に基づくアメリカ民主主義を土台にすることで、合衆国史の全体がＷＡＳＰ中心史観に修正されていったことも先行研究から明らかになっている。ここで問題となってくるのは、意図的に選択された歴史への批判的な思考力を含む歴史的思考力の育成と、国民史という共有すべき知識の存在の相克した関係である。ハーシュJr.の文化的リテラシー（Cultural Literacy）に見られる国民が共有すべき知識のリストを研究した谷川とみ子は、それがＷＡＳＰ中心の歴史観であると認めながらも、歴史的思考力の一つである批判的思考力を否定するものではないと論じている（谷川 2001）。谷川は、さらにハーシュJr.の提案で設立された基盤的知識研究所（Core Knowledge Foundation: CKF）において開発されている教材やカリキュラムにはマイノリティ集団からの視点を含む教材や歴史教育の方法などが記載されており、様々な観点から合衆国史を批判的に見ることができると述べている（谷川 2001）。例として、先住民の強制移住とヨーロッパ人の西部開拓の歴史に関する教材が紹介され、開拓民と先住民それぞれの立場に立った歴史理解や解釈を求めるというものである。言い換えると、ハーシュJr.にとっての批判的な学習は、共通する歴史理解という既存の知識の土台の上で、異なる記述から批判を投げかける、つまり教科書にあるメインストリームから逸脱した文化集団や人々からの視点や記述を提示するといった学習方法でもあるというのである。しかし、ハーシュJr.の取る立場、つまり多様な文化を学習する以前に共通する歴史理解が必要であるとする立場と、こうした様々な文化集団や人々からの視点や記述はそれぞれ対立するものにはなっていない。逆に、合衆国史のメインストリームが着実に「民主主義」や「自由」「人権の保障」といったものへと向かっていることを証明する材料として、選ばれた文化集団や人々からの視点や記述が加筆され、合衆国史が描かれているのである。

ＣＫＦにおいて開発される教材などを進めていく歴史学習には時間的な余裕が必要とされ、テスト対策のために歴史教科書の内容をすべて期間内に終わらせようとする授業計画の中での実施は実質的に困難である。また、選択問題や一問一答のように一つの答えしか用意することのできないテストでは批判的思考力や多様な解釈を判断することは難しい。標準テストでは、資料を読み解き説明をするといった問題があるが、そうした資料は教科書に出てくるオーソドックスな資料が多く、歴史的な出来事を教科書の記述を思い出しながら回答することが求められることとなる。それ以上に、教科書やカリキュラムの統一性が西欧の原理に基づくアメリカ民主主義の思想にあるならば、世界史においてはアメリカ民主主義と異なる思想や政治原理に基づく歴史上の国家への記述は否定視されることにもなる。

スタンダードによる教育に始まる学力評価、教員評価、そして学校評価により、マイノリティの多くが住む地区から公立学校が消えつつある。そうした学校の多くにはアメリカの教員には少ないマイノリティの教員が高い比率で勤務していた。学校で教わる合衆国史に不信感を持つ生徒にとって、マイノリティ出身の教員は数少ない文化的民族的理解者であった。黒人というだけで特定の場所から排除されたり、不当な扱いを受けたりする社会にあって、アメリカ民主主義が完成していくという物語を批判せずに理解しテストを受けることは白人中心の社会への迎合とも取られかねない。できないふりをしたり、合衆国史の授業になると学校に行くのをやめたりする生徒の存在はそのことを証明している。

第2章では、スタンダード改革に基づく導入されたカリキュラムや標準テストの具体的な内容を分析し、現在の歴史学習が伝統的な合衆国史観、およびアメリカ中心の世界史観に基づいた認識論的歴史観へ回帰していることを明らかにしていく。

[注]

1　本書においてアフリカ系アメリカ人と黒人の両表記を使用している。その理由として、アメリカ合衆国内に肌の色などによる人種の構成として人口統計などに「Black」という表現が使用されることにある。差別的表現であるとして、近年「アフリカ系アメリカ人」という表記をしている論文や本も存在するが、この表現ではそこに入りきれない「黒人」の存在が捨象されてしまう。例えば、アフリカから奴隷として連れてこられた祖先を持たない「黒人」である。近年留学生としてアフリカ各国から渡米し学ぶ学生や就職を果たした人々と、またラテン・アメリカ諸国から来たスペイン語を話す黒人移民、ヨーロッパ各地から仕事などで渡米した人々などである。そのため、肌の色を含む人種のくくりとして「黒人」という表記を使用し、またアメリカ建国から一九世紀にかけて奴隷としてアフリカから連れてこられた人々、また公民権運動により人種隔離政策と闘った人々、この両者を「アフリカ系アメリカ人」として表記した。ただし、この場合でもカリキュラムに「黒人」と表記されているときは原文のままとしている。

2　ホーデノソーニー体制とは、アメリカ先住民イロコイ族の間で行われていた合議政治体制のことを指す。

3　発行はされているものの日本の学習指導要領のような拘束力はなく、参考書として全教育関係者に向けて出版されたものである。全米の教育従事者にとって、ナショナル・スタンダードよりも州で発行されるスタンダードの方がより拘束力を持っている。ただし、多くの州で一九九〇年代に発行されてきたスタンダードはナショナル・スタンダードを参考として作成されている。

4　日本におけるスタンダードの先行研究としては、他に松尾知明（2010）や石井英真（2011）のものがある。石井はハイステークスな標準テストの実施からスタンダード改革がもたらす弊害（ドロップアウトの増加など）から、テストに代わる評価方法としてブルームのタキソノミーを用いた学力評価の可能性を論じ、松尾はスタンダードの評価システムについてバーモント州とオレゴン州の事例を紹介している。松尾や石井の研究はスタンダード改革の方向性について、その評価システムといった側面から論じたものである。

5　ポール・リヴィアは独立戦争の初戦、レキシントン・コンコードの戦いの前夜にイギリス軍の動きを植民地兵に知らせ、勝利に導く重要な役割を担った愛国的英雄として合衆国史に登場する人物である。ボストン市内には馬にまたがり右腕を広げ道行く人に何かを伝えようとするかのようなリヴィアの銅像が建てられ、観光の名所となっている。

6　ハリエット・タブマンは、黒人女性であり、奴隷解放運動家としてアメリカ南部の黒人奴隷が北部へと逃亡する手助けを行った。タブマン自身も奴隷として働いていた両親のもとで出生し、奴隷としての生活を送っていたが逃亡に成功し「アンダーグラウンド・レイルロード」に加入し、南部に潜入し多くの黒人奴隷を逃がしたとされる。二〇二〇年にはアメリカ初の女性による二〇ドル紙幣の顔をなることが決定している。

7 一九九七年一月に行われたクリントンの一般教書演説（President Clinton's Call to Action for American Education in the 21st Century）をアメリカ教育省が報告書としてまとめたもの。（日本語訳＝西村和雄・戸瀬信之編訳『アメリカの教育改革』p. 103）

8 二〇一三年四月二日版のニューヨークタイムズ「Scandal in Atlanta Reignites Debate Over Tests' Role」に標準テストの実施にあたり、教師によって答案が書きかえられたりする問題が発生したことを伝えている。

9 ホワイトハウス・ホームページ（https://www.whitehouse.gov/issues/education/k-12/race-to-the-top）および米国教育省ホームページ（http://www2.ed.gov/programs/racetothetop/index.html）より。最終アクセスは二〇一六年一〇月一五日

10 Lutton, L.（2013, May 19）Performance Data for CPS 2013 Closing-Receiving Schools Spreadsheet, https://docs.google.com/spreadsheets/d/ljlIXLwgC2kpwRSn0uAdubNJuhZ6uqwP9qs922qw-tng/pub?single = true&gid = 0&output = html　最終アクセスは二〇一六年一〇月一四日

11 Lutton, L.（2013, October 14）. Only 60 Percent of Students from Chicago's closed schools turn up at 'welcoming school', https://www.wbez.org/shows/wbez-news/only-60-percent-of-students-from-chicagos-closed-schools-turn-up-at-welcoming-schools/e9115441-0091-40a2-bcbb-9e9f4daec042　最終アクセスは二〇一六年一〇月一四日

12 シカゴ教員組合情報誌特集記事「なぜバンク・オブ・アメリカへのボイコットは必要なのか」より Jankov, P. 'Why Bank of America Boycott is Necessary', *Chicago Union Teacher*, Spetember 2015, Volume 79, Number 1, p. 38–43

13 インターネット上では、American Program Bureau が管理するチャンネルでアメリカのジャーナリストであるチャーリー・ローズ（Chalie Rose）との対談を行ったラヴィッチは、以前はテスト政策や保守派の教育政策に対して賛成していたが、新自由主義の公立学校に対する政策やテストによるアカウンタビリティのシステムを非難し、これらの政策に反対していることを述べている。http://www.apbspeakers.com/speaker/diane-ravitch　最終アクセスは二〇一六年一〇月十四日

14 アメリカ教育省ホームページより http://www.ed.gov/essa?src = rn　最終アクセスは二〇一六年一〇月一四日

第2章　認識論的歴史学へ回帰させる歴史カリキュラム

――ニューヨーク州のカリキュラムと事例――

第1章では、スタンダード改革によって標準テストのハイステークス化が進行し、歴史教育の実践そのものがテストのための暗記型教育に傾倒していることを述べてきた。一方、序章で論じたように、ヴァンズレッドライトはその研究（Vansledright 1996）において、ディシプリン・ギャップの大きな要因として教育委員会や学校区における教育目標を挙げていた。そうした教育目標は、まさに州スタンダードやカリキュラム、標準テストのことを指している。

本章では、スタンダード改革に基づいて導入された州スタンダードやカリキュラム、そして標準テストといった評価について、その具体的な内容を見ていく。その内容から中等学校段階の歴史教育実践ではどのような歴史観が用いられているのか、そして歴史的思考力をどのように育成しようとしているのかを明らかにする。そのためにここでは、学校教育現場においてそれらのカリキュラムの果たす役割を検証するために、教室における実践レベルでの調査も実施している。

具体的な事例として、ニューヨーク州において発行された州スタンダードやコアカリキュラム、そして標準テストに焦点をあてる。ニューヨーク州に焦点をあてる理由は、第1章でも考察してきたように、ニューヨーク州において、多様な文化かつ社会史に焦点をあてた一九八七年版社会科カリキュラムを作成したことから論争が起き、一九九〇年に社会科カリキュラムが従来の西欧文化や思想を基盤としたWASP中心の合衆国史観へと改訂されたという背景がある。この論争は、一九九四年の歴史ナショナル・スタンダード論争に大きな影響を与え、一九九〇年代に全米で作成された州スタンダードの参考とされた。さらに、歴史スタンダード改訂において保守派の論客として大きな影響力を持っていたラヴィッチが州教育庁（New York State Education Department）の顧問を務めているという点である。保守派の歴史カリキュラムによる国民統合が反映された州であると言える。つまり、ニューヨーク州は歴史的思考力の育成と歴史の学習内容の統合化の問題がどのような歴史観や学習目標で具現化されているのか、両者がどのように折り合いをつけているのか検討するのに適していると考えられているからである。

第*1*節　州教育庁、教育委員会、学校区が定める教育目標の果たす役割

1　ニューヨーク州教育庁とその教育目標（州スタンダードとコアカリキュラム）

ニューヨーク州教育庁は、ニューヨーク州立大学（The University of the State of New York）の中に併設された機関であり、主に合衆国内の教育機関との連携を図ったり、州内の教育機関に対してアドバイスや資料などを提供したりするために、州で選定された評議員（Board of Regents）[1]の指導の下で運営されている公的機関である。州スタンダード（New York Leaning Standard：以下、NY州スタンダード）もこの機関から発行され、コアカリキュラムはこれを補完する形で、学習目標、獲得すべき能力、取り扱うべき内容などがより具体的に示されている（NYSED 1997）。**表2**は、NY州スタンダードの主な内容、**表3**はコアカリキュラムの主な内容を示している。

NY州スタンダードは全部で二八ページからなり、合州国史、世界史、地理、経済、公民といった科目ごとに小

表 2　NY 州スタンダードの主な内容

科目 （全 28 ページ中）	習得すべき能力
スタンダード 1 合衆国とニューヨークの歴史 （6 ページ）	全体目標 生徒は，合衆国やニューヨークの歴史における主要な思想，時代，テーマ，発展，ターニングポイントについて理解したことを使って様々な知的技能を活用できる 学習目標 1. ニューヨークと合衆国史の学習では，アメリカ文化の発展を，その多様性や多文化的流れの点から，また様々な価値によって人々がどう一つになるのか分析することを求める 2. ニューヨークと合衆国史に現れる，重要な思想・社会文化的な価値・信条・伝統は，時代を超え，また様々な視点から，人々や出来事が相互につながり交流してきたことを表している 3. ニューヨークや合衆国史における主な社会的，政治的，経済的，文化的，宗教的な発展の学習では，個人や集団の果たした重要な役割や寄与を学ぶこと 4. 歴史的に分析するスキルには，次の能力が含まれる：歴史的な証拠の示す意義を説明すること：重要かつ信頼性・妥当性のある証拠を重視すること：異なる歴史的発展についての解釈が変化したり論争になったりする重要性を理解すること
スタンダード 2 世界史 （6 ページ）	全体目標 生徒は，世界史における主要な思想，時代，テーマ，発展，ターニングポイントについて理解したことを使ったり，また様々な観点から大きな歴史の流れを検討したりする様々な知的技能を活用できる 学習目標 1. 世界史の学習は，重要な思想・社会文化的な価値・信条・伝統の分析を含めて，世界の文化や文明を理解することを求める。この学習では，人々の置かれた状況や，時代・場所を超えた人々のつながりや交流，さらに同じ出来事や問題に対して多様な視点から様々に異なる人々がどう見ているのかについても探求する 2. 時代を超えて，またそれぞれの文化の中で，時代の枠組みを構築したり，異なる時代区分を探求したり，テーマを考察したりすること。そして，世界の文化や文明の学習を整理する上で手助けとなる世界史の重要なターニングポイントに焦点をあてること 3. 世界史における主な社会・政治・文化・宗教的な発展を学習することには，個人や集団が果たしてきた重要な役割や寄与について学ぶこと 4. 歴史的に分析するスキルには，次の能力が含まれる：歴史思想において異なっていたり，論争となっているような解釈について調査すること：時代を超えてなぜ解釈は変化するのかについて仮説をたてること：歴史的な証拠の重要性を説明すること：時代を超えて変化する概念や継続する概念を理解すること
スタンダード 3 地理 （4 ページ）	全体目標 私たちが暮らす相互に依存した世界（地域，国家，地球）の地理について（地球上の人々や暮らす場所や環境を含めて）理解したことを使って様々な知的技能を活用できる 学習目標（省略）
スタンダード 4 経済 （6 ページ）	全体目標 合衆国やその他の社会はどうやって経済システムや希少な資源を配分するために組織された機関を発展させてきたのか，また合衆国やその他の国の経済において主要な意思決定機関がどのように機能し，また経済は市場や非市場のメカニズムを通して、どのように物不足の問題を解決しているのか、これらについて理解したことを使って，様々な知的技能を活用できる 学習目標（省略）
スタンダード 5 公民・市民性および政府 （6 ページ）	全体目標 政府を作るために必要なこと，合衆国やその他の国々の政府の制度，合衆国憲法，アメリカの立憲民主政治の基本的な価値，政治参加への手段を含む市民としての役割・権利・責任について理解したことを使って，様々な知的技能を活用できる 学習目標（省略）

＊本書において分析の対象としたのは，網掛け部分のみである。

表3　コアカリキュラムの主な内容

学年	ページ数（比率）	内容
K（幼稚園）	14ページ（5%）	自分と他者
1年生		自分の家族と他者の家族，現在と過去
2年生		所属するコミュニティと他のコミュニティ
3年生		世界中のコミュニティ―人々や場所を学ぶ―
4年生		地域の歴史と地域の政府
5年生		合衆国，カナダ，ラテン・アメリカ
6年生		東半球
7―8年生	51ページ（20%）	合衆国史とニューヨーク史
9―10年生	31ページ（12%）	世界史と地理
11年生	35ページ（14%）	合衆国史と政府
12年生	66ページ 34ページ（39%）	（1）政府への参加 （2）経済と経済的な意思決定

学校・中学校・高校卒業時の各段階において習得すべき能力が記載されている。例えば，スタンダード1「合衆国とニューヨークの歴史」においてまず初めに学ぶことは，アメリカ文化が多様な文化の発展と多様な価値観，活動形態，伝統の融合により成立していることとされているが，小学校段階では「アメリカ文化のルーツを知る」こと，中学校段階では「アメリカ文化の意味を探る」こと，高校卒業段階では「アメリカ文化の発展を分析する」ことという具合である。また，それぞれの能力の育成を手助けする参考例として，生徒への課題が三～四問程度出されている。それぞれの課題は，一つか二つ程度異なる場所，時代，民族などをピックアップして情報を収集したり描写したり，カテゴリーなどに分けたり，また比較・採集・分析したりするような指示となっている。特に本文には具体的な内容が年代順に並べられたり，扱うべき名前や年号などといった指示はないが，生徒が課題を取り組む際の史料，事例などが別に提示されている。

ニューヨークの社会科コアカリキュラムにおいて指導と学習の両面において重視されているのは、知的技能、(intellectual skills)学際的なアプローチ、深さと幅、統一性と多様性(unity and diversity)、多文化主義と多様な視点、データを整理するパターン、多様な学びの環境と史料、生徒中心の指導・学習・評価の八つの点である。このうち知的技能の能力についてNY州コアカリキュラムはその巻頭において次のように述べている。

生徒の知的技能や、適切(reasonably)かつ合理的(rationally)かつ論理的(logically)また反省的(reflectively)に思考する能力を伸ばすことは、ニューヨーク州における社会科の各スタンダードの中心部分となっている。また、生徒に正しい知識の土台(sound knowledge base)を与えることは、彼らの分析を行おうとする知的技能や能力を一緒に伸ばしていく。こうしたスタンダードに則った指導法は社会科を学ぶすべてのレベルの生徒に対して、内容をマスターしたり、考えや推測を証明したり、分析するための課題に対して問答したり、疑問が残る議論に対して懐疑的な態度をとったり、情報を求め整理したり、データを評価したり、結論を描いたり、様々な観点から人類の置かれた状況を概観したりさせながら、それらのために様々な知的技能を使うことを要求しなければならない。

社会科における思考力を伸ばす上で、生徒は歴史・地理・経済・政府・公民といった学際的なアプローチを持って、過去を吟味し、現代を学び、そして未来を予見するようなプロセスと、理論的な方法(disciplinary methods)を組み合わせる必要がある。彼らはデータベースと並び、原物史料やスピーチや漫画、遺物、写真、芸術、音楽、建築、文学、ドラマ、ダンス、ポピュラー文化、人物伝、雑誌、民話、歴史的な場所や口承史といった幅広い様々な第一次資料を調べ解釈することを学ぶ必要もある。

様々な資料から、生徒は過去や現代の課題や論争中の出来事について、証拠を評価したり合理的な結論を形作ることによって、それぞれの立場に対して疑問を投げかけたり擁護したりしなければならない。それ以上に、社会科の授業では多くの調査活動の機会が提供されなければならない。生徒は課題を位置づけ、問題を見つけ出し、証拠を集め、一般化し、解釈を披露し、そして出した結論を擁護するような調査を進めていかねばならない。

歴史に限らず社会科全体で育成すべき能力として、コアカリキュラムが重視するこの「知的技能」の項目では、その学習活動や到達目標には、内容の理解に加え、関係する資料を集め、時には批判的な態度でそれらを学んでいくことを要求していることが分かる。さらに、使うべき資料としてニューヒストリーといった存在論的歴史学が歴史資料としての価値を認めた写真、絵画、口承資料、伝記などを使って過去を解釈することを求めている。「様々な観点から人類の置かれた状況を概観」したり、「過去や現代の課題や論争中の出来事について、証拠を評価したり合理的な結論を形作ることによって、それぞれの立場に対して疑問を投げかけたり擁護したり」することは、本書において定義する歴史的思考力であり、コアカリキュラムは、ワインバーグの唱える、歴史家のように様々な史料や異なる立場から歴史を解釈するという歴史的思考力を、幅広く社会科目全体で育成していこうとしていることが分かる。

注目すべきことは、調査活動を広く奨励し、社会において議論が交わされているような事柄であっても、これに対して生徒自身が自ら史料や証拠となるものを探し出し、解釈を行うことを要求していることである。これは、多様な民族や文化からなる社会を強く意識したものであり、具体的な人種や民族などは挙げられてはいないものの、異なる集団からの異なる解釈や観点をも取り込み、社会科の学習の中で採用することができることを示している。このようにＮＹ州スタンダードやコアカリキュラムは軸となる部分では、積極的に様々な解釈を認める歴史教育も認めていることが分かる。

第1章では、一九八七年版ニューヨーク州社会科カリキュラムをめぐる論争において、その内容の多文化性が国家分裂を招くとしたシュレジンガーJr.の批判から、国民統合の鍵として「アメリカ民主主義」が焦点化されることになったことを論じた。ニューヨーク州のコアカリキュラムにも「統一性と多様性」が学習や指導において重視される項目の一つとなっている。コアカリキュラムが示すこの項目についての解説は次の通りである。


地域、州、国家の事柄に焦点をあてる社会科のクラスでは、アメリカ社会における統一性と多様性の概念について探求する必要がある。生徒はどうやって多くの居住者は一つにまとまっていたのか、何世紀もの時間を経て共有されていた特定の価値観、行動、伝統、ニーズ、利益といったことから理解しなければならない。生徒は、国家の政治制度がどのようにして発展し多くの伝統を生み出したのかを理解しなければならない。生徒は、博愛精神の尊大さ、多様性の価値、小さな政府、平等、言論の自由、信教の自由、経済活動の自由、統治者の合意による政府、法の規則、国民主権のような民主主義の信条（democratic ideals）についても探求しなければならない。また、アメリカの政治制度、つまり独立した司法制度、政党、苦痛に対する補償という統治のメカニズムについても理解しなければならない。こうした制度の本質が変化することについても、個人やグループ、広くは社会の間の交流を通じて勉強し、分析されなければならない。

また生徒はアメリカ社会の多様性や多文化的文脈についても理解しなければならない。これは、アメリカ人の多様な性質を作り出している様々な移民についても勉強することになる。それは、合衆国史早期のネイティブ・アメリカンの各集団から、最初のヨーロッパからの植民者たち、奴隷として連行されたアフリカ人、世界各地から移民という波、その多くは「アメリカン・ドリーム」という一攫千金のチャンスを求めて、また政治的自由や宗教的な寛容性を求めてアメリカに降り立った人々である。アジア、ヨーロッパ、アフリカ、そしてアメリカ大陸からの移住は、人種、宗教、民族、言語的伝統を豊かに織りなし、そしてそれらはアメリカ社会を創り出し、影響を与え続けている。そうした人々は合衆国を地球上もっとも多様性に満ちたものにしているのである。

時を越えてこうした多様な人々の交流を学ぶことは、多様な人々が強くまとまった国家を作り出すことを可能にしてきたことを、生徒に理解させてくれる。共通の民主的な価値、制度、伝統の発展、そして葛藤を通して進化すること、それは、人々を一つにし、個々の文化的な伝統を残したままナショナル・アイデンティティにコミットさせている。

ここには、森茂や桐谷が一定の評価をしてきた国民統合としての「アメリカ民主主義」の姿について、政治的、経済的、宗教的な自由や、追求の可能性をもって述べられ、その思想がアメリカを一つにしてきたことが描かれている。多様性がアメリカ社会や文化を作り出してきたこと、一つにまとまろうとしてきたことが一緒に述べられている。では、アフリカ系アメリカ人の置かれた奴隷としての経験、奴隷解放後の人種隔離政策、いまだに続く人種差別の実態、こうした差別的な社会的な背景を作り出した合衆国史については、独立期や南北戦争期、そして産業革命などの発展期の学習においてアフリカ系アメリカ人の側から描かれるのであろうか。移住によって得た宗教的な自由、独立戦争によって勝ち得た政治的自由、南北戦争によって奴隷から解放された得た自由という物語の中で、アフリカ系アメリカ人は果たして自由を自らの手で勝ち得たと表現されるのだろうか。これについては、次項で詳しくコアカリキュラムをもとに述べていく。

コアカリキュラムの重視する能力には、「統一性と多様性」だけでなく、「多文化主義や多様な視点」という項目も掲げられている。一九八七年版社会科カリキュラムで論争となった多文化主義的な視点については、多文化主義思想の第一人者でもあるバンクスの言葉を引用しながら解説が行われている。

現代の多文化的問題は、エスニック・スタディーズからのムーブメント（一九七〇年代）や、グループ間の関係改善のムーブメント（一九五〇年代）と関連しているとは言っても、重要なやり方においてはそれらと異なる。社会科に関して言えば、大事な問題は、多様な集団の持つ歴史、文化、経験、視点のうち、現在の合衆国を組成しているのはどの範囲か、またどういった本質のものかである。「多文化教育にはより広範囲に定義され、理解される必要がある。だからこそ、教師は幅広い学問的な領域から適切に対応することが可能となる（James Banks, "The Dimensions of Multicultural Education", *Multicultural Leader*, Vol. 3, 1991, p. 1）」。スタンダードの導入にあたって、様々なグループからの様々な視点、思考の枠組み、内容を注入するためにエスニック・グループ、英雄、貢献についての長いリストをそこに加えるよりも、先に越えて進む必要がある。結果として、生徒は合衆国社会の本質、複雑性、発展について、世界中の国々における社会と同様により良く理解する。効果的な多文化的アプローチとは、民族的特殊性を越えて、普遍的な人間の性質の光の中での差異を探求し、多角的な視点に焦点を当て、国の内外を越えて及ぼし合う集団間の相互作用に参加していくことなのである（James Banks, "Approaches to Multicultural Curriculum Reform", *Multicultural Leader*, Vol. 1, 1988, p. 2より引用）」。

出来事や問題についての異なる視点を探求したり、民族的、人種的、ジェンダー的、宗教的、社会経済的な背景が言論に影響をどう与えたりするのか探ったりするなかで、生徒はグループの全員が同じ見方を共有する必要性はないことを理解すべきである。集団の中で、また複数の集団への帰属の中で、多様性を認識していくことはステレオタイプを排除するのに必要なことである。

社会科のクラスは生徒に対して、社会、政治、経済的な問題において様々な観点を持っている人々に対してより寛容で共感できるような知を獲得させなければならない。生徒は、自己や他者を尊重しながらも、「基本的な公民的価値を尊重し実践することになるだろう」(Regents Goal 5)。しかし、このゴールを達成することは単純ではない。歴史を通して、基本的なアメリカの価値とは矛盾する出来事が起こってきた。ナチスによる大虐殺、全体主義、家畜のような奴隷制、人々の服従、人権侵害のような行動に対する寛容性は受け入れるものではない。生徒は歴史的な文脈から勉強し、様々な観点から表刺されなければならない。

ここでも強調されているのは、多文化主義であっても問われるのは、現在の合衆国を組成しているものとしてふさわしい範囲、性質のものでなければならないということ、多様なエスニック・グループからの要請として様々な人物や視点などを取り込むことよりも優先されるという点である。一方で、学習の中で一つの結論や同じ考えを共有する必要はないことも言及されている。様々な視点や観点についてはこれを保障し、「基本的な公民的価値」を共有することを目指している。これに矛盾する出来事としてナチスの大虐殺や奴隷制といった人権侵害が出されていることからも、それは、アメリカ民主主義であり、自由・人権の保障であることが分かる。

「統一性と多様性」、そして「多文化主義と多様な視点」についての解説から、このコアカリキュラムの目指すところが、アメリカにおけるナショナル・アイデンティティとして国民統合をはかりながらも、いかに多文化性、多様性を確保していくか、一九八七年版ニューヨーク州社会科カリキュラムで起こされた論争、さらに一九九四年版合衆国史ナショナル・スタンダードで起こされた論争を経て、産み出されたものであることがうかがえる。

次に、州スタンダードと同じくニューヨーク州教育庁から発行されたコアカリキュラムの内容について概観する。

コアカリキュラムは、そのドラフト版として先に一九九六年にリソースガイド（Resource Guide）が発行され市内の各公立学校に配布されている。その後、一九九九年に完成版として、コアカリキュラムが発行された。その内容はK-12のカリキュラム全体を網羅する形で一二段階に分けられ、表3のように地域から始まり、徐々に世界まで拡大するように配置されている（NYSED 1999）。

ページ数からも分かるとおり、ニューヨーク州のコアカリキュラムはその内容がNY州スタンダードと比べ格段に分厚いものになっていることが分かる。総ページ数は、二五六ページ（目次や謝辞は含めず）にも上り、その配列も科目別のスタンダードとは異なり各学年ごとにその習得すべき内容や課題が詳細に記されている。また課題ごとに、その課題がスタンダード1から5のどの能力育成にあたるかまで指摘があり、コアカリキュラムの課題をそのまま生徒に課すことでスタンダードの教育目標に到達できるといった、まさに教師向けの指導書となっている。また、各学年における学習内容の量をページ数（比率）で記すと表3のようになる。社会科教育の主軸が中等教育段階に重きが置かれ、特に合衆国に関わる単元や政治への参加（市民性に関する教育）への比重が特に高いことがわかる。ここで、比重の高かった七から一二年生までの単元内容を示したものが**表4**である。

コアカリキュラムの各ユニットで示される項目は、目標（Objectives）と内容（Content Outline）、該当する州スタンダードの科目（能力）、学習内容や活動で焦点となるコンセプト／テーマ、生徒への基本的な問いや学習活動を示した連係（Connections）に分けられ、具体的に授業において押さえておく出来事や人物、歴史的に果たした役割、推奨する史料や教材、さらには生徒が行うべき課題などが示されている。例えば、「合衆国とニューヨーク史」にあるユニット3ではアメリカ独立革命が取り上げられるが、その最初の学習は背景を捉えさせるところにある。目標の一つは「アメリカ独立革命が起こった経済的、政治的、社会的要因を理解すること」であり、教室での問いは「アメリカ独立革命が起こった経済的、政治的、社会的要因は何か」となる。そして内容では、経済的要因が三つ

表4　7−12年生のコアカリキュラム単元名

科目	内　容	教科書
合衆国史とニューヨーク史	ユニット1：1500年以前のアメリカの人々の世界遺産 ユニット2：ヨーロッパの拡大とアメリカの植民地化 ユニット3：国家が創られた ユニット4：政府の実験 ユニット5：新しい国における生活 ユニット6：分離と再統合 ユニット7：産業社会 ユニット8：相互依存の高まる世界における独立国家としての合衆国 ユニット9：大戦間の合衆国 ユニット10：世界規模で責任を引き受ける合衆国 ユニット11：アメリカの人々の変化する性質：第二次世界大戦～現在	1章 2, 3, 4章 5, 6, 7, 8, 章 9章 10章 11, 12, 13, 14, 15章 16, 17, 18章 19, 20章 21, 22, 23章 24章 25, 26, 27, 28, 29章
世界史と地理	ユニット1：古代世界：文明と宗教（4000BC−500AD） ユニット2：交換と出会いのゾーンの拡大 ユニット3：世界的な相互作用 ユニット4：最初のグローバルな時代（1450−1770） ユニット5：革命の時代（1750−1914） ユニット6：危機と達成の半世紀（1900−1945） ユニット7：1945年以降の20世紀 ユニット8：世界的なつながりと相互作用	
合衆国史と政府	ユニット1：導入（地理） ユニット2：民主共和政のための立憲的基礎 ユニット3：合衆国の産業化 ユニット4：進歩主義運動：産業化や都市化がもたらした挑戦への対応 ユニット5：国内と海外：繁栄と恐慌（1917−1940） ユニット6：世界的危機の時代における合衆国：責任と協力 ユニット7：不確かな時代の世界：1950−現在	7章 18章 19章 22, 23章 24章 25, 26章 27, 28, 29章
政治参加	ユニットA：哲学的基礎と比較の観点 ユニットB：比較の観点における市民性 ユニットC：市民性，参加，選挙制度 ユニットD：市民性における法的義務 ユニットE：公的政策と政治的な参加 ユニットF：法的な権利と責任 ユニットG：よくある質問	
経済と経済的意思決定	ユニットⅠ：世界経済の中での暮らし ユニットⅡ：合衆国の経済制度 ユニットⅢ：企業制度と合衆国経済 ユニットⅣ：合衆国における労働とビジネス ユニットⅤ：貨幣，財政，個人財政 ユニットⅥ：財政や金融上の政策を立案する ユニットⅦ：他国の経済におけるグローバリゼーションの衝撃	

〈重商主義の拡大〈三角貿易〉、植民地での経済共同体、フレンチ・インディアン戦争での戦費〉、政治的要因が四つ（イングランド内戦の役割、植民地の政治的自由、フレンチ・インディアン戦争の衝撃〈オルバニー連合案〉、啓蒙思想の影響）、さらに社会的要因（ヨーロッパ勢力とアメリカ植民地間の新しい社会関係〈新しいアイデンティティの展開〉）が示されている。日本で言うところの中学二年生もしくは三年生が学習する内容であるが、かなり具体的に学ぶ内容が示され、その理解方法も学問的に多岐にわたっており難しさを感じさせる。連係に当たる教室での活動として「三角貿易のルートをマップに記す」こと、「『連合か死か』の風刺画か『オルバニー連合案』（本書九五ページから九六ページを参照）の文章のような第一次史料を使って独立戦争の原因となったフレンチ・インディアン戦争を探求する」などが提示されている。コンセプト／テーマは、「帝国主義的経済システム」とされている。

実際に、コアカリキュラムにおいて提示されている内容や活動をすべて行っていくことは、限られた授業時間の中では不可能に近い。スタンダードやコアカリキュラムにおいて重視していることは「知的技能」と呼ばれる思考力や分析力であるにもかかわらず、それらの能力育成に必要とする調べ学習を主体とした授業を組んだ場合には多くの時間を割く必要があるが、果たしてこれらの単元やその活動を行うのに許された時間があるのか疑問である。結果として、公立学校の教師が教科書すべてを教えたり、標準テストに備えたりすることに追われることは容易に推察できる。コアカリキュラムの内容や活動をカバーするには、教師があらかじめ用意した資料の中でのみ、子どもたちに活動をさせたり理解させたりして、子どもたちの自由な学習を時間的な制限の中でコントロールし授業を進めることになると思われる。ヴァンズレッドライトが述べたように、教師が限られた時間内に教科書の単元（ユニット）を終わらせようと急いで授業を行うことになるのである。

現在、ニューヨーク州で発行されている教科書『プレンティス・ホール出版　アメリカ、わたしたちの国の歴

表 5　アメリカで発行されている合衆国史教科書（目次）

プレンティス・ホール版『アメリカ，わたしたちの国の歴史』*America：History of Our Nation*, Prentice Hall

第 1 章　アメリカ人のルーツ（先史時代−1500）
セクション 1：先史時代のアメリカ人
セクション 2：北アメリカの文化
セクション 3：アジア・アフリカとの貿易ネットワーク
セクション 4：ヨーロッパの遺産
第 2 章　海へ乗り出すヨーロッパ（1500−1720）
セクション 1：大航海時代
セクション 2：アメリカ大陸におけるスペイン帝国
セクション 3：北アメリカにおけるヨーロッパ人の競争
セクション 4：北アメリカにおけるフランスとオランダ
第 3 章　植民地での定着（1587−1752）
セクション 1：最初のイギリス植民者たち
セクション 2：ニューイングランド植民地
セクション 3：中部植民地
セクション 4：南部植民地
セクション 5：国境沿いのスペイン植民地
第 4 章　植民地での生活（1650−1750）
セクション 1：植民地の統治
セクション 2：植民地の社会
セクション 3：植民地における奴隷制
セクション 4：新しい思想の普及
第 5 章　独立革命への道（1745−1776）
セクション 1：フロンティアでの困難
セクション 2：厳しい統制への植民地人の反抗
セクション 3：反抗から反乱軍（Rebellion）へ
セクション 4：戦争が始まる
第 6 章　アメリカ独立革命（1776−1783）
セクション 1：国が独立を宣言する
セクション 2：厳しい時代
セクション 3：拡大する戦争
セクション 4：独立を勝ち取る
第 7 章　憲法を起草する（1776−1790）
セクション 1：新国家を統治する
セクション 2：憲法起草会議
セクション 3：憲法を議論する
第 8 章　新国家の船出（1789−1800）
セクション 1：ワシントン任務に就く
セクション 2：政党の誕生
セクション 3：国内と海外での困難
セクション 4：ジョン・アダムス大統領
第 9 章　トマス・ジェファソンの時代（1800−1815）
セクション 1：ジェファソン任務に就く
セクション 2：ルイジアナ州購入とルイス＆クラーク
セクション 3：対立の時代
セクション 4：1812 年の戦争
第 10 章　変化する国家（1815−1840）
セクション 1：国家アイデンティティの建設
セクション 2：他国との交渉
セクション 3：ジャクソンの時代
セクション 4：インディアンの移住
セクション 5：財政と国家の権利
第 11 章　北部と南部のとった異なる道（1800−1845）
セクション 1：産業革命
セクション 2：北部の変容
セクション 3：南部プランテーション
セクション 4：成長への挑戦
第 12 章　改革の時代（1820−1860）
セクション 1：社会の改良
セクション 2：奴隷制への最初の闘い
セクション 3：女性の権利へのかけ声
セクション 4：アメリカ文学と芸術
第 13 章　西部への拡大（1820−1860）
セクション 1：西部
セクション 2：西部への道
セクション 3：メキシコとの対立
セクション 4：西部へのゴールドラッシュ
第 14 章　国家の分裂（1846−1861）
セクション 1：奴隷制をめぐる緊張の拡大
セクション 2：妥協の失敗
セクション 3：危機が深まる
セクション 4：南北戦争の到来

第 15 章　南北戦争（1861－1865）
セクション 1：軍隊の召集
セクション 2：戦争初期
セクション 3：奴隷解放宣言
セクション 4：南北戦争とアメリカ人の生活
セクション 5：決戦
第 16 章　再建と新しい南部（1863－1896）
セクション 1：国家の再建
セクション 2：再建をめぐる闘い
セクション 3：再建の完了
第 17 章　西部の変容（1860－1896）
セクション 1：炭鉱と鉄道
セクション 2：生き残りをかけた先住アメリカ人
セクション 3：牧畜王国
セクション 4：西部の農耕
第 18 章　産業と都市の成長（1865－1915）
セクション 1：新しい産業革命
セクション 2：巨大ビジネスと整えられた労働力
セクション 3：都市の成長と変化
セクション 4：新しい移民
セクション 5：教育と文化
第 19 章　政治改革と進歩主義時代（1870－1920）
セクション 1：金ぴか世代と進歩主義改革
セクション 2：進歩主義時代の大統領たち
セクション 3：女性の権利
セクション 4：正義のための闘争
第 20 章　海外に目を向ける合衆国（1853－1915）
セクション 1：太平洋の目
セクション 2：米西戦争
セクション 3：合衆国とラテン・アメリカ
第 21 章　第一次世界大戦（1914－1919）
セクション 1：戦争への道
セクション 2：戦争遂行へのサポート
セクション 3：戦下のアメリカ合衆国
セクション 4：平和をつくる
第 22 章　20 世紀の幕開け（1919－1929）
セクション 1：平和な時代への適応
セクション 2：アメリカ社会の変化
セクション 3：ジャズ・エイジ
セクション 4：1920 年代の経済
第 23 章　大恐慌とニューディール（1929－1941）
セクション 1：フーバーと崩壊
セクション 2：ルーズベルトとニューディール
セクション 3：大恐慌時代の生活
セクション 4：ニューディールの伝説
第 24 章　第二次世界大戦時代（1935－1945）
セクション 1：戦争への扇動
セクション 2：戦下のアメリカ合衆国
セクション 3：母国での戦争
セクション 4：勝利に向かって
第 25 章　冷戦期の合衆国（1945－1963）
セクション 1：冷戦のルーツ
セクション 2：繁栄の時代
セクション 3：朝鮮戦争の時代
セクション 4：冷戦時代の世界的関心事
第 26 章　公民権運動の時代（1945－1975）
セクション 1：公民権運動の始まり
セクション 2：政府の役割拡大
セクション 3：公民権運動は続く
セクション 4：他のアメリカ人も権利を求める
第 27 章　ベトナムの時代（1954－1976）
セクション 1：戦争が始まる
セクション 2：アメリカの介入拡大
セクション 3：戦争終結
セクション 4：不確かな時代
第 28 章　国家のための新しい方向（1977－2000）
セクション 1：沸き立つ保守
セクション 2：冷戦の終結
セクション 3：世界における新しい役割
セクション 4：中東における対立
第 29 章　新しい国家のための挑戦（1980－Present）
セクション 1：テロの脅威
セクション 2：経済と環境
セクション 3：科学と技術
セクション 4：変化する社会

史』の目次の**表5**と照らし合わせると、七・八年生で学ぶ「合衆国史とニューヨーク史」のコアカリキュラムの内容は合衆国史全般を網羅的に学習するのに対し、一一年生で学ぶ「合衆国史と政府」は、政治に焦点をあてるため、戦争などの出来事よりもより政治制度について学ぶ項目の多い時代（網かけで示した部分）に特化したものとなっていることが分かる。

2 コアカリキュラム内容の分析Ⅰ——合衆国史分野——

コアカリキュラムには表3の通り、合衆国史に関する学習が七、八、一一学年にわたって組まれている。まず七、八学年においては、ニューヨークが位置する北米の東海岸に焦点をあてアメリカ合衆国の歴史を概観する。**表6**「合衆国史とニューヨーク史」は、単元全体に人間の生活に影響を与える地理的な要因や、歴史的な出来事が与えた社会への影響など、歴史と地理を含みこんだ内容となっている。また、特徴的なこととして、ヨーロッパ人の北米大陸への植民が始まる前のネイティブ・アメリカンについて特にニューヨーク州内にその居住地があったイロコイ族やアルゴンギン族についての学習が盛り込まれていること。また、植民直後のヨーロッパ人入植者の暮らしにも焦点があてられていることが挙げられる。また、二〇世紀以前の歴史が多く、逆に第二次世界大戦後の歴史についての学習内容は少ないなどの特徴がある。

次に一一年生で学ぶ**表7**「合衆国史と政府」を見ていくが、これは逆に合衆国史の全般的な出来事についての学習よりも、ユニット2において合衆国憲法について学習した後は、ユニット3以降は南北戦争後の工業化の時代からの合衆国史となっており、二〇世紀以降に重点が置かれている。また、その内容も主に政治機構や政府の行動、さらには経済活動や社会変動などに焦点をあてることで、より政治経済分野についての理解を深めるような内容になっている。

表6　合衆国史とニューヨーク史　7−8年生

ユニット1：1500年以前のアメリカの人々の世界遺産
I.　歴史と社会科学：人々についての学習 II.　地理的要因が文化に与える影響 III.　北米大西洋岸のイロコイ族とアルゴンギン族 IV.　1500年ごろのヨーロッパ人の世界観
ユニット2：ヨーロッパの拡大とアメリカの植民地化
I.　ヨーロッパ人の開拓と植民 II.　植民地での定住：地理的，政治的，経済的要因 III.　植民地のコミュニティでの生活
ユニット3：国家が創られた
I.　アメリカ独立革命の背景 II.　分離への抵抗からの転向 III.　新しい独立州を統治する早期の意図 IV.　独立革命における軍事的，政治的局面 V.　アメリカ独立革命による政治，経済，社会的変化
ユニット4：政府の実験
I.　連合規約と重要な時代 II.　ニューヨーク州法（1777年） III.　アメリカ合衆国憲法の草案，構成，施行
ユニット5：新しい国における生活
I.　新しい政府の動き II.　ジャクソンの時代 III.　前工業化の時代（1790−1860年代）
ユニット6：分離と再統合
I.　南北戦争の背景 II.　南北戦争の勃発 III.　南北戦争の結果
ユニット7：工業化社会
I.　19世紀前中期における工業社会の成長 II.　アメリカを変えた社会構造の変化 III.　進歩主義運動（1900−1920）：新しい社会を改革する努力
ユニット8：相互依存の高まる世界における独立国家としての合衆国
I.　領土を拡張し，海外の帝国を作り出す合衆国 II.　世界の政治において役割を果たし始める合衆国
ユニット9：大戦間の合衆国
I.　戦後の時代精神を反映した狂乱の1920年代 II.　大恐慌

ユニット 10：世界規模で責任を引き受ける合衆国
I.　第二次世界大戦 II.　自由世界のリーダーとしての合衆国 III.　冷戦後の合衆国
ユニット 11：アメリカの人々の変化する性質：第二次世界大戦～現在
I.　繁栄と楽観主義の戦後の社会 II.　新しい世紀に踏み出す合衆国

表 7　合衆国史と政府　11 年生

ユニット 1：導入
I.　地理
ユニット 2：民主共和政のための立憲的基礎
I.　憲法：アメリカ社会の基礎 II.　試される憲法：ナショナリズムと地方分権主義
ユニット 3：合衆国の産業化
I.　再建された国家 II.　アメリカの企業，工業，労働者の勃興（1865－1929） III.　工業主義社会へ：アメリカの人々と地域
ユニット 4：進歩主義運動：産業化や都市化がもたらした挑戦への対応
I.　アメリカにおける改革 II.　アメリカの国力の勃興
ユニット 5：国内と海外：繁栄と恐慌（1917－1940）
I.　戦争と繁栄（1917－1929） II.　大恐慌
ユニット 6：世界的危機の時代における合衆国：責任と協力
I.　危機に瀕した平和（1933－1950） II.　問題を抱えた平和（1945－1960）
ユニット 7：不確かな時代の世界：1950‐現在
I.　脱工業化の成果に向けて：グローバル時代の暮らし II.　封じ込めと合意（1945－1960） III.　変化の 10 年（1960 年代） IV.　力の限界：国内と国外における動乱（1965－1972） V.　保守主義への時流（1972－1985） VI.　新しい世紀へのアプローチ（1986－1999）

次項では、七、八、一一学年において学習する合衆国史のコアカリキュラムについて、ヨーロッパ人植民の時代から独立戦争までの時代、そして南北戦争に焦点をあて、その学習目標や学習内容の持つ歴史観について分析する。また、一一学年については、その多くが政治についての学習に関わるため最後に取り上げる。

(1) ヨーロッパ人植民から独立戦争までの時代

ヨーロッパ人植民から独立戦争までの時代を描く単元は「ユニット2：ヨーロッパの拡大とアメリカの植民地化」と「ユニット3：国家が創られた」にあたる。ここでは、アメリカ先住民についての記述も検討するために「ユニット1：一五〇〇年以前のアメリカの人々の世界遺産」についても一部参照する。

全体的な流れは従来の合衆国史とほとんど変わりがないが、コアカリキュラムに登場する人々を見ていくと、ヨーロッパ人植民の時代について学習するユニット2では「コロンブス」の名前以外、固有人名は登場せず、開拓民と先住民の考えや生活について探求することが目標となっている。ユニット2のIにあたる「ヨーロッパ人の開拓・植民」については次の四つの面からの学習を促している。

(A) ヨーロッパ人が探検・開拓するに至る動機（技術・絶対主義国家・交易・布教）
(B) 開拓や植民に与えた地理的な要因や特徴（気候・地形・イギリス人、フランス人、オランダ人、スペイン人の入植地）
(C) ヨーロッパ人入植者がアメリカにもたらした変化（病気・土地・食料・黒人奴隷）
(D) ニューヨーク州付近の開拓と入植（先住民との関係・文化の類似点と相違点・蘭英の歴史）

AからCにかけては、ヨーロッパ人を中心とするアメリカ探検と入植の社会経済的な背景、そしてヨーロッパ人の入植の結果起こったことをヨーロッパ人の視点を中心に理解していく学習内容となっている。ヨーロッパ人の入植の結果として起こった「コロンブス交換（動物・植物・奴隷などと銃・疫病などといったものの交流）」に着目するよう学習課題には「コロンブス交換を学際的かつ科学的に学習しなさい」との表記がある。その際に教師への指導上の留意点として「接触（コロンブス交換）の結果はすべての関与者たちにとって肯定的な影響と否定的な影響をもたらしたと映るかもしれない。しかし生徒はいくつかの集団は招かれざる関与者であったことに気づくべきだろう」と記し、コロンブスの探検がもたらした否定的側面にも注目させている。Dについては、ニューヨーク州における地域学習であり、ここでは先住民の生活や文化、風習について学習することが明記されており、社会史的な視点からの歴史学習となっている。表6中のユニット1のⅢにある「北米大西洋岸のイロコイ族とアルゴンギン族」の学習内容と重複することも多く、両先住民の生活や文化などとヨーロッパ人入植者との間にある類似点について「伝統の役割」「家族や親族関係の重要性」「共同体や家族間の封建的関係」「自給自足の必要性」の点から、相違点について「土地所有形態」「男女の役割」「異文化に対する考え方」の点から理解するように求めている。

つまり、Dの先住民との関係や文化比較については、ユニット1の学習内容と重複すると考えられる。この具体的な内容のヒントになる記述がハワード・ジン（Howard Zinn）の著書『民衆のアメリカ史（*A People's History of the United States*）』（Zinn 1980）にある。先住民との相違点で取り上げられている「男女の役割」について、ハワード・ジンは開拓初期の植民地女性が「性欲の奴隷、子どもを産む人、つれあいとして輸入された（Zinn 1980, 邦訳 p. 183）」こと、さらに黒人奴隷の女性の苦しみを紹介し、ネイティブ・アメリカンの諸部族の女性は部族内でも極めて重要な地位を占め、「尊敬の念をもって扱われていた」ことを記している。

コアカリキュラムの内容には、具体的な資料や活動内容は示されてはいないが、Cのように探検や植民がもたらした功罪として疫病感染の拡大や、ネイティブ・アメリカンの土地を不当に収用したことなど、合衆国史にとって否定的な視点も含んでいる。さらにDにおいては、ニューヨーク州史として囲んだ部分において、ネイティブ・アメリカンについての社会や文化についての学習をすることで、ネイティブ・アメリカンの社会観や価値観を見直し、女性の地位という部分から学習する機会も設けられていることが分かった。

次に、独立戦争とその前後の時代について学習する表6のユニット3「国家が創られた」について分析する。このユニットは5つの項目「Ⅰ　アメリカ独立革命の背景」「Ⅱ　分離への抵抗からの転向」「Ⅲ　新しい独立州を統治する早期の意図」「Ⅳ　独立革命における軍事的、政治的局面」「Ⅴ　アメリカ独立革命による政治、経済、社会的変化」に分かれているため、とくに全体で取り上げられている人物についてその傾向を抽出し、さらにネイティブ・アメリカンの視点から独立戦争を描いたジェームズ・ローウェン（James W. Loewen）の記述を取り上げ、そうした異なる歴史観がコアカリキュラムにどう反映されているのかを概観する。

ユニット3では、教室での学習課題を示した欄（Classroom Ideas）や学習内容（Content Outline）にヨーロッパの多様な国々を出自とするアメリカ人が登場し、それぞれが独立戦争に果たした役割を紹介、もしくは生徒が考えるように配置されている。例えば、独立戦争にかけては「ジョン・ロック」、「モンテスキュー」、「トマス・ペイン」、「ポール・リヴィア」、「ピーター・ゼンガー（John Peter Zenger：植民地総督を批判したドイツ系アメリカ人の印刷業社）」、「ラファイエット（Marquis de Lafayette：独立戦争を支援したフランス人）」、「スチューベン（Baron von Steuben：独立戦争を支援したプロイセン人）」、「リディア・ダラー（Lydia Darragh：独立戦争時にワシントンにイギリスの動きを伝えたアイルランド系アメリカ人の女性）」、「ピーター・セイラム（Peter Salem：独立戦争時に兵士として従軍したアフリカ系アメリカ人）」、そして教材としては、ドイツ系アメリカ人画家であるエマニュエル・ロイツェ（Emanuel Leutze）の描いた「デラウェア川を渡るワシントン」、アングロサクソン系のアメリカ人兵士の間で歌われた「ヤンキー・

ドゥードゥル（Yankee Doodle：アメリカの民兵をやじった歌）」が紹介されている。これらの人々に共通しているのはアメリカ独立戦争において植民地側の勝利つまり独立に寄与した人々であり、いかに寄与したか考えるためにその著作や伝記を読んだり、ロールプレイを行うことで当時の人々の葛藤する気持ちを共有したり、また絵画や歌を分析したりする活動が提案されている。

この独立戦争に関するユニットからは、ニューヒストリーに見られるような歴史資料を使った学習が想起される。当時の人々の考え方や思いを共有する点は歴史的思考力の一つとしてワインバーグも挙げている部分である。しかし、このユニット3で描かれる独立戦争はヨーロッパ系の白人が主であり、リディア・ダラーを除いてはすべて男性からなる。また、伝統的な独立戦争に対する記述をさらに多様な人々の参加で彩りを与えてはいるものの、異なる歴史観を提示しているものではない。アメリカの基礎を作った人々の物語は、ヨーロッパ系の人々や思想からなるという歴史観がこの後も独立宣言の項目でも引き継ぎ登場する。

ローウェンはその著書である *Lies My Teacher Told Me*（邦訳名『アメリカ歴史教科書問題――先生が教えた嘘』富田寅男訳）（Loewen 1995, 2007）の中でネイティブ・アメリカンの置かれた現実（第四章）について描いている。その第四章では、出版されている合衆国史教科書の記述を追いながら、教科書に描かれないネイティブ・アメリカン社会や、独立戦争に与えた影響などをベンジャミン・フランクリンなど当時の植民地人の言葉を引用しながら次のように記述している。

アフリカ系アメリカ人は奴隷の身分から逃れるために、しばしばインディアン社会に逃亡した。白人たちはなにに魅力を感じたのであろうか。ベンジャミン・フランクリンによれば、「彼ら［インディアン］の統治はすべて賢人たちの協議会による。軍隊もないし、刑務所もない。服従をしいたり、刑罰を課する役人もいない」。

おそらく第一には、合衆国東部の先住民社会での位階制の欠如がヨーロッパ人観察者たちに賞賛された。先住アメリカ人が個人として自由を享受する範囲の広さに、フロンティア住民たちは魅了された。ほとんどの先住民社会では、女性たちも当時の白人社会におけるより、高い地位と大きな権限を与えられた。女性は虜囚体験物語のなかで、そのことを羨望をこめて記した。一部のネーションでは指導権は実質的には世襲であったが、メキシコ以北の大半のインディアン社会は一七〜一八世紀のスペイン、フランス、そしてイギリスよりもはるかに民主的であった。「五部族連合の幹部には、功績によらずして役職に就いた人物はいない」と一七二七年にニューヨークのキャドウォラダー・コールデン副総督は記した。「彼らの権威は人民の尊敬のみに基づくのであり、その尊敬が失われる瞬間に消え去るのである」。「人類の自然権」を暗示するイロコイ族の言葉を適用して、コールデンは「ここにわれわれは、自由な人民の間におけるすべての権力と権威の本来の起源を見る」と述べている（Loewen 1995, 邦訳 p. 202）。

また、ニューヨーク州の一九八七年版社会科カリキュラムに掲載され、シュレジンガー Jr.によって過大評価であるとして痛烈な批判が浴びせられた、イロコイ族の政治体制が及ぼした独立戦争や独立政府への影響についても次のように言及している。

一七四〇年代、イギリス植民地への対応にうんざりしたイロコイ族は、イギリス植民地がイロコイと同様の連合を形成するように提案した。一七五四年、イロコイ族の中で多くの時間を費やして彼らの慎重な審議を観察したベンジャミン・フランクリンは、植民地指導者に、オルバニー連合案の検討を要請した。「無知な未開人の六部族連合がこうした連合計画を立案し、それを長期にわたって存続させた方法で実行でき、解体できないように見えるのであれば、一〇ないし一二のイギリス植民地に同様の連合が実行できないのなら奇妙なことであろう」。

諸植民地はこの計画を拒否した。しかし、これは連合規約と合衆国憲法の先駆になった。大陸会議と憲法制定会議の双方が、イロコイ族の発想とそのイメージに公然と言及した。一七七五年、大陸会議はイロコイ族に対する声明を発した。議長のジョン・ハンコックが署名したその文書は、一七四四年にさかのぼるイロコイ族の助言を引用した。大陸会議は次のように述べている。「イロコイ六部族連合は賢明な一国民である。彼らの協議会に耳を傾け、われわれの子供たちに見習うよう教えよう」。

ジョン・モホークは、公開集会の伝統と自由討論と民主主義、そして「権利章典に関連するあらゆること」は、直接的あるいは間接的に、アメリカ・インディアンに由来していると主張した。(中略)

独立革命から一〇〇年にわたってアメリカ人たちは、先住アメリカ人を自分たちの民主主義制度の源であると信じた。革命時代の時事風刺画家たちは、イギリスに対抗する植民地側を表わすのにインディアンの衣服を着用し、モカシン〔インディアンの履物〕を履いていた。ボストン茶会事件や、あるいは一八四〇年代のハドソン川流域地方でのオランダの大農園制に対する反地代闘争におけるように、不公正な権威に反対運動を起こした際、彼らは好んでインディアンの格好をした。これは恣意行為の責任をインディアンに負わせるためではなくて、自由を表象するシンボルとするためであった。(Loewen 1995, 邦訳 p. 204–5)。

ローウェンは、新生合衆国のシンボルとして、また今日でも使用されているアメリカのシンボルである一束の矢を掴む鷲を描いたエンブレムについても、元来、鷲と矢はイロコイ族のシンボルであり、独立期のアメリカ人はそのことを知っていたと説明書きに記している(前出邦訳 p. 207)。ローウェンの記述から受ける独立期の政治を担った人々のネイティブ・アメリカンに対する見方は、おおよそ教科書やコアカリキュラムにある独立戦争の記述方法や、そこに挙げられる歴史上の人物とは異なる。

また、ハワード・ジンも独立戦争中また戦争後のネイティブ・アメリカンについて、諸部族の行動について詳細に記している。独立戦争において多くの部族がイギリス側について戦い、講和条約後も土地を守るための持久戦を続けワシントン指揮下の軍隊を粉砕したこと。さらに西方に移動し続ける白人人口の拡大からネイティブ・アメリカンから土地を奪うためジェファソンが議会に提案した政策について紹介している。「インディアンを小さな土地に定住させて農業をやらせるように奨励すべきだ。また白人との交易を奨励して借金をつくらせ、しかるのちその借金を土地で全部返済させるべきだ（Zinn 1980, 邦訳 p. 225)」。そして独立側として戦ったチェロキー族に対して、土地を保証する条約が締結されていたにもかかわらず、ノースカロライナではその土地が売りに出されたこと、そしてその買い手こそ第七代大統領アンドリュー・ジャクソンの義父であったと記している（前出邦訳 p. 226)。

こうした従来の合衆国史には登場しない史料や立場から見ると、独立戦争という歴史的な出来事が、民主主義の獲得という栄光の軌跡というよりも、植民地における白人男性による富や権力の独占への軌跡であり、北アメリカからフランスを退け、イギリスを退け、そして最大の難関である先住民から土地を収奪していく途上での通過点として見てとれる。しかもアメリカ民主主義の起源がネイティブ・アメリカンにあるとなると、ヨーロッパの近代市民思想（啓蒙思想）を根源とするのが合衆国の民主主義という、合衆国の歴史観を支える根幹が揺らぐことになる。ローウェンは、ネイティブ・アメリカンの民主主義の考え方とヨーロッパの民主主義の考え方の違いまでは具体的に示してはいない。ネイティブ・アメリカンの社会観や価値観にも焦点をあて、その視点から独立宣言や合衆国憲法を再解釈する学習がここで保障されるのであれば、まさに歴史には多様な解釈があるという存在論的歴史学の立場からの歴史学習が可能になるだろう。

ニューヨーク州スタンダードにある「合衆国とニューヨークの歴史」には、表2の学習目標にあるように「3、ニューヨークや合衆国史における主な社会的、政治的、経済的、文化的、宗教的な発展の学習では、個人や集団の果たした重要な役割や寄与を学ぶこと」という項目がある。そこに小学生レベル、中学生レベル、高校レベルの生徒に対する到達目標が記されているが、すべてのレベルで「ネイティブ・アメリカン」を含む集団の寄与や、アメリカ社会や文化への寄与について、資料を集めたり、説明したりすることができるよう記されている。スタンダードの内容は、時代区分も設けず、アメリカ社会や政治経済、文化などという大まかな項目から比較・分析・解釈といった学習を進めていることから、必ずしもローウェンの示すような歴史観や資料を用いた学習を指しているとは言えないが、このスタンダードの到達目標では、ハワード・ジンやローウェンの使用する資料や歴史観を使用し、従来の合衆国史にある資料などと比較したり、資料から分析や解釈などを行ったりすることも可能であることを示している。

コアカリキュラムのユニット3にはヨーロッパ系アメリカ人の活躍が描かれる傾向にあることは前述の通りだが、その学習内容（Content Outline）に一部ではあるがネイティブ・アメリカンや女性、黒人についての記述も見られる。ユニット3の「Ⅳ　独立革命における軍事的、政治的局面」「Ⅴ　アメリカ独立革命による政治、経済、社会的変化」において次のように配置されている。

Ⅳ　独立革命における軍事的、政治的局面

（A）主要な軍隊の交戦（ワシントンの指揮、戦略的目標としてのニューヨーク、北部から南部への戦線拡大）

（B）王党派の役割（ニューヨーク市内、現カナダ地区の植民地人の不参加）

（C）戦争結果に影響を及ぼした多くの要因（人格と指導性、地形、資源の割り当て、外国の援助、女性・黒

人・ネイティブ・アメリカンの役割、偶然起こったこと、植民地政府と第二回大陸会議の対立）

V　アメリカ独立革命による政治、経済、社会的変化

（A）国家レベル（イギリスの撤退、奴隷制の勃興、インフレと孤立によるアメリカ経済悪化）

（B）ニューヨーク州内（イロコイ連合のアメリカ独立戦争への影響、王党派のカナダ移住、分権と市民参加を重視する共和党イデオロギーの発展）

＊傍点は筆者によるもの

Vの項目には、ニューヨーク州史としてローウェンが説明するようなネイティブ・アメリカンの功績を認めるような記述が見られる。ベンジャミン・フランクリンの唱えたオルバニー連合案と、ネイティブ・アメリカンであるイロコイ族の連合体の関連性という事柄である。合衆国史という通史的な局面からではなく、ニューヨーク州内に限る学習において、ネイティブ・アメリカンを評価する事柄が含まれているのは興味深い。前述したが、これはユニット2の「I　ヨーロッパ人の開拓と植民」のDにも見られる。合衆国史という国民史のレベルではなく、州史という地域史においてコアカリキュラムはネイティブ・アメリカンの社会や文化を記している。

しかしながら、コアカリキュラムにおけるこうしたネイティブ・アメリカンについての記述が、ネイティブ・アメリカンの社会観や価値観を理解するための学習材料になっているかどうかは疑わしい。どちらの項目も独立戦争への寄与という観点から用いられているためである。つまり、ネイティブ・アメリカンの資料を合衆国史に用いる前提が、すでに決められた歴史の記述を補完する、もしくは補佐するものとしてしか使われていないのである。

植民地時代の社会について考える際に登場するネイティブ・アメリカンの女性の地位、さらに独立戦争に見るネイティブ・アメリカンからの影響、これらの観点は一見すると伝統的な従来の合衆国史とは異なる観点からの記述のようにも見られる。また、アングロサクソン系アメリカ人の物語としての独立戦争や合衆国建国が、アイルラン

ド系、ドイツ系、フランス系といった人々の働きにも注目し、出自にアングロサクソン系以外の多様性を描き出している。様々な集団や人々からの視点から「独立戦争」を描く、それは社会史的な史料も含めるのであれば、異なる観点から歴史を再解釈しているようにも見える。しかし、「独立戦争」に対する歴史観は、ヨーロッパ近代思想に基づくものであり、宗主国イギリスからの独立、自由と民主主義の獲得という物語それ自体への再解釈ではない。多様な人々の参加は、予定調和的な結論への補完的な史料に過ぎない。ヨーロッパ系白人と同様、ネイティブ・アメリカンやアフリカ系アメリカ人といった異なる人種の登場人物もまた、ヨーロッパ近代市民思想に基づく合衆国史の成立そして発展に寄与するもの、つまり彼らおよびその集団は周縁的な位置づけのままであることを示している。

森茂や桐谷は、一九九〇年代以降の社会科カリキュラムにはアメリカの民主主義という思想のもとに多様な民族や文化をその傘の下に入れていくという「統一性」が見られるようになったと論じている。まさに、コアカリキュラムに見る開拓・植民から独立戦争そして新政府の時代は、ヨーロッパの様々な国を出自に持つ多様なアメリカ人が登場することで「多様性」が描かれ、独立に向け一つになるとい物語から、両氏の分析したカリキュラムと同じ傾向を見ることができる。その一方で合衆国史の中で、アフリカ系アメリカ人やネイティブ・アメリカンの視点はその物語の周縁に置かれ、植民の時代から独立戦争までヨーロッパ系白人の植民地人を中心に描かれていることは明らかである。

(2) 南北戦争

次に、南北戦争の時代について学習するユニット6「分離と再統合」を検討する。加えて南北戦争の要因やその背景については様々な解釈があり、それらの解釈がコアカリキュラムではどう示されているのかを見るために、南北戦争に至るまでの時代を扱ったユニット5のⅢ「前工業化の時代（一七九〇―一八六〇年代）」の部分も検証する。

南北戦争前の社会の様子について学習するユニット5のⅢでは、ヨーロッパ人の植民や独立戦争の時代のように、一八〇〇年頃の農業社会のアメリカの仕事や家族生活（移動手段の未発達・自給自足社会）、そして一八六〇年頃の工業化社会におけるアメリカの家族や労働者、共同体への影響・変化（消費社会・子どもや女性の役割の変化・奴隷制廃止への動き）について、社会経済の面から分析し理解するよう求めている。ここでも社会史としての史料を使った歴史学習が盛り込まれている。しかし、農業社会と工業社会についての学習では、アメリカ経済が農業社会から工業社会にシフトしたことが記述されてはいるが、南部・北部における農業社会を支えた白人奴隷（年季奉公）や黒人奴隷についての理解を促す内容にはなっていない。北部は工業化、南部は綿花栽培を中心とする農業と奴隷制の構図を示している。

また、ユニット5および6に登場する人物には、アメリカ文学の作家「クーパー（James Femimore Cooper）」、「アーヴィング（Washington Irving）」、「メルヴィル（Herman Melville）」、「ソロー（Henry David Thoreau）」の四人、そして逃亡奴隷であり奴隷制廃止運動を行った黒人女性の「ハリエット・タブマン」、「ガリソン（William Lloyd Garrison：奴隷制に反対するジャーナリスト）」、政治家の「フレデリック・ダグラス（Frederick Douglass：奴隷制反対を訴えた元奴隷の黒人政治家）」、「リンカーン」、「スワード（William H. Seward：反奴隷制の立場を取った元ニューヨーク州知事）」、「ジャクソン（Andrew Jackson：第七代大統領）」、「ビル・クリントン[2]（William Jefferson Clinton：第四二代大統領）」、「ハリエット・ビーチャー[3]（Harriet Beecher：『アンクル・トムの小屋』の著者）」、「ジョン・ブラウン（John Brown：奴隷制に反対した白人）」の名前が登場する。また、教室で使用するよう提案された史料として、フレデリック・ダグラスの「ロチェスターにおける演説[4]」、セネカ・フォールズ（Seneca Falls：ニューヨーク州にある地名）における「男女平等宣言」、小説『アンクル・トムの小屋』、リンカーンによる「ゲティスバーグの演説」、黒人を分離すれども平等とした「プレッシー対ファーガソン判決」が挙げられている。

南北戦争前の社会の状況についての学習を含め、これらの人物や資料の選出から想起されることは、南北戦争についての学習が奴隷制維持対奴隷解放といった観点に集中し、北部における貧富の差の拡大や奴隷制を否定しないリンカーンを始めとする白人指導者や南部の社会や南部政府からの視点から南北戦争が描かれてはいないという点である。

ユニット6の「I　南北戦争の背景」では、南北戦争の原因について、次の三つの学習内容が提示されている。

（A）領土拡張と奴隷制（テキサス併合・メキシコ戦争・オレゴン・西部開拓）
（B）奴隷制の衝撃（『アンクル・トムの小屋』・ブラウンの決起・逃亡奴隷法）
（C）政治的妥結の失敗（一八五〇年の妥協・カンザス・ネブラスカ法、共和党の結社、ドレッド・スコット対サンフォード判決・リンカーン―ダグラス論争・一八六〇年選挙・サムター要塞）

コアカリキュラムは、南北戦争の原因についてこれら項目を学習する方法として三つの目標を掲げている。それぞれの目標はAからCまでの学習内容にそれぞれ対応していると考えられる。最初のAについては「南北戦争をけん引した出来事や状況として理解する」こと、次にBについては「歴史的な出来事や差異から来る問題を解釈するために、経験・信条・価値観・伝統・動機が個人や集団をどう動かすのかを理解する」こと、つまり奴隷制の実態や北部の奴隷制反対と南部の解放反対の動きをBの資料を使って理解することになる。そして最後のCについては「一八五〇年代の政治的な妥協の際の交渉や妥協を反映させるようなロールプレイ活動」を行うことが示されている。このように南北戦争に関する学習内容と目標を見ていくと、南北戦争をどう理解せねばならないかが見えてくる。

例えば、『アンクル・トムの小屋』は教室で使用する史料として提案されるが、学習内容とはなっていても「リンカーン―ダグラス論争」の史料の提示はない。リンカーンが逃亡奴隷のダグラスと七回にわたって繰り広げられた論争の中には、北部の州をまとめるために奴隷制と自由州の対立を利用しようするリンカーンの姿と、その態度を批判するダグラスの言葉や、黒人への白人との同等の権利付与に否定的であったリンカーンの姿が登場する。南北戦争と奴隷制について異なる視点から考えるには格好の史料であると言える。しかし、ユニット6の「I　南北戦争の背景」では、南部における奴隷制の実態を『アンクル・トムの小屋』を史料に告発し、奴隷制の廃止をめぐって深まる南北間の対立といった視点で描かれていることが分かる。

次の「II　南北戦争の勃発」においては、主にリンカーンと南北戦争の経過に、また「III　南北戦争の結果」では、奴隷制の廃止と国家再建計画、戦争の被害に焦点があてられる。学習内容は次のようになっている。

II　南北戦争の勃発

（A）リンカーン大統領（リーダーシップ、対立、奴隷解放宣言）

（B）南部と北部の長所と欠点（南部の長所：統制された軍隊・生活様式維持への執着、北部の長所：機能的海軍と大規模陸軍・工業化・農業生産・移動手段、南部の欠点：非工業地帯・海軍の欠如・戦争準備の不足、北部の欠点：統制のない軍隊・戦争準備の不足、戦争の軍事政治的面、戦争に影響を与えた地形、キャンペーンと両軍の戦法の変化、戦時中の問題と政治課題、外交と戦争結果〔メキシコとの利害・奴隷解放外交〕、戦争技術）

（C）南北戦争期のニューヨーク州（軍隊の役割、ニューヨーク市の政治的対立、徴兵制とニューヨーク徴兵

暴動〔暴動の非民主的な性質、人種差別的な徴兵制度〕）

Ⅲ　南北戦争の結果

（A）連邦の維持

（B）奴隷制の廃止（奴隷解放宣言、公民権と憲法一三条の修正条項）

（C）政治権力と政策決定（分離、州の権限）

（D）再建――意見・実行・集結（リンカーンの計画、ジョンソンの計画および国会対立と弾劾、国会の再建、一四条改正と一五条改正によるネイティブ・アメリカンを除いた人種的平等、奴隷制の代替としてのシェアクロッパー制度、一八七七年再建完了、人種隔離判決〔プレッシー対ファーガソン〕）

（E）甚大な戦争被害

南北戦争の経過については、主に南北両軍を中心に理解を進め、北軍の南部からの撤退までの南部再建計画の経過を追うといった流れになっており、概観すると南北対立の構図や背景が、戦争における南北それぞれの「長所」と「欠点」とに分かれ、効率よく戦争が理解できるような組み立てになっている。ここでも合衆国史としてではなく、ニューヨーク州史として位置付けた項目で北部におけるアイルランド系移民への人種差別と暴動、小作人と第土地所有者との間の階級対立や暴動、新興自由農民層と民主党といった当時のアメリカが抱えていた問題を想起させる歴史的観点が提起されている。また、南北戦争後の再建期において焦点化されていることは、政治的な妥協によって南部で継続された小作人制度および黒人に対する差別となっている。アメリカ社会史の観点から黒人差別について研究を行った本田創造（1989）は、黒人の北部への移住の結果成立した「黒人ゲトー」における過酷な人種隔離および差別の実態を記しているが、こうした北部の人種差別について合衆国史のコアカリキュラムには登場しない。つまり、北部の州による奴隷解放の物語と、南北戦争後の特に北部の都市部や西部の荒野において拡大し深刻化した、ネイティブ・アメリカンや黒人への人種隔離政策や差別の実態とがつながらないのである。

ここまで、合衆国史のコアカリキュラムについて、アメリカの開拓・植民、独立戦争、南北戦争の三つの局面から概観してきた。そこから見えてきたことは、伝統的な合衆国の歴史観に沿ってはいるものの、様々な階層の人々、そして様々な出自を持つ人々の史料を用いて歴史的な出来事やその背後にある社会体制や人々の暮らしについて推量し、また解釈を行うといった学習活動であった。社会史的な史料を用いた歴史構成を考えると、伝統的な歴史観のように政治政策や政治的指導者を中心に歴史を理解するのとは異なる新しい歴史教育の姿を見ることができる。史料を使って育成する歴史的思考力について、コアカリキュラムはこれを十分に考慮し、生徒に対して史料読解力・解釈力、そして時代を超えて人々を理解するといった共感力を育てていると言えよう。さらに、従来の合衆国史には見られなかったネイティブ・アメリカンやアフリカ系アメリカ人、女性といった人々への言及も、一部見られることが分かった。そのほとんどは、合衆国史として描かれず、ニューヨーク州内の歴史として描かれている点は興味深い。

しかしながら、コアカリキュラムで提示される史料や歴史上の人物、歴史的な出来事は、アメリカ民主主義の完成への道程として、多様なヨーロッパ系アメリカ人によるアメリカン・アイデンティティの創造を彩るに値するものが多い。独立戦争の勃発がアメリカ経済の進展とイギリス側からの税制上の負荷という背景から出発し、南北戦争が奴隷州と自由州との奴隷制度の廃止をめぐる対立によって起こされたものであるという歴史観は、その道程に竿をさすものではない。南部における黒人奴隷制度やその後のシェアクロッパー制における人種差別、またジャクソン大統領期のネイティブ・アメリカンに対する強制移住という出来事すら、その後のアメリカ民主主義の完成のための材料となる。
そうした予定調和的な史料配置からは、時代の中にいるはずの非白人であるネイティブ・アメリカン、アフリカ系アメリカ人を主体とした合衆国史観を見ることはできず、従来の歴史観とは異なる資料から歴史を批判的に思考するといったところまでは達してはいない。この歴史観では、ヨーロッパ系白人にとっては、出自を超えてそれぞれが合衆国の建国や葛藤、再建に関わり、国を発展させてきたとして合衆国に参加することを可能にさせているが、ネイティブ・アメリカンや黒人ではそれが十分ではないのである。

(3) 第一一学年「合衆国史と政治」

日本での高校二年生にあたる第一一学年になると、合衆国史を学ぶ機会が再度訪れる。科目名は「合衆国と政治」という名称に変わり、その内容は政治史の様相が濃くなる。コアカリキュラムでは、こうした科目を学ぶ意味について次のように述べている。

合衆国史は、代表制民主政治における偉大な経験史である。独立宣言の中に表現されるその思想や核となる価値は、我が国の市民文化を先導する考えとなってきた。独立宣言以来、合衆国史はこの思想や価値をすべての人々に適用しようと続けてきた努力を目撃してきたのである。しかし我が国の歴史が、文書や修正条項は「すべての人々にとっての自由と平等」を達成していくための最初のステップにすぎなかった、こう表現されるように、合衆国憲法の採択はこうした思想を成文化してきたのである。

これに続く言葉で、コアカリキュラムは、生徒が「民主政治を支える」独立宣言の根幹的思想、つまり啓蒙思想

（近代ヨーロッパ市民思想）やその文化的な遺産を理解することで、見識を深めアメリカ民主政治に参加できるようになると説いている。さらに、取り上げた事例については、個人や集団が政治政策や憲法改正にどう挑戦し影響を与えてきたのかを歴史を通して描いていること、そして普通の市民や集団がどのように立法者や政策決定者と関わり変化させていったのかを理解する手助けになるとして、その意味を示している。

「合衆国史と政治」を概観すると、七つあるユニットのうち五つのユニットが南北戦争後の近代化以降の歴史となっており、近現代史重視の構成になっている。最初のユニットは合衆国の地誌に充当し、ユニット2では独立と憲法の起草、新憲法下での矛盾（奴隷制とネイティブ・アメリカンの移住）、危機に立つ憲法というテーマで南北戦争を学習するという構成になっている。ユニット3（南北戦争後の再建期）では主に工業の発展を、その背景（輸送機関の整備やエネルギーなど）から、独占企業と労働運動を司法判断から、また工業化を人々（労働者、女性、家族）への影響から、移民についてはニューカマーおよび移民排斥運動の視点から学習する。ネイティブ・アメリカンについては、ユニット3の最後で、合衆国政府との間で交わされた条約やインディアン戦争、市民権獲得までの経過と政策レベルでの学習が主に行われる。以降のユニットは次のように構成され、特に重点化された項目を括弧内に記している。

ユニット4　進歩主義運動：工業化と都市化がもたらした挑戦と対応（改革の背景、消費者保護のための社会経済的改革〈女性の権利と黒人運動〉、セオドア・ルーズベルトとウィルソンの国内政策と金融政策、帝国主義の外交政策〈門戸開放政策・米西戦争・モンロー外交・軍縮外交〉）

ユニット5　国内と国外：繁栄と恐慌（大量消費と価値感の対立、白人主義と移民排斥、恐慌とニューディール政策、一九二〇年代の文学・文化）

ユニット6　国際的危機の時代の合衆国：責任と協力〈第二次世界大戦〈真珠湾、戦争下の社会・人々・財政〉、原爆、マイノリティへの影響〈日系人強制収容、ナチの大虐殺〉、国連、合衆国の軍事外交政策、共産主義囲い込み政策、冷戦〉

ユニット7　不確かな時代：一九五〇～現在〈戦後の外交政策、国内政策と憲法問題〈公民権〉、ケネディと冷戦期外交政策、障害者と行政政策、公民権運動、ベトナム戦争、ニクソン、フォード、カーター、レーガン、ブッシュの各大統領、ブッシュの外交政策〉

全体的に、政治・金融制度や国内政治経済政策、外交政策、そして歴代大統領の演説や宣言、憲法や権利をめぐる司法判決などを歴史的な出来事として学習していく構成となっている。社会史的な史料から歴史を学ぶ第七・八学年の「合衆国史とニューヨーク史」とは異なり、政府が出した文書や裁判などの判決史料など公的な文書をもとに学習し、登場する人々も歴代大統領や、その時代に運動家として有名になった人物、また司法判決の名称として個人名が登場する。いわゆる社会史的な史料で登場するような普通の人々については、固有名詞として登場することはない。

また、マイノリティについての描写は、集団の文化や、集団に対する政策、集団での運動についてのものが多く、集団名である「ネイティブ・アメリカン」「女性」「アフリカ系アメリカ人」「移民」が多く登場する。こうした集団名を多用することにより、ドミナント・ストーリーとしての民主政治の主体から疎外されているマイノリティの存在が明確に分離する。歴史の主体者は行政・司法・立法者であり、これを自分と同一視できる人々ということになる。これらの主体者とは別に登場する集団は、周縁に置かれ、合衆国の行政や司法への働きかけの結果、司法判決や憲法を繰り返し、権利を獲得していくという物語となっている。南北戦争後の北部において始められた人種隔離政策については触れられず、人種差別については一九二〇年代のクー・クラックス・クラン（Ku Klux Klan）や赤狩り（Red Scare）、サッコとヴァンゼッティ事件（人種偏見による冤罪事件）を事例に市民の自由への脅威という項目で学び、特定の集団や判決によるものとしての印象を与える。

民主政治の完成やすべての人々への人権・自由の付与という軸から、すべての集団や人々を合衆国史に取り込んでいこうとするコアカリキュラムの考えは、これからの歴史教育に一石を投じるものとなるだろう。国民史というあらかじめ定められた目的の中で、多様な人々を登場させながら統一性を描くことは、現実に暮らす多様な人々がそう実感できるのであれば、理想的な物語であろう。しかし、黒人社会や移民社会にある現実はこうした物語とはかけ離れ、人権侵害と人種差別そして多くは貧困の中にある。そうした現実の中で、この物語を読んだ時、どのように感じるだろうか。

3　コアカリキュラム内容の分析Ⅱ――世界史分野――

ここでは、世界史のコアカリキュラムの教科内容に焦点をあてその歴史観について検討するために、**表8**にある世界史を学習する九・一〇学年の八つのユニットに注目する。その際、一九九六年に発行されたリソースガイド（Resource Guide）と比較しながら、一九九九年度版・二〇〇二年度改訂版コアカリキュラムの特徴について分析を行なった[5]。また分析の視点として、多様なエスニック集団を抱えるニューヨーク州の公立学校において世界の国々がどういった歴史観で教えられているのかに着目するために、特にアメリカ社会において移民としての数が多いラテン・アメリカ世界や、アラブ（イスラム）世界に関する学習が含まれるユニットに注目した。

世界史（World History and Geography）コアカリキュラムには、次の説明にも表れているように三つの特徴がある。

表 8　世界史と地理コアカリキュラム　9・10 年生

ユニット 1　古代世界（文明と宗教 4000BC－500AD）
A.　先史時代の人びとの暮らし B.　新石器時代と四大河川文明 C.　古代文明（中国，ギリシャ，ローマ，古代アメリカマヤ，東西交易） D.　古代帝国の盛衰（漢とローマ） E.　信仰の様々な形態（アフリカアニミズム，ヒンドゥー教，仏教，中国古典思想〈儒教・老荘思想〉ユダヤ教，キリスト教，律法主義，イスラム教，神道，ジャイナ教，三大宗教の拡大）
ユニット 2　交流圏の拡大（500－1200）
A.　グプタ帝国 B.　唐・宋王朝 C.　ビザンチン帝国（330－1453AD） D.　ロシア帝国前期（キエフ・ロシア正教会） E.　イスラムのヨーロッパ・アジア・アフリカへの拡大 F.　中世ヨーロッパ（500－1400）（フランク王国，荘園体制，封建体制，キリスト教会の役割，反ユダヤ） G.　十字軍（原因，南西アジアやビザンティウムやヨーロッパへの影響，ウルバヌス 2 世，サラディン，リチャード獅子心王）
ユニット 3　世界的な交流（1200－1650）
A.　日本封建主義 B.　モンゴルの盛衰とユーラシアへの影響 C.　世界交易と交流 D.　アフリカ文明の盛衰（ガーナ，アクスム，マリ，ソンガイ帝国） E.　ユーラシアとアフリカにおける疫病の社会経済政治的影響 F.　ルネサンスと人文主義 G.　宗教改革と反宗教改革 H.　ヨーロッパの国民国家の勃興と影響（封建主義の衰退）
ユニット 4　最初のグローバル時代（1450－1770）
A.　明王朝 B.　オスマントルコの中東とヨーロッパへの影響 C.　出会いの前夜のスペインとポルトガル D.　メソアメリカ帝国の勃興（1500 年以前のアステカ・インカ帝国） E.　ヨーロッパ人とアフリカ・アジア・アメリカの人びととの出会い（事例：コロンブスの交換，三角貿易） F.　政治的イデオロギー（世界的絶対主義） G.　絶対王政への反動（英国における議会制民主主義の勃興）

ユニット5　革命の時代（1750－1914）
A.　科学革命 B.　ヨーロッパにおける啓蒙思想 C.　政治革命（アメリカ革命，フランス革命，ラテン・アメリカにおける独立運動） D.　革命思想に対する反動 E.　ラテン・アメリカ世界（民主政治の失敗と安定への模索・メキシコ革命） F.　世界的なナショナリズム（イタリアとドイツの統一，インド，トルコ，シオニズム，バルカンでの衝突） G.　経済社会革命（農業革命，イギリスの産業革命，アイルランド飢饉） H.　帝国主義（インド，アフリカ，中国におけるヨーロッパの影響） I.　日本と明治維新
ユニット6　危機と達成の半世紀（1900－1945）
A.　第一次世界大戦 B.　ロシア革命と変化（原因と影響） C.　戦間期（ヴェルサイユ条約，トルコの現代化，女性運動，大恐慌，日本の軍国化，ミュンヘン協定，植民地の抵抗，アラブとシオニズム運動） D.　第二次世界大戦（ナチと日本国，人物と出来事，ホロコースト，抵抗，日本軍の行動，日中戦争，技術と総力戦の影響，広島長崎，軍事裁判，戦後世界）
ユニット7　1945年以降の20世紀
A.　冷戦と力のバランス（アメリカのドイツと日本占領，冷戦，朝鮮戦争） B.　国連の役割 C.　冷戦と冷戦後の経済問題 D.　中国の共産革命（蒋介石と毛沢東，毛沢東の共産主義，鄧小平の共産主義，香港返還） E.　ヨーロッパ帝国主義の崩壊（インドの独立，アフリカの独立，旧宗主国と従属的関係を保持した経済連携，ナショナリズムと民族の対立，アパルトヘイト，政治経済の情勢不安，民族的対立〈ツチ対フツ〉，東南アジア〈ホーチミン，ポルポト，アウンサンスーチー〉） F.　中東の衝突と変革（イスラエル建国とアラブ，人物，テロリズム，クルド，ユダヤ人移住，イラン革命，湾岸戦争，イスラム原理主義） G.　共産主義の崩壊とソ連の分裂 H.　ラテン，アメリカにおける政治経済的な変革（アルゼンチン，キューバ，ニカラグア，グアテマラ，カトリック教会の変化，アメリカへの移民，パナマ）
ユニット8　世界的な結びつきと交流
A.　社会政治的なパターンと変化（人口増加と貧困，移住，現代化と伝統，科学技術の進歩，都市化，女性と子どもの地位，民族と宗教の緊張） B.　経済的な問題（南北格差，韓国の経済成長，経済的な独立，世界飢餓） C.　環境と維持（アマゾン森林伐採，サヘル砂漠化，チェルノブイリ，アフリカにおける種の絶滅） D.　科学技術（コンピューター，人工衛星，緑の革命，識字と教育，医療，エイズ，核の拡散）

＊表中の網掛け部分は，本章で取り上げ分析を行った項目（ラテン・アメリカ世界とアラブ世界）である

九・一〇年生の段階では、世界史と地理の学習を学際的に行う。初めに世界史と地理の概論（分析方法・様々な歴史叙述・人文地理・地誌・経済・政治科学）を行い、八つのユニットを学習する

この説明から明らかなことは、第一に地理と歴史を組み合わせている点、第二に年代順の理解に重点を置いた内容となっているという点である。日本では世界史を地域別・国別に学習する傾向があり、同時代の異なる地域同士の結びつきが見えづらい。この二つの特徴から、地域間の交流や同時代の比較などが容易となり、世界全体の交流や交易の中で各地域を捉える学習内容となっている。そして第三に、近代史におけるヨーロッパ史の比重が他の地域との比較を増やすことで少なくなり、現代史の学習内容が増えている点である。例えば、ユニット7・8は、第二次世界大戦後を扱った現代史があるが、ここでは冷戦や社会問題・環境問題といったグローバルな視点から世界の情勢を学習するように組み立てられている。

以下では先述した三つの特徴を踏まえ、表8の世界史と地理コアカリキュラムにおいてラテン・アメリカ（ヒスパニック系）やアラブ民族やイスラム圏がどのように理解されているのかを分析する。

（1）ラテン・アメリカ世界

年代順に、地域や文化の比較から世界史を学習することによって、一九九六年版のリソースガイドとは異なり、一九九九・二〇〇二年版カリキュラムでは地域別にひとくくりにされた古代アメリカ世界、ラテン・アメリカ世界およびアフリカ世界が、ほぼすべての時代に登場することになった。とくにラテン・アメリカ世界は、「一五〇〇年以前のメソアメリカ帝国」、「スペイン大航海時代：出会いの前夜」、「ラテン・アメリカの独立運動」の三単元だったものが、年代順に古代文明の一つとして、政治革命の一つとして、さらにラテン・アメリカ世界の政情理解

として登場し、世界史において取り扱う機会や項目が増えている。

ラテン・アメリカ世界に関連するユニットは表8のとおり、ユニット1の古代文明、ユニット4のスペイン・ポルトガルのアメリカ大陸との出会いおよびメソアメリカ帝国の勃興、ユニット5の政治革命および独立後のラテン・アメリカ諸国の民主政治のゆくえ、ユニット7のラテン・アメリカの政治経済的な変革となっている。

ユニット5「革命の時代（一七五〇–一九一四）」において、ラテン・アメリカの独立はヨーロッパの市民革命の文脈の中で学習するような構成になっている。西欧の科学革命や啓蒙思想を学んだあとに、「C、政治革命」の中でアメリカ独立革命、フランス革命に並ぶ政治革命の一つとして描かれ、指導方法の一つとして「それぞれの革命の類似点と相違点を比較すること」が提案されている。またラテン・アメリカの独立を理解するために、「シモン・ボリバル」や「トゥサン・ルーベルチュール」「ホセ・サンマルティン」といった独立の指導者を事例として、その独立革命の背景（原因）と影響について学習することが挙げられている。これらの学習内容は、ラテン・アメリカ独立運動が、ヨーロッパ市民革命や啓蒙思想とのつながりに軸をおき民主政治を希求するものとして描かれていることが分かる。シモン・ボリバルとトゥサン・ルーベルチュールの二人を取り上げる意図については、コアカリキュラム作成のたたき台となった一九九六年発行のリソースガイドの示す史料にそれが現れている。

リソースガイドではシモン・ボリバルの学習に用いる史料として、スペイン法による支配や奴隷として先住民を支配する矛盾などについて苦悩するボリバル自身の回顧録や、絶対王政を批判し古代ギリシャの法や政治家を例にとり民主政治と教育の必要性を説いたボリバルの手紙などが紹介されている。一方、トゥサン・ルーベルチュールについては、『ブラック・ジャコバン *The Black Jacobins*』（James 1938）の一節から、フランス革命から革命を遂行しようと仲間に呼びかけるための彼の言葉が引用されている。これらの史料はシモン・ボリバルとトゥサン・ルーベルチュールの両者が、啓蒙思想や市民革命から影響を受けたことを学習するための教材として用意されていることが分かる。

次に、同じユニット5の「E　ラテン・アメリカ世界（民主政治の失敗と安定への模索）」から独立後のラテン・アメリカ世界の描かれ方について概観する。次の項目はその学習内容である。

（1）人々と自然地理
（2）社会階層の役割（大土地所有者、クリオーリョ、メスティーソ、先住民、奴隷）
（3）教会と軍の役割
（4）世界経済における商品作物の役割
（5）メキシコ革命（原因と影響、ディアスやパンチョ・ヴィラやサパタの役割、経済社会的なナショナリズム）

フランス革命やアメリカ独立革命と並んで、宗主国からの独立としてラテン・アメリカの独立が描かれた後、ラテン・アメリカでは民主政治の確立に失敗したことを学習する。これらの内容は一九九六年版リソースガイドにはなく、新しく追加された項目である。ここでは、ラテン・アメリカ世界の多様性が描かれ、社会主義という言葉ではなく、メキシコ革命が農民によるものであり、「経済社会的なナショナリズム」というナショナリズムの一形態として理解するように構成されている。教師への指導方法の提案として、「ラテン・アメリカ独立革命において各社会階層が果たした役割は何か」「革命の成功したところは何か」「この革命におけるナショナリズムの役割は何か」というものである。いずれもラテン・アメリカ社会について階層社会として、また今日まで続き経済的・政治的な課題に踏み込む学習が増えていることが分かる。

次に現代史におけるラテン・アメリカ世界の描かれ方について見ていく。ユニット7「一九四五年以降の二〇世紀」の現代ラテン・アメリカに関するトピック「H、ラテン・アメリカにおける政治経済的な変革」がそれにあたる。そこでは次の学習内容が列挙されている。

（1）ラテン・アメリカ（地形）
（2）アルゼンチン（ペロン・五月広場の母）
（3）カストロのキューバ革命（原因と結果）
（4）ニカラグアとサンディニスタ政権
（5）グアテマラとその先住民
（6）ラテン・アメリカにおけるローマカトリックの役割の変化
（7）アメリカ合衆国へのラテン・アメリカ移民
（8）パナマ運河への回帰

一九四五年以降の世界史を学ぶ中でのラテン・アメリカ世界の扱いは、冷戦後の社会について理解するための学習の一つとなっている。中国の鄧小平による改革やソ連の崩壊を学んだ後に「冷戦後のキューバがどうなったのか」という問いのもと、1から8までの学習項目が配置されている。指導の際には、「ラテン・アメリカの政治経済マップ、カストロ、サリナス、ホセ・ドゥアルテ、チャモロ、トレスに見られる特徴は演説や記録を学習史料として使用すること」が提案されている。

ユニット5やユニット7に見られるラテン・アメリカの学習項目に見られる特徴は、各国別に代表的な指導者や社会文化的な要素をもとに理解し、それぞれの特徴は「貧困」「軍事独裁」「カトリック」「ナショナリズム」「移民」といった世界観からなっている。つまりラテン・アメリカ世界は、ユニット5およびユニット7を通して、先住民族と植民地人との混血といった複雑な民族構成、また社会経済階層の結びつきから来る貧困が民主政治の失敗原因として描かれ、そして現代に関しても民族・宗教が絡んだ紛争や衝突、政情不安や貧困からの合衆国への移民の増加という内容を増したことは大きな変化であった。

(2) アラブ(イスラム)世界

世界史コアカリキュラムに見られる二つめの変化には、現代史における共産主義・アラブ世界に対する学習項目の増加が挙げられる。ユニット8では、経済問題や環境問題がグローバルな視点で学習するよう配置され、さらに一九九〇年以降の出来事も常に更新されている。また、中国の共産主義については、ひとくくりに把握するのではなく各指導者の時代に分け、その特徴を学習するように項目が設けられ、共産主義世界への学習の機会を増やし、理解レベルを深めようとしていることが分かる。二〇〇二年度改訂版では二〇〇一年の同時多発テロを受けた形で、中東の紛争やその後の湾岸戦争やテロに至るまでのトピックも加えられた。

世界史コアカリキュラムは、現代においても各国別ではなく世界的な時流の中で各国の変化を捉えるように構成されている。コアカリキュラムに登場するアラブ世界はイスラム教の登場とともに始まる。アラブ世界に関する記述があるのは、ユニット1の「E、信仰の様々な形態」、ユニット2の「E、イスラムのヨーロッパ・アジア・アフリカへの拡大」、ユニット4の「B、オスマントルコの中東とヨーロッパへの影響」、ユニット5では「F、世界的なナショナリズム(トルコ)」、ユニット6では「C、戦間期」の動きの一つとして「トルコの現代化」と「アラブとシオニズム運動」、またユニット7では「F、中東の衝突と変革」である。この中で、一つの単元として大きく取り扱われているのは、ユニット2・4・7である。ユニット2の「E　イスラムのヨーロッパ・アジア・アフリカへの拡大」とユニット4にある「B、オスマントルコの中東とヨーロッパへの影響」の学習内容は次の通りである。

E　イスラムのヨーロッパ・アジア・アフリカへの拡大

（一）人々と自然地理
（二）組織的な構造
（三）イスラム法の発展とその影響
（四）社会階層（ムスリム社会における女性と奴隷）
（五）「啓典の民」の位置づけ
（六）イスラムの黄金期（数学・化学・薬学・芸術・建築・文学における貢献、ギリシャ・ローマ文化の保存としての役割）
（七）貿易

B　オスマントルコの中東とヨーロッパへの影響

（一）人々と自然地理
（二）フェルディナンドとイザベラ指揮下のレコンキスタ
（三）ムーア人（北西アフリカのイスラム教徒）とユダヤ人の排除
（四）探検と海外への拡大（コロンブス、マゼランの世界周航）

ユニット2のEの項目では、イスラム社会や文化に焦点をあて、その功績を理解することを目指す到達目標「探求活動を通じて、生徒は多様なムスリム帝国が広範囲に拡大した真価、つまり極めて多様な人口をうまく統制できたイスラムの能力や、文化革新や貿易においてイスラムの果たした役割を理解できなければならない」が記されている。そのための指導方法として次のような課題が示されている。

- イスラム文化が果たした世界史への功績はなにか
- イスラム法下の女性の地位はどのようなものか
- イスラムは東方および西方の文化とどう関連しているか
- アフリカやその他の地域におけるイスラム教布教の役割はなにか
- イスラム文化や建築にはどのように多くの文化が混じっているか

いずれの学習内容も指導方法における問いにも見られるのは、イスラム文化や制度の果たした功績であり、それは広大な範囲で受容されるものであり、また世界史の中でも大きな役割を果たしてものとして肯定的に評価され、認識されていることが分かる。

続くイスラムの学習となるユニット4のBの項目について見ていく。そこでは、到達目標として「生徒は、オスマントルコの拡大とその最大領土についてはっきりと理解しなければならない。オスマントルコ内に変化を生じさせた要因や、その世界史上長期にわたって及ぼした影響を探求しなくてはならない」と示されている。功績という単語はないが、強大な影響力について学習することに主眼が置かれていることが分かる。指導方法として提示されているのは次の六項目である。

・オスマントルコの興隆と衰退の要因はなにか
・東ヨーロッパにおいてオスマントルコ支配が及ぼした影響はなにか、今日まで続いている影響はなにか
・世界史におけるオスマントルコからコンスタンティノープルが陥落したことから、コロンブスの航海にいたる範囲で、主な歴史上のターニングポイントはなにか
・スレイマン一世は、なぜ西洋人やオスマントルコの立法者から偉大な人物と称されるのか
・スレイマン一世は、他の専制君主（アクバル大帝、ルイ一六世、ピョートル大帝）と比較してどうか
・オスマントルコの法は、その他の法制度と比較してどうか

イスラムとしての理解として学習するよりも、より政治制度（法制度や支配体制）に焦点があてられ、ヨーロッパ世界に与えた様々な影響を中心に学習が進められることが分かる。ユニット2およびユニット4に登場するイスラム世界は、宗教・文化・政治制度およびその世界の歴史に大きな影響を与えた功績・偉大な国家として登場している。こうした肯定的な描かれ方は、この後のユニット7の学習で大きな変化を遂げ、攻撃的かつ暴力的な否定的な側面からの学習内容となる。次に、現代アラブ（イスラム）世界を大きく扱ったユニット7の「F　中東の衝突と変革」について見ていく。まずは、九つの学習項目を次に列挙する。

（1）人々と自然地理
（2）イスラエル建国・パレスチナ・アラブ近隣諸国
（3）指導者の役割（メイア首相・アラファト議長、ハッサン国王、ラビン首相、ＰＬＯ）と中東戦争と平和条約

（4）テロの役割
（5）トルコとイラクのクルド人
（6）ヨーロッパ・アメリカ・ソ連・アフリカからのユダヤ移民
（7）イラン革命（原因と影響、ホメイニ対パーレヴィ国王）
（8）湾岸戦争（フセイン大統領）
（9）イスラム原理主義（イラン・リビア・アフガニスタン・アルジェリア・トルコ）

これらの項目を学習する際に用意された問いかけは次のようなものである。

- ユダヤのイスラエルへの移住は、以前の移住やその他の民族の移住と同じか
- なぜ中東紛争を解決することは困難なのか
- なぜこの地域は世界経済にとって重要なのか
- アラブとイスラエルの紛争解決のために、アメリカ合衆国、国連、エジプトの取ってきた役割はなにか？
- 現代のトルコ内でイスラム原理主義の果たす役割は何か

学習項目および問いかけから分かることは、コアカリキュラムでは現代のアラブ（イスラム）世界がパレスチナとイスラエルの間の紛争問題に沿って学習を進めているということだ。またイスラム原理主義にも注目させ、生徒には少なくとも二ヵ国以上、もしくはほかの宗教の原理主義についても触れ、多様な観点を持って探究活動をさせるように指示がある。アラブ（イスラム）世界の学習項目からも見えてくるのは、「中東戦争」「テロ」や「原理主

義」といった攻撃的・暴力的な世界観となっている。

以上のように、コアカリキュラムが示す歴史観には、西欧文明から見た価値評価や現代の外交上の対立関係上の立場が明らかに現れていた。

4　NY州スタンダードとコアカリキュラムの間のディシプリン・ギャップ

ニューヨークの州スタンダードの全体目標や学習目標及び到達目標には具体的な学習内容の記載はなく、様々な解釈や史料の活用を促すその内容は、存在論的歴史学と相克するものではなく、また生徒に対し歴史家のように史料を集めさせ解釈させるといった歴史的思考力を求めている。つまり生徒に一つの歴史認識を押しつけるようなものではなかった。

しかしながら、ニューヨーク州で同じく発行されている合衆国史コアカリキュラムは、年代順に細かく学習内容や理解の方法を定め、合衆国史に登場する多様なエスニック集団はヨーロッパ系アメリカ人を主体者とし、彼らは民主主義と自由を希求するアメリカ政府を支持し、その考えに同意する人々である。書き添えられるネイティブ・アメリカンについては周縁的な存在としての記述が多く、彼らから見たヨーロッパ人の入植への視点についてはほとんどない。あくまで、アングロサクソン系の人々によって築かれていく合衆国の政治史の周縁で起こった派生的な現象としての位置づけであった。合衆国史コアカリキュラムは、まさにハーシュJr.やラヴィッチのいう「共通の知識」「文化的リテラシー」を軸として、統一性をアメリカ民主主義の完成に求めたものであった。

一方で、世界史コアカリキュラムには地理と歴史を組み合わせることにより、世界の歴史的な社会変化や出来事をグローバルな相互交流の中で捉えていくことができる構成であった。しかし、提示される学習内容や資料には社会史的なものが少なく、そのほとんどが政治指導者の名やその人物に関わる本や公的史料で占められている。異なる地域や時代の人々の暮らしや日常に関わる史料はほとんど提示されていない。合衆国史コアカリキュラムとは対照的である。政治・経済的思想において対立する場合や、現代の外交において対立関係にある場合、ネガティブな視点からの理解を促していることがラテン・アメリカ世界やアラブ世界の学習内容の分析からも分かる。

合衆国史コアカリキュラムは、社会史的な史料を用いながら、歴史的な出来事や登場人物について推理したり解釈したりする活動を支援している。まさに、歴史的思考力を育成しようとするものであろう。しかし、それはヨーロッパ系の白人を中心に描かれる従来の伝統的合衆国史観を補完する史料や登場人物であり、ネイティブ・アメリカンや黒人側からその歴史観に異を唱えるものではなかった。社会史的史料を用いながら認識論的歴史学に回帰するといったディシプリン・ギャップがコアカリキュラムの内容を通して明らかとなった。世界史コアカリキュラムにおいては、異なる立場や視点そのものが、世界の様々な地域や時代のことを示しており、その内容や史料選定においては、伝統史学で用いられるものが多く、各国通史的な理解を求めている。その文脈において、ニューヨーク州のコアカリキュラムは認識論的歴史学上のカリキュラムであると言える。

NY州スタンダードとコアカリキュラムは同じニューヨーク州教育庁から発行されているものであるが、そのカリキュラム内容の間にはディシプリン・ギャップが存在しているのである。

第2節 ニューヨーク州における標準テスト

ここでは、コアカリキュラムが生徒に求める歴史理解の具体的な姿を明らかにするために、ニューヨーク州において実施される標準テスト（standardized test）についてその内容の分析を行う。また、ニューヨーク州において実施される標準テストであるリージェンツ・テスト（Regents Examination）の果たす役割も明らかにする。つまり、標準テストが政策レベルでの教育改革を教育実践に反映させる上で大きな影響を与えていると考えられるからである。標準テストが教師や子どもたちに与える影響を測る方法として、第3節では教室における教師の採用する教育方法や、生徒のテストへの反応といった面から検証を行った。

ニューヨーク州の標準テストは、公立学校において年に三回（一月・六月・八月）実施され何度も受験が可能となっている。多様な民族構成からなるニューヨーク州の学校事情もあり、ニューヨーク州の標準テストは英語だけでなく、スペイン語・中国語・韓国語・フランス語・アラビア語によっても作成されている。実施に当たっては、日時の設定を除いて各学校に任せられており、マークシート方式の選択問題は機械によって集計されるが、記述式の問題の採点は各学校の教師に委ねられている。その際の採点基準は、模範解答などが示され厳密な採点方法が指示されている。そうしたテストの作成や運用に関しては、ニューヨーク州教育庁に所属する評議員一四名が中心となって行っている。

試験結果は大きく二つのことに利用されている。一つは、各学校を評価する基準として、行政からの予算配分や指導の目安とされ、また保護者にとっても学校選択のための資料となっている。もう一つは、生徒の学力達成度を測るテストとして実施されている。生徒にとって標準テストを受けることは義務であり、六五パーセントの正解率（七〇点満点中四六点以上）に達しない場合は落第となり進級もしくは卒業することができない。このようなハイステークスなテストの内容を分析することは、歴史教育において合衆国史や世界史が生徒にどのように理解されているのか、もしくは理解しなければならないのかを知る好材料となる。

ニューヨーク州の社会科標準テストは、「合衆国史と政府（United States History and Government）」と「世界史と地理（Global History and Geography）」の二つからなり、試験の内容は毎回約五〇問の選択問題と二種類の論述から構成されている。まず、合衆国史から分析を行う。

1 「社会科（八年生）」「合衆国史と政府（一一年生）」のテスト内容の分析

日本の中学二年生にあたる八年生では、「社会科（Social Studies）」のタイトルで、「合衆国史とニューヨーク史」のコアカリキュラム内容に相当する標準テストが行われている。[6]テストは年に一度六月に行われ、結果は生徒にとって次の学年に進級できるかどうかに関わる大事なテストである。テストでは毎回、四五問の選択問題と一五問程度の記述式の問題が出され、記述式は三つのパートに分かれている。地図、絵画、文書、写真などから読み取れることを一問一答式に記述する問題（パートⅡ）、同じく地図、絵画、文書、写真などから読み取れることを一文で答える問題（パートⅢ）、最後にパートⅢから出された史料をもとに説明を行う問題である。こうした史料読取型の問題は、ＤＢＱ（Document Based Question）と呼ばれ、最後の問題以外は解答欄として一行から二行程度の線が引かれているところに直接記述して答えるようになっている。出題の形式や内容にはほとんど変化がなく、毎年同じような問題が出題される傾向にある。

これまで分析してきたコアカリキュラム内容では、特にニューヨークに関わる部分でネイティブ・アメリカンについて学習することが多くあり、独立戦争では多様な出自のヨーロッパ系白人の登場が見られた。また、南北戦争では北部と南部の対立が奴隷制をめぐる対立として描かれることが分かっている。それでは、コアカリキュラムにおいて描かれた登場人物や出来事がどのように学習評価としてのテストに現れているのか、まずは出題傾向から分析し、出題された問題の内容が求める歴史理解の方法や歴史観、そして社会史としての史料がどのように使われ、生徒の歴史的思考力を評価しているのかを見ていく。

図1に示しているのは、二〇〇一年から二〇〇六年までの六年間で実施された六回分の標準テストの時代別出題傾向を示している。[7]括弧で括られた事柄は、その前の時代とほぼ同時期に起こったことであるが、国外で展開され

図７　標準テスト「社会科（８年生）」における時代別出題状況

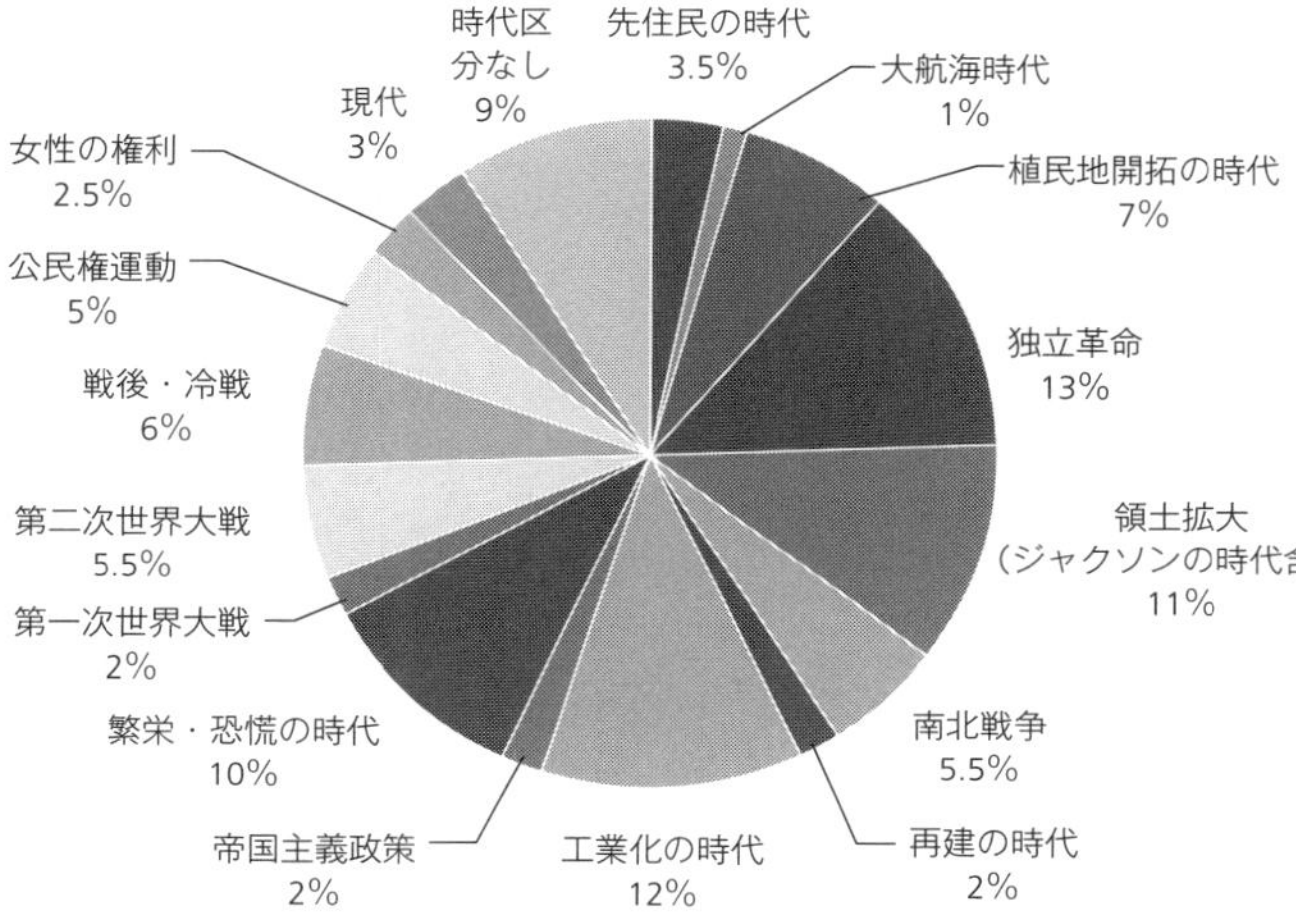

た出来事であるため別に区分している。傾向としては、一七七〇年代から一九世紀初頭にかけて起こった独立革命や領土拡大の時代、そして一八七〇年代頃から始まる工業化の時代、一九二〇年代を中心とする繁栄と恐慌の時代についての出題が目立っている。出題数の多い時代の問題傾向から、独立革命を例にとると、特に三九問中一五問（選択問題）が独立宣言、憲法と政治体制について出題され、工業化の時代では移民、社会問題、環境問題、労働問題、政治問題といったことに一六問中一二問が割かれるなど出題傾向ははっきりとしている。コアカリキュラムに見られるような多様なヨーロッパ系白人の手記や活躍はこの問題の中には一切出題されていない。一九二〇年代を中心とする繁栄と恐慌の時代については、特に移民排斥の要因となった社会情勢、恐慌の引き金となった株式市場の破綻要因、社会保障的なニューディール政策という方向での理解を求める問題が多く出題されている。また、先住民の時代やコロンブスといった大航海時代、南北戦争後の再建の時代、冷戦後の現代については出題数がかなり少ない。

ネイティブ・アメリカンについての出題内容を見ると、その多くは植民地開拓の時代の問題と同じ傾向にあり、北アメリカ大陸の地形や、気候と生産活動といった自然地理と関連させて出題されているか、コロンブス交換の語句理解の中で出題されるかである。例えば、二〇〇二年実施の選択問題では「ネイティブ・アメリカンがその環境に適応していたことを示す証拠を選べ（解答：プエブロ族は農業用の灌漑設備を発展させた）」、二〇〇三年実施の選択問題では「マヤとアステカ文明はどこに位置していたか（解答：中央アメリカ）」、「絵画（カヌーが浮かべられ木々に囲まれている集落の様子）のネイティブ・アメリカンは北アメリカのどの辺りに住んでいたか（解答：東部森林地帯）」、二〇〇五年実施の選択問題では「多様な先住民文化は北アメリカを中心に発展したのはなぜか（解答：この地域には多様な環境条件があったから）」などとなっている。ネイティブ・アメリカンの考え方に触れた問題は、二〇〇一年実施の選択問題に二問、二〇〇二年の選択問題に二問出題されているが、その後は一度も出題されなくなっている。その問題には、イロコイ族に属したヒアワカという人物が残した言葉「私の子どもたち、よく聞け。お前たちは兄弟であることを覚えておけ、一人が没落することは全員が没落することである。一つの火、一つのパイプ、戦いでも一つだ」が史料として付けられ、その意味として「協力関係を強める」という答え、またその後イロコイ族が結んだ「五国同盟」の元になる考えであることを答えさせる問題となっている。二〇〇二年実施の問題では、「五国同盟」の説明文をもとに、連合体制を整えた部族として「イロコイ族」を、また民主政治思想として「代表政治」という語彙を選択させる問題が二問出題されている。独立戦争においてベンジャミン・フランクリンが主張したオルバニー連合案に大きな影響を与えたというローウェンの記述をも想起されるような問題である。しかし、二〇〇三年以降イロコイ族と民主主義的政治思想を関連づけるような問題は一度も出題されていない。ネイティブ・アメリカンについては、ジャクソン大統領の領土拡大の時代においてチェロキー族に対して起こされた強制移住とそのエピソードから取った言葉「涙の道」を扱った問題が二問、二〇〇一年と二〇〇二年、二〇〇四年実施のテストにおいて出題されている。ネイティブ・アメリカンについての出題内容は以上のようなものである。

また、ネイティブ・アメリカンのヒアワカの言葉のような社会史的な史料は一部選択問題にも出されてはいるが、その多くは地図やデータ、公式文書である。また、政治制度や経済・外交政策などについては語句理解を求めるため、説明文を複数用意し正しい意味を記したものを選択させるようなケースが多い。多くの歴史資料が出題されているのは、むしろ記述式の論述問題[8]である。毎年おおよそのテーマが絞られ、そのテーマに沿って資料が提示されている。例えば、二〇〇一年には第二次世界大戦をテーマに、戦時下女性の活躍（軍需産業）を描いたポスター、戦時下の配給チケット、資源回収業者の写真（タイヤなどのゴム）、戦時下女性の支援（食料自給する母娘）を描いたポスター、日系アメリカ人の強制収容キャンプの写真、第二次世界大戦での戦死者数のデータを提示し、それぞれに描かれている内容を一問一答で尋ねた後、その資料で得た情報をもとに、「戦死者数が戦後のアメリカ人の生活に与えた影響」、「第二次世界大戦がアメリカ人に与えた四つの影響（国民総動員の影響、女性の変化、ナショナリズム、外国人への恐怖）」について説明することになっている。資料の読解としては、写真や文章に書いてあることをそのまま答えるだけの非常に易しい問題が多く、そこで得た情報を並べると、最後の説明文が完成するような形式になっている。記述式の問題では、他にも二〇〇二年に工業化に伴う社会問題環境問題をテーマにしたもの、二〇〇三年に領土拡大と輸送手段の発達と経済発展をテーマにしたもの、二〇〇四年には女性の権利獲得の道のりをテーマにしたもの、二〇〇五年は公民権運動、そして二〇〇六年は移民をテーマにしたものがメインとして出題された。

これまで本書では、歴史的思考力や歴史家としての解釈を求めるような存在論的歴史学の立場に立った歴史教育の方法について論じてきた。ここまで紹介してきたニューヨーク州八年生の「社会科」標準テストは、正解があり、また記述式のテストであっても多岐にわたる解釈が可能な問題ではなく、ポスターや写真に写り込んでいる文字を読んだり、手紙に書かれてある内容をそのまま書き出したり、またグラフの数値を読んだりするような情報をそのまま読み取る力を評価するテストである。確かにわずかではあるがネイティブ・アメリカンの価値観を示すような、これまでの伝統的な合衆国史観とは異なるような史料は登場していた。しかしながら、その史料から問題がもとめる理解は、自由なものでなくあらかじめ決められているものなのである。当たり前のことであるが、選択問題に正解がある限り、出題されている史料のみならず、生徒個人が持っている知識や情報を使って推測したり解釈したりすることはできない。筆記テストという評価の持つ性格は、採点基準が明確であり正解が必要とされるため、歴史的思考力というよりも書かれている情報の読取能力であり、それはどちらかというと文字を読みグラフなどの数値を見つけるといったレベルの問題になってしまうことが明らかになった。

次に一一年生向けの、「合衆国史と政府」（二〇〇一年から二〇〇六年まで実施されたもののうち一月に実施された計六回分）の標準テストをもとに分析を行っている。分析方法としては、まず選択問題において何が問われているのか、もしくはどんな資料や出来事が出題されているのかを挙げ、それぞれの内容からマイノリティや移民、黒人、女性、労働者といった人々がどのような形で描かれているのかに焦点をあてた。マイノリティ（先住民・移民）、黒人（奴隷制を含む）、女性、労働者の立場などを扱った問題は、選択問題四八題中一五問、論述問題では七題中三問出題されている。それらの問題を立法・行政・司法の政治分野に関わる問題と区別し分類したものが**表9**である。移民政策のような政治にも関わるような事柄は、その問題の内容における比重や視点で判断した。こうした分析の結果、次の三つの傾向が判明した。

第一に、テストの内容が法律や政治を中心とした構成になっている点である。選択問題の内容内訳を見てみると、政治経済や法律に関する歴史や内容を問うものは六九パーセントを占めている。中でも合衆国憲法や最高裁判

表9　標準テスト「合衆国史と政府」（2001.1.23 実施）

内　　容	問題数	割　合
独立宣言・合衆国憲法・権利章典	9	19%
司法判決・立法・法律	5	10%
政治・経済・経営	5	10%
外交政策・国内政策	14	29%
小　　計	(33)	(69%)
移民政策・移民の環境	4	8%
投票権（黒人・女性）・労働運動	4	8%
奴隷制・公民権運動・人種差別・市民権	6	13%
文学（農民）	1	2%
小　　計	(15)	(31%)
合　　計	48	100%

所判決に関する問題が多いことが分かる。法に対する知識や、司法によって権利を守るといった態度を評価することが一つの軸になっている。また、政治政策の現れとしての大統領宣言や演説についてその意味を選択させる問題も目立って多いことが分かる。

第二に、社会史的な面からの問いがほとんど見られない点である。黒人・女性・労働者・移民・マイノリティといった人々についての問題は、彼らの立場を政策や立法といった側面から把握する傾向が見られる。彼らの立場や起こした運動、さらに勝ち取った権利について、政治的法律的な用語を使って説明したものが多く、彼らの経験や生活の記録から説明したり、尋ねたりする問題はほとんど見られない。例えば、彼らを扱った問題文や選択肢からそこに使われている用語を抜粋していくと、それぞれ次のような事柄と関連づけて理解しているかどうかを確認していることが分かる。

- 黒人……「奴隷」「領土拡張」「人頭税」「祖父条項」「投票権」「クー・クラックス・クラン」「公民権運動」
- 女性……「投票権獲得」「同等の価値」

・労働者……「労働組合」
・移民……「移民制限法」「新しい移民（ニューカマーズ）」

第三に、様々な民族や人種を越えた「統一性」として、ナショナル・アイデンティティを確認しようとする点である。テストの後半部分にある歴史的な第一次史料などを使って答えたり、説明を行ったりする記述式の問題を概観すると、選択問題と同様その視点は政治や法律、国内外の政策の理解にあることが分かる。例えば、最高裁判所判決の事例として挙げられているのは、「黒人奴隷についての判決（Dred Scott v. Sanford）」、「公民権・人種隔離政策に関する判決（Brown v. Board of Education of Topeka）」、「日系移民強制移住に関する判決（Korematsu v. United States）」、「中絶に関する判決（Roe v. Wade）」であり、これらの判決の争点や判決内容、判決がもたらした影響について述べることになっている。また、「合衆国憲法の条文」からは「司法の査察権」「議会による改憲権」「議員の弾劾権」といった民主政治の権力構造についての理解を問う問題が出されている。このうち「議会による改憲権」は、奴隷への市民権付与について解答するように求めたものである。

移民や黒人に対して行われた人権や市民権の剝奪といった歴史的な出来事と、民主政治の発達や憲法の理念と結びつけて理解することは、ニューヨーク州社会科シラバスや歴史スタンダードの方向の示すナショナル・アイデンティティ育成による「統合化」「統一化」と合致するものである。

結論として、一一年生向けの合衆国史に関するニューヨーク州の標準テスト内容は次のように定義することができる。標準テストに合衆国史と政府（Government）が組み込まれていることからも非常に政治史的な色彩が濃く、社会史的側面が省かれていること、いわば歴史スタンダード論争を決着させた「学習事例」の削除にも似た内容になっている。そして、国民統合のカリキュラムという視点から森茂や桐谷、森田らが唱えるようなナショナル・アイデンティティである「独立宣言や憲法、権利章典に基づく民主主義と自由の理念」が民族を越えて適応されていることを確認する出題内容であると言える。

2 「世界史と地理」の内容の分析

ここでは、二〇〇一年から二〇〇六年までに実施された「世界史と地理（Global History and Geography）」の標準テスト（Regents Examination）をもとに分析する。分析にあたり、コアカリキュラムでもその内容を概観したエスニシティ集団であるヒスパニック、アラブ（ムスリム）に限定し、国や民族・文化の捉えられ方を分析した。分析対象とする時代は原則として近代および現代に絞った。各集団が世界史地理のカリキュラムにおいてどう記述されているのか分析した材料は、テスト全体に占める各集団に関する記述の量、また扱われる時代の偏り、および各集団の文化や母国について、テスト資料（グラフ、政治漫画、歴史資料）、選択問題や記述問題においてくり返し現れる問題傾向である。コアカリキュラムでは、全体的な学習目標、獲得すべき能力などが示されているが、具体的な事例や教材などは示されていないため、教育実践において使用される教材や生徒に求めている理解内容は、テストに出題される問題をはじめ、グラフ、図、政治漫画、登場人物の言葉などが参考になる。

分析対象の資料は近代・現代のものに絞るが、すべての集団がそのすべての時代を通じて登場するわけではないため、現代の事柄の重要性を示す座標として、六年間のテスト出題数に占める当該集団の現代事項の割合を示した。つまり、取り上げられる時代や出来事も各集団を色づける要素となるため、各時代の取り扱いの割合も見ることは有効であると考える。

合衆国史ではなく世界史におけるエスニシティ観の分析を取り上げたのは、他国・他文化をアメリカがどう見ているのかという視点に注目したからである。とりわけ、ニューカマーであるアジア系移民（中国・韓国・インド・

バングラデシュ・ベトナムなど）やヒスパニック系移民にとって合衆国史に自己を投影できる集団を探し出すことは難しい。合衆国史では、ネイティブ・アメリカン、ヨッローパ系白人、アフリカ系アメリカ人、は登場するが、近年アメリカに多く移民しているアジア系やヒスパニック系に人々は合衆国史にはほとんど登場しない。そのため、世界史分析は、世界の国々が描かれるためニューカマーのエスニシティ文化がその母国の歴史からどのように描かれているかを知る手がかりになる。

先述の通りコアカリキュラムの特徴には、地理歴史的な観点、年代順に内容理解を促すということがある。この両特徴から同時代の地域間交流理解、地域比較などが容易となった。さらに、近代史におけるヨーロッパ史の比重が減少し、現代史を増やしたことが三つ目の特徴として挙げられる。ユニット7・8は現代史であるが、これは冷戦や社会問題・環境問題といったグローバルな視点から世界の情勢を学習するように構成されている。以上の特徴から、ヒスパニックやアラブ（イスラム）に関わる単元に注目すると、次の特徴が挙げられる。ラテン・アメリカ世界は、「一五〇〇年以前のメソアメリカ帝国」、「スペイン大航海時代：出会いの前夜」、「ラテン・アメリカの独立運動」の三つの単元から、古代文明の一つとして、政治革命の一つとして、さらにラテン・アメリカ世界の政情理解としてのトピック数が増えている。また、現代史の増加は、共産主義・アラブ世界に対する学習項目の増加ももたらしている。

（1）ラテン・アメリカ世界

ここでは、ラテン・アメリカ世界の描かれ方について、標準テストに登場する人物・出来事や史料などから検証する。二〇〇一年から二〇〇六年までに実施された一八回分のテストを分析すると、ラテン・アメリカに関する記述は五十問の選択問題では平均して四、五問程度ほど登場し、総問題数の約一割を占める。問題と出題数は**表10**の

表 10 「世界史と地理」におけるラテン・アメリカ世界の出題傾向

	問　題　項　目	選択	記述式*
古代 近代以前	インカ・マヤ・アステカ文明（棚田，道路の整備）	14 問	
	アメリカ大陸へのヨーロッパ人の侵略（ピサロ・コルテス・植民地）	9 問	1 回
	奴隷貿易やコロンビア交易	15 問	2 回
	ラテン・アメリカの先住民に広がった疫病や人口減少	4 問	2 回
	小計	42 問	5 回
近代	ラテン・アメリカの独立（ボリバルとルーベルチュール，啓蒙思想）	11 問	
	ラテン・アメリカの階層制度（エンコミエンダ制と支配階級）	8 問	1 回
	小計	19 問	1 回
現代	ラテン・アメリカ諸国とアメリカ合衆国の外交関係	2 問	
	ラテン・アメリカからの移民	2 問	1 回
	ラテン・アメリカの国情（債務・内戦・独裁）	4 問	
	カストロとキューバ革命・キューバ危機	9 問	1 回
	その他（地形に関する問題，アマゾン環境問題**など）	9 問	1 回
	小計	26 問	3 回
		計 87 問	計 9 回

＊記述式の問題は，2 つの部分からなる。ひとつはテーマを与えられ，自由に記述するもの。例として，歴史的事件を羅列し，どの出来事を取り上げてもよいと指示される。しかし，ここでは生徒はかならずしもラテン・アメリカでの出来事を選ぶわけではないため，分析対象としなかった。ここではパート 3 で提示される資料分析型の問題として登場したものに限った。パート 3 では，大きなテーマ（例：冷戦・革命・人権侵害など）にそって資料が毎回 9～10 点ほど提示され，それぞれの資料分析をまず行う。その後，テーマについて資料をもとに論述するというものである。ここで，回数としたのは資料となるデータやドキュメントを提示がテーマに沿って列挙されるため，一回のテストに登場する論述問題に当該集団に関係する資料が提示された場合，資料が複数だされていても一回とした。

＊＊熱帯雨林の森林伐採については，アマゾンとの関連で語られていない問題や，熱帯雨林の伐採・開発に関する一般的環境問題を問うものはここでは数に入れていない。

ようになっている。

六年間の出題傾向の変化として注目すべき点は、現代ラテン・アメリカの国情についての問題が二〇〇五年から登場し、その内容はラテン・アメリカ諸国の独裁政権や債務超過などに関する問題である。連続的に出題される問題は、コアカリキュラムに沿った形でバランスよく出題されている。しかし、問題の項目に限定されるように、問われる出来事や人物などの幅はそれほど豊富ではなく、限定された形で出題されている。三つの時代区分から、ラテン・アメリカ世界の問題に現れるイメージは以下の通りである。

(古代・近代以前) 古代の優れた文明、スペインやポルトガルによる侵略と先住民文明の破壊、先住民減少にともなう黒人奴隷の輸入

(近代) ヨーロッパの啓蒙思想やフランス・アメリカの市民革命に影響を受けた革命家と、彼らによる民主政治の展開

(現代) ラテン・アメリカの階層制度、独裁政治と貧困、革命、内戦、債務、経済的豊かさを求めるアメリカへの移民

次の問題は、現代のラテン・アメリカの経済や社会を扱ったものである。一つは、解答として地球規模の人々の移動から解答を選択させる問題で、もう一方はラテン・アメリカ移民の移動理由をたずねるものである。どちらにしても経済的背景を中心にラテン・アメリカ世界を理解させる問題となっている。

次の出来事に関する適切なタイトルを次から選びなさい。(二〇〇三年一月実施)

A．アイルランドにおける大飢饉（一八四五―一八五〇）
B．インドの分割（一九四七）
C．アメリカ合衆国で職を探すラテン・アメリカ人（第二次大戦後）
D．バルカンにおける民族浄化（一九九〇）

ここ三〇年で多数のラテン・アメリカ市民がアメリカに移民する理由は何か？（二〇〇三年八月実施）

A．共産主義の脅威から逃げるため
B．宗教的な自由を求めて
C．自然災害のおそれから
D．経済的な機会を希求して

＊正解には、傍線を付している（以下、同様）

キューバのカストロが権力を維持した理由を答えさせる問題（二〇〇五年一月実施）では、「多くのキューバ人の生活スタンダードを上げた」ことを選択させたり、ホーチミンやカストロやポルポトが影響を受けた政治思想家として「カール・マルクス」を選択させたりするなど（二〇〇四年六月実施）、共産主義と革命家を結びつけた理解が要求される。また、共産主義革命を行ったカストロに対して肯定的な理解を求めた問題もある。

多く国からの支援を失っても、カストロが権力を持ち続けた理由は、（二〇〇五年一月実施）

A．アメリカ合衆国と自由貿易を行ったから
B．共産主義に反対したから

C. カトリック教を禁止したから
D. 多くのキューバ人の生活水準を上げたから

問題に見られるラテン・アメリカへの記述や史料を見る限り、コアカリキュラムの内容をさらに現代史において増やしており、ラテン・アメリカ世界の学習において、宗主国からの独立革命を促した近代ヨーロッパ思想の功績だけでなく、革命後の経済・社会的な不平等性と現代ラテン・アメリカ世界の経済問題を理解するといった学習内容を取り入れている。

ラテン・アメリカに関する問題はたいてい、奴隷貿易とスペインのアメリカ文明の破壊、そしてラテン・アメリカ諸国の独立と啓蒙思想、社会主義革命とキューバ革命の三項目から構成される。これに加える形で、政治・社会的な情報を軸に現代の経済問題が出題されている。コアカリキュラムにおけるラテン・アメリカ諸国のヒスパニックに対する見方は単調なものではなく、奴隷貿易を進めアメリカ文明の破壊者としてのスペイン人、そして被支配者としての先住民インディオ、現地生まれの白人クリオーリョ、白人と先住民の混血メスティーソ、白人と黒人の混血ムラット、ハイチ・クレオール（黒人）といった多様な人種として、またアフリカ系アメリカ人とは異なる自由を自力で勝ち取った主体者として、さらにラテン・アメリカの大土地所有者に抵抗する農民、また内乱・独裁をへて経済的な希望をもとめて移動する人々という多様なカテゴリーを持ち合わせている。また、現代ラテン・アメリカの学習項目の中では、カストロやサンディニスタ、ペロンといった指導者が列挙されるが、カストロがホロコースト主謀者としてポルポトと同列に扱われるなど、共産主義イデオロギーは独裁や虐殺などのカテゴリーに組み込まれることが多い。しかし、近年キューバとの外交関係の樹立など経て、テスト問題におけるそうした否定的な記述の傾向は薄められてきている。

表11　「世界史と地理」におけるアラブ（イスラム）世界の出題傾向

	問　題　項　目	選択	記述式
古代 前近代	イスラム教，イスラム文化 イスラム文化の伝播 東西交流（イブン・バットゥータ）	17問 6問 4問	
	小計	27問	0回
トルコ 近代	オスマントルコ（地形・歴史） トルコの近代化（ケマル・アタテュルク） トルコのアルメニ人ア虐殺	7問 5問 6問	 1回
	小計	18問	1回
現代 第二次世 界大戦	イスラエル建国，パレスチナ人（中東戦争） インド，パキスタン対立，分裂（宗教的対立），核の拡散* OPEC，中東の油田 フセイン，クルド人虐殺 イラン革命，ホメイニ，タリバン，イスラム原理主義・ムスリム女性 アフガニスタン侵攻 湾岸戦争 テロリズム	5問 6問 9問 3問 7問 1問 1問 1問	2回 1回 1回
	小計	32問	4回
		計77問	計5回

*インド・パキスタン対立のうち，核実験にのみ着目した問題はここに含まれない。

（2）アラブ（イスラム）世界

次に、アラブ（イスラム）世界がどう描かれているのかを検証する。六年間の標準テストで取り上げられたアラブ（イスラム）世界の項目を**表11**にまとめている。

標準テスト「世界史と地理」で出題される問題全体の約八パーセントに相当する問題数が、イスラムと関連する地域や宗教から出題されている。出題傾向として、注目すべき点はインドとパキスタンの宗教対立と、トルコによるアルメニア人虐殺に関する出題が二〇〇四年から始まった点、またイスラム原理主義やタリバンが反近代化の文脈においてイラン革命とともに出題されている点である。次のように出題されている。

イランでの一九七九年革命とイスラ

ム原理主義の勃興の原因は何か（二〇〇六年一月実施）

A. 女性の権利の増加

B. 伝統主義と近代化の連続的緊張

C. 天然資源に対する外国からの統制の拡大

D. 共産主義政府の導入

中国における義和団事件とイラン革命におけるイスラム原理主義が目指そうとした類似点は何か（二〇〇二年一月実施）

A. 西洋の国家との文化的経済的な結びつきを強めようとした

B. それぞれ国における外国の影響を取り除こうとした

C. 国民的な宗教運動を築こうとした

D. 海外の植民地を拡大しようとした

義和団事件、塩の行進、イラン革命が抵抗したものは何か（二〇〇二年八月実施）

A. モンゴルの支配

B. 急激な工業化

C. 西洋の影響

D. 経済不況

イランのアヤトラホメイニとアフガニスタンのタリバンの類似点は何か（二〇〇五年六月実施）

A．イスラム国家を建設したこと

B．女性の権利をめぐる国連会議のスポンサーになったこと

C．ＯＰＥＣに参加したこと

D．共産主義宣言を政府綱領に入れたこと

この四つの問題におけるイラン革命についてのイメージは、国家建設や近代化や外国文化に抵抗しようとする姿である。二〇〇二年実施の際に比較の対象となった義和団事件やガンジーの塩の行進と、二〇〇六年六月のタリバンとの比較には大きな格差がある。同じ二〇〇六年六月に行われたテストにはタリバンに関する次のような問題が出題された。

次の写真（写真は女性が文章を読んでいる場面、解説文付）を見て問題に答えなさい。

（解説文：ロヤジルガ Loya jirga の開催：カブールにあるアフガン委員会の女性代表者たちが、火曜に開かれた開会式の間に公式文書を一緒に読んでいる。一五五一人中委員会を代表したのは約二〇〇名であり、彼女たちは次のアフガニスタン政府を選ぶことになるだろう）

写真の光景は何が直接の原因で起こったことか？

A．タリバン統制の政府の敗北

B．アヤトラ・ホメイニの勃興

C．キャンプ・デービット会談の文書への署名
D．アフガニスタンからソビエト軍が撤退した

タリバン統制の政府の人権侵害を示唆する問題である。タリバン国家と並列してイラン革命後の国家を選択肢として出題したことで、ホメイニ体制のイランをも否定的に描写されている。
現代史におけるトピックの中でもイスラム世界で起こっている問題は、現代史における更新が絶えず行われている部分である。そのため、時期や扱う資料によっては国家の方針や考えがテストに反映されることがある。イラクに対する核保有疑惑がそうである。次の二つの問題は、二〇〇一年八月と二〇〇四年六月実施において出題されたものである。時事的な問題を出題することで、世論やメディアなどの情報を読み解くことを要求する問題である。しかし風刺漫画を使用することで、時代の偏見や世論の影響を受けた問題となっている。

インド、イラク、パキスタン、北朝鮮はどんな問題で世界の関心を集めているか（二〇〇一年一月実施）

A．人口過剰
B．民族浄化
C．砂漠化
D．核兵器の拡散

政治漫画（「いかに作用するか――核の連鎖反応」と題して、国を模した人物がインド→パキスタン→中国→イランの順番に並んでいる。矢印はその連鎖反応の順番を示している。それぞれの人物には吹き出しがあり、

インドは「本日三時四五分、我々は核実験を行った」、パキスタンは「それで我々は仕返しの実験をするほか選択肢はなかった」、中国は「ふん、もし彼らがやっているんだったら……」、イランは「?.?.」と書かれている）をもとに問題に答えよ。この漫画の要点を記した文章はどれか（二〇〇四年六月実施）

A. すべての社会で核兵器拡散が起こっている
B. 一つの国家の活動は他の国に波及する
C. 核の技術は世界的な権力で制限されるべきだ
D. ほとんどの国はインド政府の核実験に批判的だ

同様に、中東を冷戦から取り上げた問題には次のような問題も見られる。

冷戦中、ソ連と西側民主国家は中東への影響力をめぐり対立したが、その理由は何か（二〇〇三年六月実施）

A. 様々な資源と戦略的な位置から
B. 豊かな農地と河川のため
C. 高い教育水準を持った多くの人々がいるため
D. 工業における潜在性

アフガニスタンやイランをめぐる米ソの対立が資源や地理的戦略にあったという問題を含め、アフガニスタンからイラクにかけてのアラブ地域を概観すると、非民主的な政治や宗教色が色濃く出ており、一方で石油資源による紛争地域として描かれていることが分かる。しかし、イラク以西から地中海東岸地域にかけては、同じような紛争地域でありながらも、異なる視点から描かれている。

中東問題であるパレスチナとイスラエルの紛争要因について出題された問題を見ると、その対立要因は宗教や民族をめぐる対立ではなく、領土をめぐる衝突として理解するよう学習者に求めていることが分かる。

一九四八年以来、アラブとイスラエル間で起きている紛争の主要因は何か（二〇〇六年八月実施）

A. 互いに紛争地に眠る巨大な石油資源がほしいから
B. 互いに合衆国が紛争中の相手国のことを気に入っていると信じているから
C. 互いに同じ土地の統治を要求しているから
D. 互いに地中海東岸で交易統制をしようとしているから

イスラエルとパレスチナの紛争の主な原因は何か（二〇〇二年六月実施）

A. 互いに地域の石油資源を支配したいから
B. 互いに同じ土地に歴史的な結びつきがあるから
C. 互いに同じ宗教において異なる解釈を信じているから
D. 互いに近隣諸国と軍事同盟を持っているから

バルフォア宣言の長い影響が中東にもたらしているものは何か（二〇〇一年六月実施）

A. イラク政府によるクルド人迫害
B. パレスチナとイスラエルの紛争

C．トルコでの議会制統治を強化すること
D．レバノンにおいて二大政党制を確立するため

記述式問題

イスラエルユダヤ人の詩とパレスチナ人の詩から、それぞれの詩ではナショナリズムをどう表現しているか（二〇〇三年八月実施）

（資料略）

ベングリオンによるイスラエル建国宣言とサダト大統領のパレスチナ難民キャンプについて述べた文書から次の問いに答えよ（二〇〇二年八月実施）（資料略）

・なぜユダヤ人は大戦後イスラエルへ移住したのか
・パレスチナ人がシナイ半島の難民キャンプへ移動させられたのはなぜか

コアカリキュラムの構成と標準テストの内容から、アラブ（イスラム）世界への理解やイメージは複雑な問題をはらんだ紛争地域としての姿が見えてくる。つまり、成立時のイスラム教と、今日の中東で起こっている政治的な紛争原因としてのイスラム教（イスラム原理主義）は、寛容性と非寛容性という異なる文脈で語られており、それに引きずられる形で現代イスラム教のイメージは非民主主義であり、反近代的体制をとして映っている。その一方で、地中海東岸の中東地域におけるイスラエルとパレスチナの紛争は、宗教や民族を背景にしたものではなく領土的な対立の観点で描かれている。

この二点から分かることとして、標準テスト問題から推察される現在のイスラム教やムスリムに対するイメージは、原理主義に見られる急進的な集団であり多様なものではなく一枚岩のような集団として描かれているということである。中世におけるイスラム教では東西交流や交易の視点から様々な国のムスリムが登場し、多様性を持つ集団として描かれていたのとは対照的である。

「世界史と地理」コアカリキュラムや標準テストの内容分析を通じて、以下のことが明らかとなった。まず、カリキュラムの特徴として次の三点が挙げられる。第一に、年代順・世界的な交流という視点から、地域別、国別ではなく影響を与え合う交流の視点で描かれているという点である。第二に、近現代の事柄に重点を置いているという点。第三に、現在世界で起こっている紛争などの出来事がほぼリアルタイムに更新され、テストに出題されているという点である。

そして、ヒスパニックに関する歴史理解からは、革命が民主化という文脈で肯定的な価値付与が行われ、現代史を増やすことで、ラテン・アメリカ世界は多様な人種による社会階層社会、そして共産主義革命や、独裁政権といった民主主義国家とは異なる政治国家群として描かれる。また、ラテン・アメリカ現代史の拡大が、ヒスパニック移民への理解を深め、さらに革命に関する主体的な民主主義希求者のラテン・アメリカ史像は、ヒスパニックへの新しい価値付与にも寄与すると考えられる。

アラブ（イスラム）世界やムスリムに関する問題からは、中世の多様なイスラム世界・ムスリム像とは異なり、現代イスラム社会をイスラム原理主義や中東の紛争、虐殺など否定的な言葉で理解するような問題が目立っている。また、同じアラブ（ムスリム）世界でもイスラエルとパレスチナの紛争に関する記述は、パレスチナ人は宗教的な理由からではなく土地をめぐって対立する民族として描かれている。

直接テロリズムとの関連でアラブ（ムスリム）世界が語られることはないが、イスラム原理主義という言葉が出題されるとイスラム教それ自体として理解してしまう可能性も高い。テロリズムに関する問題が二〇〇六年一月に風刺漫画入りで初めて出されたが、そこに関与するのがどの地域なのか、どのエスニック集団なのか、全く描かれていない。その風刺漫画は、ガスマスクをかぶり武器のようなものを持って立っている国連査察の名札を下げた人がマンホールの下に続く穴を見ると、真っ暗な闇の中に目玉だけ見えているというものである。問題は、「解決するのに長い時間がかかる困難な問題」という解答を求めるものであった。

「世界史と地理」の標準テストから見えてくるのは、多様な解釈を認めないという断固たる選択問題のあり方、しかしながらも時代の変化や対外関係の改善などによって解釈や理解の方法が変化するという皮肉なものであった。まさに、時代の中で様々に変化する異なる国や人々、宗教、文化への認識の違いが如実に現れたものだった。存在論的歴史学がなぜ大学においてその主流になっているのか、こうした高校までの歴史学習が証明している。時代の中で変化する価値観や歴史観、その変化に揺れ動くカリキュラムや標準テスト、そうした状況にどう教育現場は対応することになるのか、次節で見ていくこととする。

第3節　行政の教育目標やテスト評価のもたらす歴史教育実践の姿

前節までで、スタンダード論争やニューヨーク州の標準テストの分析を通じて、アメリカ文化の多様性を認める一面と、アメリカ民主政治の思想や価値による統合化への動きを見てきた。本節では、異文化理解つまり多文化教育の必要性に迫られている教室で、標準テストが教師や子どもたちにどのように捉えられているのかを分析する。調査対象としたハイスクールは、移民やその子弟が多く在籍する「N校」[9]、生徒のほとんどが黒人もしくはエスニック・マイノリティである「M校」である。ここでは、様々なパターンの授業を観察したがその中でも四人の教師の授業を観察し、それぞれに共通した標準テストの影響を探った。両校の観察を行ったのは二〇〇一年十月十五日から二十六日にかけての二週間である。

1 ブルーノ先生の授業における生徒の関心

ブルーノ先生は、スペイン語と英語が話せるバイリンガル教師である。N校で社会科を担当し、二つの言語を使い授業を行っている。授業は一二年生（最高学年で一七歳～一八歳の生徒が参加）を対象とし、政治制度に関するものだった。ブルーノ先生の担当する一二学年生の授業はN校では、H７（市民政府：civil government）に区分されている。社会科はN校において次のように履修されている。まず、新入生である九年生の秋セメスターにおいてH１（内容は前期世界史：先史時代から一二〇〇年代まで）から始まり、入学半年後の春セメスターではH２（内容は前期世界史：ルネサンス時代から啓蒙思想の時代まで）を履修する。第一〇学年に進級すると、秋セメスターよりH３（後期世界史：ヨーロッパ市民革命期から帝国主義時代）、春セメスターからH４（後期世界史：革命・第一次世界大戦から一九九九年まで）、第一一学年では、秋セメスターからH５（合衆国史前期：建国・合衆国憲法制定から産業化の時代）、春セメスターからH６（合衆国史後期：二〇世紀初頭海外への膨張期からクリントン政権）、最終学年の第一二学年ではH７（市民政府：政府の機能・法制度・政治行政制度・立法制度・司法制度・国内外政策）、H８（経済：経済システム・商業・経営・金融・国際経済）となる。観察した授業はH５とH７の政治や合衆国史に関するものである。

H５のクラスは、教科名はコアカリキュラムのとおり「合衆国史と政府」となっており、実際の授業では基本的に教科書に沿って学習が進められている。観察した授業は、独立戦争の時代について学習であったが、とくに憲法に焦点があてられていた。黒板には、めあて「憲法には政府の権力についてどう記されているか」、また学習内容として合衆国憲法の前文と主要条文、修正条項が書き並べられ、その後ブルーノ先生は、憲法の内容について、三権分立における権力の分離機能、連邦政府と州政府における権力の分離機能、そして憲法改正のプロセス、最高法規としての役割、次に憲法制定までの歴史的な経緯として独立革命から連合規約、憲法制定までの流れから説明を行った。その際、生徒の理解を促すため、ブルーノ先生の身振り、手振り、声の音量は大きく、連邦政府や大統領の位置づけを表現するために机の上に積まれた本の上に立ち説明を行うといった場面もあった。生徒には作業用のプリントと資料が配布され、グループで三権のうちの行政権についてその役割や大統領権限やその背景についての問題を解くように指示が出された。

次に観察したのは、H７「市民政府」の授業である。ブルーノ先生によると、H７の授業は政治思想、立憲民主政、建国の基礎となった文書、連邦制、政治制度、公民権、選挙制度、メディア・世論・政党や利益集団といった学習項目からなり、観察した授業は「建国の基礎となった文書」について授業単元のうちの二時間であったが、このうち一時間はブルーノ先生の裁量によって特別に、当時同時多発テロの影響からムスリムの生徒が受けていた嫌がらせについて考える活動が行われた。

授業ではロールプレイング活動を通じて「サッコとヴァンゼッティ裁判（The Trial of Sacco and Vanzetti）」について学習するというものであった。授業では、裁判官と被疑者の二人、それにその当時の世論を代表する排外主義者、この裁判を取材する記者らのやりとりが生徒によって再現された。この裁判は、一九二〇年代に起こったイタリア系移民の二人に対する偏見から裁判が歪められ冤罪であるにもかかわらず、死刑に処せられたという合衆国史においても有名なものである。ブルーノ先生はこの授業計画の作成にあたり、授業観察当時頻発していた九・一一同時多発テロ直後のアラブ系移民に対する偏見や脅迫行為と重ね合わせながら、この事件を生徒に紹介したいと考えていた。教材は『合衆国史ロールプレイ集』（*Eight Plays of US History*）[10] の「サッコとヴァンゼッティの裁判（The Trial of Sacco and Vanzetti)」である。

教室に行くと真っ先に黒板に「めあて」(Aim)と「課題」(Do Now)が書かれ、すぐに宿題の点検が始まった。宿題は、教材である『合衆国史ロールプレイ集』の末尾に提示されている問いに答えてくることである。

- なぜ人々はサッコとヴァンゼッティを有罪としたのだろうか?
- 警察官によると、彼らの犯罪を裏付ける証拠は何だっただろうか? 二人は車と銃についてどう説明しているだろうか?
- なぜ第一次世界大戦にヴァンゼッティは従軍しなかったのだろうか?
- なぜ検察官は陪審員にそれを知らせたかったのだろうか?
- なぜマデイロ(容疑者)の証言は裁判の結果を覆すものにならなかったのだろうか?
- なぜフレッド・ムーア(弁護士)とウォッチマン(新聞記者)は知事が特赦するだろうと感じたのだろうか?
- どのくらいの間二人は刑務所にいたのか?
- どのようにヴァンゼッティは人々に彼の死は怒りとなることを説明しているだろうか?

生徒の中には、アメリカに来て九ヵ月しか経たないものもおり、まだ宿題の問いに出てくる英単語に中国語の訳を書き込んでいるものもいる。教室には席順はなく一部グループの形になっているため、生徒はほとんど民族別、国別に分かれて座る傾向があり、こうした自由な机の配置は、授業に関する情報を母国語で説明しあったり宿題を見せあったりするのに役立っており、生徒に対してまた教師の指示が伝わりやすくなっている。ひととおり宿題を見終わると、ロールプレイでの「裁判」の再現方法について説明があり、机を裁判所風に並び替えるように指示がでた。生徒の反応はあまりなく、ほとんどの生徒は動かないで机を囲んで話を始めている。四、五分が経ったところで、数人の生徒が教師の指示に合わせて机を簡単に移動させ、生徒はやる気のない態度で机についた。ロールプレイは第二の場面である法廷でサッコとヴァンゼッティの法廷での場面から始まっている。弁護士が二人に対してどうして車や銃を所持していたのかを尋ねたり、検察官が徴兵に応じなかった理由を聞き二人にアナーキスト（無政府主義者）であるかどうか詰問し断罪したりする。最後に、新聞記者が裁判の様子から、車と銃が同じかどうか確認したり盗まれた金について言及したりしないことに疑念を持つ場面で終わっている。

ロールプレイのセリフは、日本の中学生レベルの単語が中心の教材ではあり、文章も短いものではあるが、英語に慣れない生徒は四苦八苦している様子だが、英語に自信のある生徒は大きな声で読む速さも早い。授業は、途中で終業のチャイムが鳴り終わった。この後、さらに二回の授業でロールプレイを終え、生徒は自分が受けた偏見についいて意見が求められた。教師との次のやりとりが、生徒に火をつける形となり、偏見やステレオタイプについてのやりとりが生まれた。

教師：「憎しみは怒りとなって続いていく」とは、どういう意味？（この引用は教科書中に出てくるヴァンゼッティの処刑前の言葉）

生徒A：二人は偏見を訴えようとしている。

教師：前回の授業では、合衆国憲法で何が制定された？（前回の授業でアメリカ独立、憲法制定について授業を行っている）

生徒B：自由や正義を守るということ。

教師：偏見とはどういうもの？　一〇代の五人の若者が通りでたむろしていたら、一般的に警察は何か犯罪を起こすのではないか考えるのではないか？（生徒が一斉に反論する）

生徒C：ステレオタイプは偏見と同じものじゃない。

教師：ステレオタイプは定義づけると「少しの集団の経験からすべての集団についてつけられるもの」（黒板に板書する）九・一一のあとどんな種類のステレオタイプが起こった？　すべてのアラブ人はテロリストとなる傾向があるというのは本当？

生徒（複数で）：いいえ！

教師：すべての移民、アラブ人はそのように見られている。サッコとヴァンゼッティは一例です。中国から来た人はすべて共産主義者、ソ連から来たものも共産主義者！（生徒を指差しながら大声で言う）それは本当ですか？

移民として若者として、アメリカ社会の中で遭遇する偏見に焦点をあてることで生徒の注意が喚起された瞬間であった。授業後、ブルーノ先生は次回までの宿題と三日後に行われる試験についてのアナウンスを行った。

サッコとヴァンゼッティの裁判について扱った後の授業は、通常の「市民政府」のカリキュラムに戻っていた。教師は黒板に、メイフラワー誓約（イギリスより宗教的自由を求めてプリマス植民地を開拓した人々によって作られた文書）から、ロックやルソーといった政治思想を経て、独立宣言がジェファソンによって作成されたという流れが大きく描かれ、そこで作られた連合規約（the Articles of Confederation）についての学習がアナウンスされた。めあては「連合規約はどう機能していたか」というものであった。黒板に連合規約が定めた州政府の強大な権限の長所と欠点が示され、シェイズの反乱（独立戦争後の政府に対して税の軽減や紙幣の発行などを要求して始まった反乱であるが、アメリカ独立の精神として称えられている）に対するジェファソンやジョン・ジェイ（アメリカ合衆国建国の父の一人に数えられる）の考えを示した資料や当時使用されていた紙幣（複製）を生徒に配布した。この授業の翌日に行われたテストでは、次のような一二問の選択問題と二問の記述式の問題が提示された。

パート1　選択問題

一、政府が作られる理由は

（a）多くの人々は他者によって支配され、何をすべきか言われる必要があるから
（b）人々は親戚や友人たちと連絡を取り続ける方法が必要だから
（c）人々は様々な危険から彼ら自身を守るために一緒に参加する必要があるから（正解）
（d）政府はいつも存在してきたから、将来もそうだ

二、メイフラワー誓約は合衆国史に影響を与えてきた、それは

（a）植民地に対するイギリス政府の統制を強化したから
（b）植民地を創る力を植民地人たちに与えたから
（c）代表制による民主政治の発展に寄与したから（正解）
（d）植民地の統治者たちに全体的な権威を保証したから

パート2　手紙を書く

サッコとヴァンゼッティのどちらかのことを想像し、あなたの母国の友達に手紙を書きなさい

①事件を簡単に説明する
②あなたが強く確信している理由

③合衆国政府にとってどんな意味があるか

パート3　記述問題

ヨーロッパ啓蒙運動から来た思想は合衆国の独立革命や政府の基礎に大きな影響を与えた。その思想はルソーやロックのような哲学者に由来するものもあり、次のような思想も含まれている。

自然権、自由の概念、政府の役割

これらの思想のうち、ヨーロッパの哲学者のそれぞれの視点を説明し、トマス・ジェファソンの「独立宣言」に与えた影響についても記しなさい。

移民の生徒に対して、臨機応変にカリキュラムを変更することで生徒に学習への意欲や動機付けを図ろうとする姿が見られ、また英語を母語としない生徒への説明に大きな身振りや手振りで説明する姿が印象的であった。授業への取り組みも熱心なブルーノ先生は、流暢な英語とスペイン語を駆使して生徒に訴えかける場面が多くあった。観察した授業は三時間と非常に短いものではあったが、「合衆国史と政府」「市民政府」それぞれの教科内容では、アメリカ民主主義についてその形成過程から、またその根本となる思想をヨーロッパ近代市民思想から理解を求めようとするものであることがよく伝わってきた。また、生徒の理解の確認方法としてのテスト内容からも、ニューヨーク州で行われる標準テスト（Regents Examination）の形式が取られ、生徒も教師もテストを強く意識していることが分かった。

2　マーカス先生による想像力を利用した授業

N校ではブルーノ先生のほかに、歴史上の人物となって歴史的な感覚を養う授業が行われていた。それがマーカス先生であり、彼もまたH１の世界史を担当し、スペイン語と英語で授業を行うバイリンガル教師であった。マーカス先生はヒスパニック系が多くを占める中、アジア系三人その他含め、生徒二九人というクラス編成の中で授業を行っていた。授業は、エジプト文明を取り上げ、人びとの暮らしをイメージさせるものであった。まず、授業が始まると黒板にめあて（Aim）として「活動の理解をどれだけ示せるか？」と記すと、女性と男性と見られる簡単な人型を書くと、吹き出しを作りそこに言葉を挿入していった。

女性：今日一日、仕事はどうだった？
男性：ひどくきつかった。ピラミッドを造るためにたくさんのブロックを運ばなくてはならなかった。偉大なファラオは墓を誰よりも大きくしたいんだ。だから、万能の神である彼の願いを叶えるために一生懸命に働かなくては。

次に、生徒に対する下記の二つの質問を設定し、各自その課題に取り組むように指示した。

この絵が古代エジプト文明について言っていることは何か。絵の人物の特徴を一つ、あなたが思い描いたことを書きなさい。感じたことや意見、ピラミッド造りの労働者としての生活を描きなさい。

マーカス先生は授業において「想像力（imagination）」を大切にしているという。実際、授業中に何度もこの言葉を発し授業を進めていた。生徒たちは課題を終えると、古代インド文明や中国文明、メソポタミア文明、エジプト文明についてグループで同様の質問から課題が割り当てられた。その際、教科書が配られ参考資料として用いられていた。授業に持ち込まれた資料が、黒板に書かれた吹き出し付きの絵と、教科書だけであったことが、生徒の解釈を狭めていることは、生徒の態度からも明瞭に伝わってきた。要領よく課題をすませた生徒は答えを「うまく教科書の中から探し当てる」ことができ、また課題に取り組めずにいる生徒が「答え」にたどり着くよう教師が指示を行っていた。また、授業の最後に生徒に発表させると、マーカス先生は教科書を開かせ、それを教科書単元の目標であるピラミッド建設の「技術（technology）」の項目の確認に見事に結びつけてしまったのである。

マーカス先生はその後授業でも、古代文明についての学習を教科書中心に進めていった。次の日の課題は、生徒に課せられた問題は、四つの古代文明の相違点や類似点について、統治形態、経済的な要素（生産や貿易など）、宗教などの制度、そして技術（技術的な発展）から説明するというものであった。想像力を重視する前日の課題とは異なり、教科書の情報を追うような課題となっている。

さらに翌日の授業では、メソポタミア文明におけるハムラビ法典についてその具体的な内容から学習を進めることになった。黒板にはハムラビ法典によって死刑判決を受けた例が次のような会話体で描かれている。

「ここにこの町の偉大な判事によってお前に死刑判決を言い渡す。お前は農場から牛を盗み、これを売り、そして今はそれを返す金すら持っていない。お前は我が社会の人々を侮辱したゆえに死刑に値する」
「殺さないでくれ。どうか殺さないでくれ。お腹がすいていたんだ、私の子どもたちも。彼らのために盗んだ。彼らを愛していたから、彼らが餓死するのを見たくなかった。もうしない、誓う」
「だまれ、そんなことは聞きたくない。それが本当だとしても、我が社会の同胞を侮辱したことでお前は死刑に値する。お前は法律制度の重要な部分を侮辱したのだ。優れたものへの非礼を働いてはならない、特にお前のような低いレベルの生活をするものなどは」

この板書の対話について説明があった後に、「死刑の理由は何か」、「決定が公正かどうか」、「ハムラビ法典とその他の制度を比較する」という課題が出された。この時に、一人の生徒から「この課題をやったら、標準テストに落ちない（合格する）？」という質問が出され、その後次々に他の生徒からも同様の質問が出された。教師は「そうだ（Yes）」と返答をし、生徒は課題に取り組み始めた。また、生徒がハムラビ法典と合衆国の法制度と比較するなかで、アメリカ人弁護士の話としてアメリカはお金を持つものが有利な社会であるという発言が飛び出し、クラス全体が話に加わる場面があった。この後にタリバンの話やテロについての話となり教師から話をやめるよう指示が出され話は長くは続かなかったが、アメリカ社会に対する移民の生徒の視点が垣間見える瞬間であった。

マーカス先生は授業において、歴史的な場面を想像することを重視していたが、そうした意図は逆に生徒は答えを教科書に求めたり、また課題を標準テストに合格するための手段として理解したり、世界史の学習内容に対してドライな関わり方をしていることが分かった。マーカス先生の用意した史料は、日常の一場面を切り取ったり出来事の一場面を切り取ったりするような具体的な場面が思い浮かぶものであったにもかかわらず、生徒の学習への動機づけとはならず、生徒自身の関心や興味は今日のアメリカ社会にあることがその質問や反応から明らかである。ブルーノ先生の授業のように、歴史的な出来事であっても今日生徒の身の回りで起こっている事件と結びつけて問いかけた時に、生徒は大変強い反応を見せていた。マーカス先生の歴史教育から分かることは想像力を育むとはいっても、教科書の課題や単元理解のために立てられた目標に、生徒の想像する自由も授業内容もその範囲が縛られ、結果として教科書理解や標準テスト対策へと回帰するというものになっているということである。

3　ヒュース先生による政治漫画を使った授業

ヒュース先生は普段は合衆国史、世界史、地理の授業を英語で行っている。観察した授業は、H７の合衆国史の授業である。ほぼブルーノ先生のＨ７のクラスと同じ進路で行われており、このクラスでも連合規約の長所と欠点について示したジョン・ジェイの考えとジェファソンの考えを比較している。この授業は、対話形式で進行がすすめられ、ヒュース先生は、ジョン・ジェイが合衆国の体制を分権的なものを目指し、またジェファソンが集権的なものにしようとしたことを生徒と対話しながら説明していった。説明の最後には、生徒にジョン・ジェイとジェファソンを指してどちらが良い指導者かどうかを質問したが、生徒からはあまり反応はなかった。連合規約の欠点が招いた出来事としてシェイズの反乱についてヒュース先生が説明をしたときに、「この時代に誰が選挙権を持っていただろうか」と生徒に尋ねると、生徒から「裕福な人々」という回答があり、さらに「では、裕福な人々は誰か」と再度尋ねると「白人」「白人男性」と次々に返答があった。ヒュース先生は、白人にも貧しい人々がいたとしてシェイズの反乱の首謀者の話をしたが、生徒には納得のいく説明ではなかったようで、生徒のアメリカ社会に対する見方がはっきりと示される場面であった。

独立後のアメリカ社会について学習をする際に、連合規約や憲法といった公的文書をもとに学習が進められ、その理解ではどの教師も同じような歴史的史料が活用され、理解の仕方や学習内容も一面的であることが分かる。また、教科書で扱われる歴史的な出来事や人々について、移民である生徒からは自身の生活環境や収入などを考えた時に、その内容や経緯を理解することはできても、その内容に共感したり批判したりしながら歴史を学習しているのではないことが分かる場面でもある。

ヒュース先生は普段は合衆国史・世界史・地理の授業を英語で行っているが、週に一度授業内容はすべてその先生に一任するという「ミニ・コース（mini course）」と呼ばれる授業を担当している。ここでは、新聞や雑誌に登場する「政治風刺漫画」を教材に授業を進めている。政治風刺漫画は、標準テストに必ず出題されるもので、その意味するものを選択したり、説明したりすることが求められる。

まず授業は、めあて（Aim）「政治漫画をどう解釈できるのか？」という問いから始まった。ヒュース先生は「政治漫画」の意味を「政治漫画とは、まじめな問題に対して私たちを引きつけるためのユーモア」と生徒に伝え、いくつかの政治風刺漫画が印刷された紙を生徒に配布すると一つひとつ生徒に尋ねていった。選択された四枚の漫画は「軍隊における女性の役割」「イラクにおける国連の核査察」「中東の和平問題」「改革解放後の中国経済」についてのものだった。いずれも政治性の高いものでアメリカ合衆国中心の政治的な解釈ともなりうるものである。

授業で紹介された風刺漫画には、次のような様子が描かれている。まず、「イラク」と書かれた白線の内側には胸に「サダム」と入ったフセイン大統領と思われる人物が立ち「オーケー、我々は君達全員を入れよう。しかし後ろにいる背の高い男は除く」と言っている。さらに白線の外側には、黒いサングラスをかけた三匹のネズミが杖をついて立っている。そのうち一人はムスリム帽のようなものを頭に被り、手には「国連査察」と書かれたアタッシュケースを持っている。後ろに立つ背の高い男性は、手に星条旗が書かれたアタッシュケースを持ち、うんざりした表情をしている。つまり、この風刺漫画は、杖をつくような体調で色眼鏡をかけているようなムスリム教徒のみを受け入れ、アメリカ人は除外するような国連査察団では、フセイン大統領にとって不都合なものは見えないということを示している。この漫画の意味を尋ねるために、ヒュース先生は「国連の査察はどういう意味か」と尋ねると、生徒たちからは「役に立たない」「買収されている」「ビッグジョークだ」という回答が帰ってきた。

次に紹介された風刺漫画は、中東和平問題に関するものである。漫画には次のような風景が描かれている。墓場のような場所には「中東和平対話」と書かれた墓石が立っており、墓石の前の盛り上がった土の上に聴診器を押し当てている女性が「呼吸が聞こえる！　掘り始めて！」と話している。その後ろに立っている二人の男性は、一人はユダヤの星、もう一人はＰＬＯと書かれたマークを腕に付け、腕組みをして不満げに立っていると言った具合である。一人はイスラエルのシャロン首相、もう一人はパレスチナのアラファト議長だと考えられる。つまり、アメリカは和平対話に向けて対話を促そうとしているが、イスラエルとパレスチナの両者にとっては納得できないことを示している。この風刺漫画に対して、ヒュース先生は「ユダヤ人もパレスチナ人も和平に興味がない」「和平の対話は潰れた」「合衆国は未だに和平合意ができると信じている」「ユダヤ人やパレスチナ人は互いを信じていない」という解説を行った。

この漫画に関しては、墓石に書かれた文字の意味や二人の男性の態度、墓石の前の女性について教師は問いを発した。しかし、その問いに対して最後列にいた生徒から「彼女はうそつきだ」という声があがったが、これに対する教師の反応はなかった。ただ、この生徒が実際にこの漫画の政治的な意図をどう解釈したのは分からない。しかし、ヒュース先生のとったそれぞれの解釈を見ると、そこにはアメリカ合衆国の立場に立った政治認識が見られ、国家政策の正当化という現象が見られる。標準テストにも時代によって外国やイデオロギーへの認識が肯定にも否定にも働くということがあった。この授業の最後に、ヒュース先生は標準テストについて触れ、漫画を読み解くスキルの必要性を確認した。

4 グレイス先生による正答主義の授業

グレイス先生は、黒人の生徒が五三・二パーセント、ヒスパニック系の生徒が四三・五パーセントを占めるM校[11]で一〇学年の生徒に世界史を教えている。標準テストの結果は悪く、担当しているクラスの三四人中二三人が不合格となったという。また、グレイス先生の担当する生徒は観察したクラス以外の生徒も含めると一五〇人強となり、毎日時間に追われているため教師は一人ひとりにケアをしたり、途中で抜け出す生徒に指導することは大変難しい。その上、親の子どもに対する修学期待は低いため生徒の学習意欲や進学意欲も低い。マンモス校というのも手伝い、二〇〇〇年の統計によるとドロップアウト率二四・二パーセントは、留年率三七・九パーセントとともにニューヨーク市の全公立学校の平均一九・三パーセントよりも一割近く高い。また、貧困率を示すフリーランチ取得率も七三・二パーセントと市平均の四五・二パーセントをはるかにしのぐ比率となっている。

グレイス先生の授業は、授業前にすでに課題（Do now）「〈ヨーロッパの政治哲学者〉について読み、同じページにある問題に答えなさい」が黒板に書かれてあり、授業開始と同時に生徒はこの課題に教科書を使って取りかかっていく形式となっている。その間、グレイス先生は机間巡視を行い、生徒の質問に答えたりしている。その後、生徒の一人に教科書を読ませ、全員に、板書にあった言葉「啓蒙思想の普及」「フリードリヒ（二世）大王」「ヨーゼフ二世」「エカテリーナ（二世）大王」について調べるように指示を出した。この授業のめあて（Aim）は次のようなものであった。「啓蒙思想の普及要因は何か？」「エカテリーナ大王、フリードリヒ大王、ヨーゼフ二世は啓蒙思想を反映させるために何をしたのか？」。次の日の授業では、すでにアメリカ合衆国の独立に移っていた。前日の授業と同様に黒板の問題を解くために生徒は教科書の答えを探していく。終わらなかった問題は宿題となった。

グレイス先生の授業は、最後に答え合わせが行われ、生徒が間違った場合は訂正するという正答主義的なものとなっている。授業後にグレイス先生に生徒の様子を尋ねると、「彼らのモチベーションはとても低い」「彼らの中には、本当にやっていることが分かっていない者もいる」という答えが返ってきた。しかし、グレイス先生の生徒に対する態度は非常に厳しく、私語は無論だが質問に関しても以前説明したものだったりすると、「なぜ今頃質問するのか？」「隣の人と共同作業でやりなさい」といった対応が見られた。また、この授業は一人生徒が教室を抜け出す場面があったがグレイス先生は気にもかけない様子だった。また、授業中に標準テストのための準備を促し、テスト問題の解き方などを指導する場面も見られた。

グレイス先生はインタビューの中で一九九〇年代に入り教科書の流れを押さえるために、一九五〇年代に行われていたような古い授業方法を取っていると話した。M高校で発行されている生徒と教師との間の契約書には試験の項目がある。ここには、「私はテストやクイズが定期的に課されることを理解しています」という言葉の下に、次の条件が示されている。「どんな試験にも正当な理由なく欠席した場合はゼロの評価となります」「ニューヨーク州標準テストを受け損ねたとき、その学期は自動的に失格となります」などといったものである。標準テストの選択問題とほぼ同内容の学期末テストもグレイス先生によって実施され、その他にも普段から行われるクイズは、地名や語義について答えるような暗記型のテストとなっている。

グレイス先生は大学在学中には認知心理学の授業を受け、メタ認知を生かした授業を行いたいと熱心に語っていたが、一方で現在の学校環境のなかでどうしたらやれるのか、他の先生たちはどうやって実践しているのか知りたいと漏らしていた。保護者との面談の後で行ったインタビューだったこともあり、低学力の生徒を指導する難しさ、低予算の底辺校につとめる教員の給与の低さといった環境から教員のモチベーションが上がらないといった現実が彼女の回答から出てくることになった。

5　パトリシア先生による説明中心の授業

M高校で一二年生に対して市民政治を教えているパトリシア先生の授業もまた観察を行った。授業は毎回、まず生徒に教科書を読ませた後、教師が教科書に登場する時代や出来事についてその状況を説明しながら黒板に重要な単語などを記していくというパターンが繰り返されている。グレイス先生の授業のように、生徒が静かに黒板に書かれた課題について教科書を見ながらこなしていくという形式ではない。

授業内容は、独立宣言から連合規約の締結までの流れについての説明であり、時折パトリシア先生は説明に出てきた単語について意味が分かるかどうか生徒に質問をしている。例えば、「絞首刑（gallows）とは何か」「レトリック（rhetoric）とは何か」「解放（emancipation）とは何か」「史料（documents）とは何か」「（独立戦争の）敵はどこか」といった具体的で、自由回答でなく正解のあるクイズ形式の問いかけとなっている。翌日に観察した授業では、「連合規約の主な特徴は何か」というめあてのもと、連合規約にある連邦政府と州政府の権限の大きさについての説明が行われた。パトリシア先生は説明に具体的な例や身近な例から説明することが多く、連合規約の特徴である州の独立した権限については、アメリカ合衆国の自動車免許や教員免許のシステムを例にしながら説明をしたり、また州の権限の強さを示すためニューヨーク州の教育委員会の学校教育への権限や標準テストの実施を引き合いに出しながら説明を行ったりしている。一七八七年に開かれた大陸会議については参加した州の数やその代表者の人数、参政権を保持していた人々の特徴として「白人男性」「政治的な経験を持つビジネスマン」「教育を受けた人」などを挙げながら解説をし、シェイズの反乱に至るまでの流れを物語として生徒に聞かせた。N高校でヒュース先生やブルーノ先生が行った授業とほとんど同じ授業内容であり、理解の方法や内容の捉え方も全く同じと言っていいものだった。最後に、フィラデルフィアで行われた議会の様子を示したジョージ・ワシントンの写真を見ながら、デラウェアでの学外活動でこの絵をクラスで見に行くことがアナウンスされた。

パトリシア先生の授業では、様々な人々や集団からの史料が提示されることもなく、また史料をもとに生徒が解釈したり自由に議論したりするような活動は見られなかった。この点はグレイス先生も同じである。コアカリキュラムにあるような様々な出自のヨーロッパ系白人の活躍について触れられることもなく、また社会史的な史料を使って、当時生きていた普通の人々の視点などから歴史的な出来事について理解を深めるといった場面もほとんどなかった。グレイス先生がインタビューで話したように、黒板を使って一斉授業をする、暗記のための語句調べや語句覚えを行うといった伝統的な授業方法、学習方法に回帰していることを示している。M高校において、学校や教師にとっても生徒にとっても標準テストは重要なものとして認識され、授業内の評価にも大きな影響を与えていた。

6　NY州の教育政策がもたらす実践への影響

スタンダードによる改革はコアカリキュラム、そして標準テストの実施から授業実践にまで届いていることは明らかであった。本章では、論争によって変化したスタンダードやコアカリキュラムの内容がどのような形でテスト内容に現れ、また教室実践にどのような影響を及ぼしているのかを中心に分析や観察を進めた。論争後に改訂されたスタンダードの内容は、様々なエスニック集団の人々を扱った学習内容を減らし、西欧近代思想を基本としたアメリカ民主主義のメインストリームの維持へと回帰した。そうした「民主主義」「人権」から「統一化」された合衆国史の内容は、標準のテスト内容に取り込まれていた。文化の多様性は合衆国史に登場する人物の中に見られるものの、あくまでも西欧思想や文化を中心としたナショナル・アイデンティティを支持する人々という形で描かれていた。

さらに歴史教育の実践を観察する中で見えてきたことは、標準テストの教室実践への影響が強いものであり、生徒も教師もつねにテストを意識しながら授業を行っているということであった。授業の合間に聞こえる標準テストという言葉は、時に生徒の学習への動機づけにもなっている一方で、共感や批判的な思考力をもった歴史的思考力の育成を損なう効果も持っている。

例えば、N校のブルーノ先生はアメリカに来て間もない子どもたちがこれから受けると思われる差別を考えさせる授業実践を通じて、その生徒の反応の悪さに悩み続けていた。この原因として、多様な視点や自由な解釈を求めない授業スタイル、そして、テストにつながる知識を求めるがゆえの授業への消極的怠慢として、標準テストの実施にその原因を求めることができるのではないだろうか。さらに、このことを示すかのようにマーカス先生の授業では、授業の内容が標準テストにつながることを確認する生徒の発言も聞かれた。また、教師の側も教科書を離れないように注意を払うことで、歴史上の出来事や人物に対する「想像力」を育成させようとして授業を計画したにもかかわらず、一つの解答を求める授業へと変化させてしまっている。

結果として、ヒュース先生やグレイス先生を始めとして多くの授業が標準テストを意識したものとなり、そうした教師の意図あるいは無意識の言動が、生徒にとって授業を受けることは標準テストへの対策と変化し、これが生徒や教師にとって授業の目標となっていることは明らかであった。

第4節　州スタンダードと標準テストの間にあるディシプリン・ギャップ

ニューヨーク州立大学で社会科教育研究を行うグラント（S.G. Grant）は、ニューヨーク州の標準テストの実施や意義について学区内の一一校から一三人の教師にインタビュー調査を行った結果、テストが学んだことに対する適切な評価方法になっていないこと、テストの影響が実践によい効果を与えていないこと、そして歴史教育の改善につながっていないことを論じている。（Grant, Derme-Insinna, & et al. 2002 pp. 488–515; Grant 2001 pp. 398–426）

ニューヨーク州の公立学校で年三回実施される標準テストは、出題形式が全く同じであり、ほぼ同じような問題が繰り返し出題されている。スタンダードに示されているような歴史的思考力の育成に関して、仮に教室での実践からこうした思考力が育成されたとしても、一つの正解を選択するような問題ではこうした能力を測ることは難しい。グラントの研究にある教師のように、学んだことがテストによる評価とつながっていないと考えられる原因の一つである。それ以上に、歴史の学習が歴史的な事柄の暗記となってしまいかねない。また、出題される問題が「トリビア」的であるなど、その内容の妥当性に関しても疑問を抱く教師は少なくない。

1 批判的思考力を求める歴史スタンダードとのギャップ

ＮＹ州スタンダードには、イスラムについて学習が行われる世界史のステージ３や４において次のような目標が設置されている。

- 世界史における主な社会的、政治的、文化的、宗教的な発展を学習することで、個人や集団の重要な役割や貢献を学ぶ。（ステージ３）
- 歴史的に分析するスキルとは、異なっていたり論争中だったりする歴史の理論を調査する能力、なぜ解釈は時代を超えて変化するのかについての仮説を立てたり、歴史的な証拠の重要性を説明したり、また時代を経るごとに変化したり永続する概念を理解する能力を含む。（ステージ４）

とりわけ、中等教育段階の卒業時に生徒に求める能力としてステージ４では次のような目標が示されている。

- 歴史的な問題を理解し、分析するための疑問点や仮定を示し、それらを調査し検討を行い、結論形成か一般化を行う。そして新しい疑問やさらなる調査への課題を見つけること。
- 世界の歴史における重要な展開や出来事に関わる文書や物的史料を解釈し分析する。
- 地域的もしくは世界的な相互関係に関わる歴史的な調査プロジェクトを計画したり、構成したりする。
- 世界史の発展について社会的、政治的、経済的に学習すること、信頼性有効性、確かさ、権威性があり、本物、完全な物といった史料を使うこと、そして偏見や事実を歪めるもの、見落としや抑圧もしくは作り事としての事実からなるプロパガンダを見破ること、そうしたことによって世界史上の重要な出来事、課題、発展について異なる解釈を分析する。

ここで示されているかぎり、スタンダードの示している学習者への能力観は史料を批判的に読み込む能力であったり、解釈したりする能力である。これらの能力を評価する手段として、準備された解答を選ぶ標準テストの形態は適当なものとは言えない。逆に、誰かの解釈した解答を正解として選択するテストは、批判的思考の定着を図る思考型授業より、暗記型の授業を教師に押しつけかねない。しかも、標準テストがハイステークス性を持っている限り、教師はこうしたテストへの準備を日々の授業の中で繰り返し行うことになる。スタンダードと標準テストが必ずしも一致したものになっていないという疑問の声は、先に述べたグラントの論文にもあるとおり、現場の教師たちからも寄せられている。

2 認識論に基づく歴史教育がもたらすもの

標準テストが進級や卒業資格付与の基準となってきた結果、テスト準備のための歴史教育が広く学校で行われるようになった。「共通の知識」という学力のもとでその知識を持ったか、持っていないかという標準テストの基準から生徒の学力を評価した場合、「共通の知識」に近いエスニック・グループとそうでないエスニック・グループが現れる。「共通の知識」から遠いとされるのがアフリカ系アメリカ人である。ディブレイら（DeBray, Parson, & Woodworth）の調査では、低所得者の多い底辺校では標準テストを受けても無駄と考える教師が出てくるようになった（DeBray Parson & Woodworth 2002）。

学校評価やアカウンタビリティの徹底から、テストへの準備・達成度の向上といったシステムが構築され、プロ

図8　ニューヨーク州の事例から明らかになったディシプリン・ギャップ

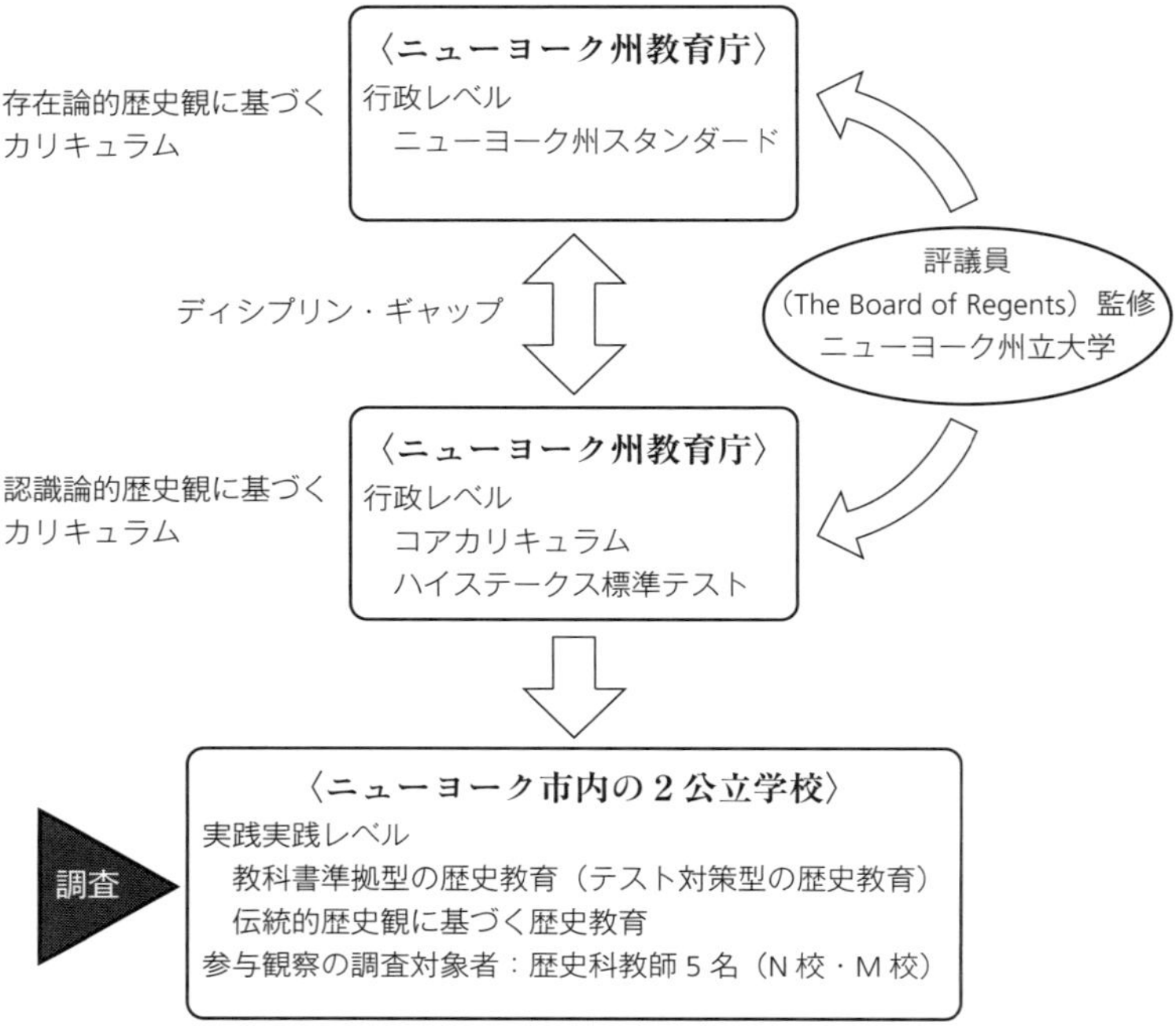

トタイプ化された選択問題が用意されるようになった。そのおかげで、生徒や教師はくり返し標準テストの解き方やコツを習得することに奔走することになっている。数学などの計算問題であれば、これは有効である。しかし、批判的な思考や資料などの解釈といった能力に対する評価には不向きと言える。標準テストに見られるように、歴史科目のテスト問題は必ずしも歴史的思考力について評価するものとはならず、逆にその時代の政府が求める一つの解釈を正解として理解させ、一つの歴史的な解釈やイデオロギーや思想を生徒に押しつけるものとなっている。歴史的思考力を育成するはずの歴史教育は、存在論的な歴史学の上に成立するものである。したがって**図8**にもあるように、ニューヨーク州の標準テストは歴史教育を認識論的な歴史学に回帰させていることが分かる。

　多様な文化を抱える教室において、一つの

正答を求める選択問題は、生徒のバックグラウンドにある多様な価値観を共有することはできず、逆にスタンダード作成側の考えを押しつけるものになる。グラント（Grant 2005, p. 48）は、ハイステークスな標準テストの果たす役割について、高得点を狙うために材料として生徒が何を学ぶかに大きな影響を与えるとともに、テストに依拠しない授業を行うとすれば、歴史カリキュラムを網羅的に行うことは不可能となり、ひいてはテスト準備のための指導を減らすこととなり、マイノリティや低所得層の生徒にとって引き続き不利な状況を生むことになると述べている。

学校文化とさほど変わりのない文化を持つ中産階級以上の白人家庭では、テレビで「ディスカバリー・チャンネル」といった歴史的な教養番組を見たり家族とニュースや新聞の記事について話したりすることも多く、教科書にあるようなＷＡＳＰ中心の合衆国史観に疑問を抱くことは少なく、標準テストは一般教養的な意味でもって捉えられる。しかし、移民やアフリカ系アメリカ人の生徒は、合衆国史に対して家族の持つ価値観や認識は教科書とは異なり、白人の持つ歴史観とは異なる解釈や意見を持つ傾向がある（Epstein, 2009 p. 61–88）。学校外での教育機会にも恵まれた中産階級以上の白人と、マイノリティや低所得者層との間にある文化的な資源の格差は大きく、進級や卒業において有利か不利かは、グラントの言うようにハイステークスな標準テストの実施によってさらに継続されることになる。

保守派による歴史教育が進むニューヨーク州の事例を踏まえて、コアカリキュラムや標準テストは、歴史教育の内容を規定し、様々な歴史観を用い様々な解釈を行うような歴史教育とは矛盾するものであることが分かった。即ち、これらの歴史教育に対するカリキュラムは、ディシプリン・ギャップの生起要因になっていることが分かった。次章では、こうしたカリキュラムが行政レベルにおいても設定されていないイリノイ州の歴史教育について見ていくこととする。

3　二〇一六年版ＮＹ州社会科カリキュラムの動向

ニューヨーク州では二〇一〇年のコモン・コアカリキュラムの導入により、英語（読み書き能力）と数学のカリキュラムは全面的に見直されることになった。この作業に伴い、読み書き能力の向上に対応する社会科カリキュラム（Social Studies Framework）も順次改訂となった。まず二〇一四年にＫ（幼稚園）から第一二学年までの社会科カリキュラム全体のイントロダクションが出され、二〇一五年には後期中等教育段階における第九学年から第一二学年までの改訂版社会科カリキュラムが発表され、翌年の二〇一六年にはＫ段階から第八学年までのものが出された。本著の刊行を予定していた際には、当該カリキュラム改訂版はすべて出されてはいなかったが、申請中にすべてが出揃う形となったため、ここに簡単にではあるが、二〇一六年版社会科カリキュラムについても考察を加えておきたい。

二〇一六年版社会科カリキュラムもＮＹ州スタンダードに沿うように作成されている。しかし、以前の社会科コアカリキュラムに比べると内容は、理解すべき基本的なテーマ（Key Ideas）、テーマ理解のためのコンセプト（Conceptual Understandings）、そしてコンセプト理解を促す指導指針（Content Specifications）に限定しているため縮減されたように感じられる。例えば、本章で検討を行ったコアカリキュラムでは、第七学年と第八学年の学習内容や指導指針が八〇ページもの分量を割いていたのに対して、二〇一六年版社会科カリキュラムは二〇ページほどの分量であり、かなり薄くなったという印象を受ける。学習内容も教材や史料といったものの提示はなく、先述の三つの内容が年代順に並べられている。内容を概観すると、ほぼすべてのテーマにおいて、ネイティブ・アメリカンや女性、アフリカ系アメリカ人についての記述があり、各時代の出来事を捉える視点が増えていることがわかる。また現代においては、ＬＧＢＴ（レズビアン、ゲイ、バイセクシュアル、トランスジェンダーの略）といった性的マイノリティの権利や、メキシコ系アメリカ人であるチカノ（Chicano）農民によるブラウン・パワー運動（Brown Power Movement）[12]などについても記載されるようになっている。

具体的にテーマや到達目標をみると、本書九七ページにおいても紹介した西部への漸進時代についての学習内容は、ハワード・ジンの『アメリカ人民の歴史』の内容を彷彿とさせるような指導内容になっている。第七学年の合衆国史についての学習は、先史・植民地時代から南北戦争まで八つのテーマによって構成されており、そのうち六番目のテーマが「西方への拡張」である。その内容は次のとおりである。

【テーマ】六、西方への拡張：政治的経済的動機によって突き動かされ、合衆国は一八〇〇年から一八六〇年の間にその地理的国境を太平洋まで拡大させた。こうした移住は、ネイティブ・アメリカンを強制退去させ、フロンティアとしての西方への拡大を後押しした。

【理解のためのコンセプト】

（a）独立革命の間、イギリスと同盟を組んだネイティブ・アメリカンの諸部族は土地を失うか強制移住させられた。

（b）諸外国との対立と妥協は、一九世紀中の合衆国の地理的拡大から生じた。マニフェスト・ディスティニーや資源の需要といったアメリカ人の価値と信念は、西方への拡大と移住を増加させた。

◎生徒は、合衆国がメキシコ割譲からフロリダ、テキサス、その他の領土をどのように得たのか比較し査定する。

（c）西方への拡張は、他者に害を与えながら、いくつかの集団には機会を与えることになった。

◎生徒は、西方拡大の起点としてのエリー運河について、その建設がニューヨーク州の経済成長の結果であったこと、その建設現場がアイルランド系移民にとっての雇用機会となったこと、そしてモルモン教徒のような宗教集団がそこを通って西部へと進出したことから探求する。
◎生徒はアンドリュー・ジャクソン政権下の白人男性への選挙権拡大を調べる。
◎生徒はチェロキー族が直面した「涙の道」の状況、その強制移住がその人々や文化にどんな影響を与えたのかを探求する。
◎生徒はネイティブ・アメリカンが西部侵略に抵抗するために行った事例を、セミノール戦争やチェロキー族の裁判における運動といった例を含めて探求する。
◎生徒は西部への移住が女性やアフリカ系アメリカ人の生活に及ぼした影響を探求する。
◎生徒は、ネイティブ・アメリカンに対する当時のニューヨーク州の政策、部族の土地を取り上げる政策、とりわけオネイダ族へのものを彼らへの裁判権の行使をもとに調べる。

＊二重丸で示された文章は、コンセプトの理解を進めるために教師に示される指導指針

伝統的な合衆国史観では、西方への拡大はアメリカ領土の拡大や、人々のフロンティア開拓精神の物語として描かれることが多かったが、ネイティブ・アメリカンに対する強制移住、フロリダの部族であったセミノール族との戦争や、チェロキー族の土地を保証した連邦政府との条約を反故にしたジョージア州政府との裁判といった、移住者の西部開拓とは異なる視点が導入されていることがわかる。

また、二〇一七年八月に実施された高校生向け標準テストでは、記述式の問題に、「六、西方への拡張」のカリキュラムに該当する問題が出されている。史料をもとに短文で説明を行う形式の問題では、九問の問題が出されているが、西部開拓が及ぼしたネイティブ・アメリカンへの影響に関するもの、西部開拓における女性の発言や地位

に関するもの、一九世紀中期に西部開拓に入った中国系移民に関するものが、それぞれ三問ずつである。

ネイティブ・アメリカンに関する問題で出された最初の史料は、白人によって狩られた大量のバッファローの毛皮と白人姿が写った写真である。写真には「バッファローはカンザス州のドッジシティに隠して保管され、東部へと船で送られる一八七八年」との説明がある。写真と一緒に出題された文書史料はネイティブ・アメリカンによって書かれたもので、西部での白人開拓者の略奪や傍若無人な振る舞いと、司法に訴えようにも手段のないことも綴られている。こうした史料をもとに、「西部開拓がネイティブ・アメリカン・インディアンに与えた二つの影響」を答える問題となっている。続く問題でも、西部に強制移住となった五五部族のネイティブ・アメリカンの居留地に対して、さらに土地を求めて議会が土地の買収を決定する話、そして土地を奪われたネイティブ・アメリカンとの戦争（虐殺）と一八九〇年のインディアン保護区を示した地図が出題され、ここでも西方への移住がネイティブ・アメリカンに及ぼした影響を尋ねている。三問目の史料は、ネイティブ・アメリカンとの戦争が続いたあとに、対立を避けるために取られたネイティブ・アメリカンの子弟への教育政策を示した文書と二枚の写真である。二枚の写真には、ラコタ族の三人の男の子が写っている。一つにはペンシルバニア州の学校に入学したばかりの時に撮られた写真と、その三年後に撮られたものである。入学時には三人はネイティブ・アメリカンの伝統的な民族衣装を着ているのに対して、三年後には学校のユニフォームらしい服装をしている。ここでも同じく「ネイティブ・アメリカンへの西部開拓がもたらした二つの影響」を答える問題である。

このようなネイティブ・アメリカンの視点からの史料や、白人のネガティブな行動を示す史料を示すことは、これまでの標準テストにはほとんど見られなかった。出題されたとしても、大陸横断鉄道の敷設やホームステッド法などの開拓者を後押しする法律、奴隷を禁止する自由州の拡大といった史料の中で、ネイティブ・アメリカンについての文書が挟まれる程度であった。例えば、二〇〇四年八月実施の合衆国史のテストに同じく西部への開拓を特集した記述問題が出題された際に、ショショーニ族の首長によるスピーチが史料として一つ提示されている。スピーチの内容は、自由奔放に振る舞う白人は広大な土地や喜びを占有し、ネイティブ・アメリカンの置かれた現実を理解しないこと、そして保護区であるはずの土地に白人が入り込み家畜や毛皮などを奪っていくことなどを訴えたものである。この史料に対して、「ワシャーキー首長は白人や連邦政府に対して批判していることを二つ挙げよ」という問いが設定されている。標準テストが生徒に求める理解が、ネイティブ・アメリカンの人々の視点に立って、その人々の思いや状況を推察するところにあるとすれば、二〇〇四年のテストよりも、二〇一七年のテストのほうが、ネイティブ・アメリカンの置かれた理不尽な状況や、写真などを通じて感情などが伝わるものになっている。

また、今回の二〇一六年版社会科カリキュラムには、別紙にて「フィールドガイド」という指導事例も刊行されている。その指導事例は、南北戦争時にリンカーンとも論争を繰り広げた元奴隷黒人であったフレデリック・ダグラスや、南北戦争後つまり再建期のアフリカ系アメリカ人に焦点があてられたものであり、使用する史料や課題について見本として提示されている。これは第八学年の最初に設定されている学習テーマ「再建期」の実践事例である。再建期において解放されたアフリカ系アメリカ人に焦点があたったことは、コアカリキュラムにはなく、二〇一六年版社会科カリキュラムにおいて登場した学習内容である。さらに、興味深いことに、この事例の参考文献には本書でも幾度となく登場するワインバーグ（中等教育レベル）、ヴァンズレッドライト（初等教育レベル）、レヴスティクとバートン（初等教育レベル）の歴史的思考に関する著書が挙げられている。[13] ワインバーグもその著書『歴史家のように読む　中学高校歴史クラスに必要な指導スキル（*Reading Like A Historian：Teaching Literacy in Middle & High School History Classrooms*）』（Wineburg 2013）の中で、同じ時代に生きたリンカーンの思想について史料から読み解かせ、比較として奴隷保護を訴え大統領選挙で対立していたスティーブン・ダグラスの演説などの史料も同時に示し、リンカーンが人種差別主義者であったかどうか考えさせるような実践を紹介している。今回のフィールドガイドはワインバーグの実践事例とも比較することができ、歴史的思考に対する政策決定者の考えがどのように反映されているのか知る上でも、大変興味深い。双方ともに言えることだが、フレデリック・ダグラスもしくはリンカーンと人物は異なるが、双方とも特定の人物に焦点をあてその考えや立場について、言論や文書から推理していくということである。二〇一六年版社会科カリキュラムではフレデリック・ダグラスが考える自由について、ワインバーグはリンカーンの考える黒人という人種の捉え方について、それぞれ史料をもとに解釈していくというものになっている。それぞれの学習が意味する歴史的思考の姿については、今後の研究課題としたい。近年、ワインバーグの著書『歴史家のように読む』については、興味深い研究が出されている。そうした研究の成果にも今後期待したい。

これまでも生徒に史料から歴史的思考力の育成を図ろうとしてきたが、限られた時間や史料の中で、同時に白人の視点とマイノリティの視点を並置させ比較させようとしてきたことは確かだが、しかしヨーロッパ系白人を中心とした歴史の中でマイノリティが登場する場面は限られ、従来の歴史観と対峙する視点というよりも、従来の歴史観が奏でる大きな物語を彩る視点でしかなかった。それは、合衆国史の歴史において繰り広げられたネイティブ・アメリカンやアフリカ系アメリカ人への暴力は歴史的に見ても類を見ないほどに組織的であり、また歴史として後世に残せないほどに徹底的に彼らの文字や文化が奪われてしまったことにも、その理由がある。こうした物言わぬ他者について、これまでの合衆国史はヨーロッパ系白人による民主主義政治の発展の物語のなかで、あまりに都合よく他者や出来事を意図的に選び描写し、これらを取り込んできた。グランド・ナラティブとも言える従来の合衆国史観において、歴史上の行為者・主体者として描かれてきたヨーロッパ系白人に対して疑問符を投げかけ始めたのが、二〇一六年版社会科カリキュラムなのかもしれない。そうなれば、これまで学習しなくとも合格点が取れた都市近郊部に暮らす裕福な白人の子弟たちに対して、あるいは彼らが通う学校において、このような歴史観が受け入れられるかどうかが焦点になるかもしれない。

二〇一六年版社会科カリキュラムについては、本書では限られた紙面と時間から、十分な分析や考察をすることはできなかった。これもまた今後の研究課題とし、明らかにしていきたい。

[注]

1 ニューヨークの立法府によって一七八四年五月一日に創設された組織。The Board of Regentsはニューヨーク州立大学の評議員(Regents)からなり、アメリカ最古にして現在まで存続している州教育団体である。評議員は、州におけるすべての教育活動を全体的に監督する責任があり、州立大学と州教育庁をも統括する。評議員は大学総長によって指名される議員と議長からなり、常設の委員会と副委員会を組織する。評議員の選定は、州立法府がこれにあたり任期は五年。州の一二の司法区から一人ずつと、四人の補佐が選ばれる。評議員は公式の任務に伴う出費と出張に関する費用が経費として支払われるが、無報酬である。州立大学について、これは国家において最大の総合的かつ単一化された教育組織で、初等、中等、中等後期の教育機関や、図書館、博物館、公的な報道、記録と保存文書、頭脳的職業、障害を持つ個人への職業や教育援助、ほかに大学に認められた教育機関、組織や仲介機関からなる。ニューヨーク州立大学のコンセプトは公的教育機関、私的教育機関ともに州内で教育を提供する機関すべてに及んでいる。

2 弾劾された大統領としてジャクソン大統領と比較するために提示されている。

3 日本においてはストウ夫人の名前で知られている。

4 七月四日が奴隷にとってどんな意味があるのかについて演説を行った。

5 第一二学年の社会科コアカリキュラムは二〇〇一年に、その他の学年のものは一九九九年に出されている

6 八年生向けの標準テストは二〇一〇年のコモン・コアカリキュラムの導入によって廃止となっている。

7 標準テスト(Regents Examination)の出題される内容の傾向はほぼ毎回同様の問題が設定されているため、サンプルとして取り出しても一般化できると考える。

8 日本の教育との違いでよく出されるが、アメリカの学校では論文やレポートといった宿題や課題がほぼ毎日のように出される。

そのため、論文（essay）やレポート作成の手順や書き方は、英語教育の中で事細かに指導を受ける。論述問題に関しても、その記述に当たってはその内容や説明方法にも厳密な指示が出され、評価基準も明確である。

9 在籍する生徒は、スペイン語系（五六五人）、北京語系（一〇五人）、ベンガル語系（六七名）、ウルドゥー語（三七）、ポーランド語（三二名）、アラブ語（二五名）、ハイチ・クレオール語（二一名）、ヒンドゥー語（一八名）、韓国語（一六名）、ポルトガル語（一三名）などで服装も肌の色も様々である。言語の多様性に加え、生徒の母国での教育環境も大きく異なる。生徒の中には、アメリカに来たばかりでアルファベットが言える程度の英語力しか持っていないもの、学校教育を全く受けたことのないものもいる。英語どころか母国語で文章を書いたり読んだりすることもままならない生徒は、母国語の読み書きから始めることもある。一方で教育の水準の高い国から来た生徒もおり、教室にはノートもペンも持たない生徒と、机に電子辞書とノートを並べ常にノートを取る生徒が一緒に授業を受けている。学習へのレディネスの違いは、そのまま出身国の教育水準を示している。

10 "Eight Plays of US History"—The Globe Reader's Collecting Globe Fear on Educational Publisher 1996 pp. 79–105

11 数値は、すべて調査当時二〇〇〇–二〇〇一年のもの。

12 アメリカ西海岸で、一九六〇年代の公民権運動と同時期に起こったメキシコ系移民の農民運動。実際には、一九四〇年代末から始まっていたが、公民権運動の影響を受け、労働条件などの待遇やラティーノに対する人種隔離政策と隔離された教育環境の改善を求める大きな運動へと発展した。ケネディへの大統領選投票運動も盛り上がり、ケネディ大統領は就任後ラティーノ系住民のコミュニティへの政策を打ち出すことを約束した。Nittle, Nadra Kareem. "History of the Chicano Movement." Thought Co, Jul. 8, 2017, thoughtco.com/chicano-movement-brown-and-proud-2834583. より

13 ここで歴史探求のための参考書として挙げられている書籍は以下のとおりである。Brophy, J. & Vansledright, B.A. (1997) *Teaching and Learning History in Elementary Schools.* New York, NY: Teachers College; Levstik, L. S. & Barton, K. C. (2011) *Doing History: Investigating with Children in Elementary and Middle Schools.* New York, NY: Routledge; Seixas, P. & Morton, T. (2013) *The Big Six Historical Thinking Concepts.* Scarborough, ON: Nelson Education; Wineburg, S., Martin, D. & Monte-Sano, C. (2011) *Reading Like a Historian: Teaching Literacy in Middle and High school history classrooms.* New York, NY: Teachers College.

第3章　イリノイ州における歴史教育カリキュラム
——州スタンダードから教師教育まで——

本章では、イリノイ州の歴史教育に焦点をあてる。イリノイ州では、ハイステークスな標準テスト（Illinois Standards Achievement Test：ISAT）が実施されているが、社会科については二〇〇五年から除外され、ニューヨーク州のように教育庁から出されたコアカリキュラムのような具体的な学習内容を記したものも存在しない。歴史科教師にとっては教育方法や内容を選ぶ上で比較的自由な環境が与えられていることになる。こうしたイリノイ州における歴史教育について、ここではその州教育委員会発行のスタンダードから、大学における歴史科教師の養成プログラム、そしてそうしたプログラムを受けてきた歴史教師の実践までを概観し、歴史的思考力の育成に向けた取り組みを紹介していく。

そのために、まずイリノイ州の州スタンダード（Illinois Learning Standard）の目標や方法を中心に分析し、その補完的役割を果たしている社会科パフォーマンス評価（Social Science Performance Descriptors：SSPD）や社会科評価フレームワーク（Illinois Social Science Assessment Framework：SSAF）の内容を分析し、イリノイ州の歴史教育が何を目指しているのか、どんな歴史的思考力を育成しているのかを明らかにする。

次に、イリノイ州にある教員養成系大学の歴史教育コースのプログラムに焦点をあて、どのような歴史家教師を育成しようとしているのか、またそうしたプログラムを学んだ歴史科教師の実践はどのようなものなのか、これらを明らかにし、イリノイ州の歴史教育が歴史的思考力の育成を目指すものかどうかを検証する。

第*1*節 イリノイ州スタンダード

1 作成過程および概要

イリノイ州スタンダード（Illinois Learning Standards：以下、ＩＬ州スタンダード）の策定が始まったのは一九九五年のことであり、ナショナル・スタンダードや全米の州スタンダード、一九八五年に作成された州の学習目標、そしてイリノイ州内の公立学校が子どもたちの学習について抱いている期待などを参考に作られ、一九九六年七月に発行された。特にスタンダードに示された数学・リーディングに関する生徒の学力は標準テスト（ＩＳＡＴ）で毎年評価され、到達目標に達したかどうかは、学校ごとにチェックされ、個人の進学基準および学校評価の材料ともなっている。しかし先述のように、社会科は二〇〇三年を最後にＩＳＡＴの評価対象から外されている。

ＩＬ州スタンダードに見る歴史教育のゴールもまた、ナショナル・スタンダードなどを参考に作られたものであるが、その目標は「学習の応用力、問題解決能力、情報や考えを解釈したり説明したりするコミュニケーション能力、テクノロジーを駆使する能力、チームの中で学習する能力（グループのメンバーとして、個人として学習し生産的に寄与できる能力）、重要な情報や考えを結びつける能力」といった能力の育成を図ることとされている。目標内容からも、歴史科目のＩＬ州スタンダードのゴールは、内容を暗記したり理解することを越えて、データを分析したり、図書館やフィールドワークで収集したり、また討論などから意思決定を図るような活動を中心とした科目として考えられていることが分かる。

表12　イリノイ州における歴史スタンダード（ゴール16）の到達目標

スタンダードA	歴史的分析と解釈のスキルを活用することができる
スタンダードB	意義ある政治的な出来事の展開を理解している
スタンダードC	経済システムの展開を理解している
スタンダードD	イリノイ，合衆国，世界の社会の歴史を理解している
スタンダードE	イリノイ，合衆国，世界の環境の歴史を理解している

ＩＬ州スタンダードは一八のゴールからなり、そのうち社会科（social science）は、ゴール14（政治）、ゴール15（経済）、ゴール16（歴史）、ゴール17（地理）、ゴール18（文化と社会）で構成される。さらにそれぞれのゴールにはスタンダードＡからスタンダードＥの到達目標がそれぞれに設定されている。例えばゴール16（歴史）であれば**表12**のとおりである。その内容を見ると、スタンダードＡは歴史的思考力、Ｂは政治、Ｃは経済、Ｄは社会、Ｅは環境といったように各分野の内容理解に焦点があたっており、社会科のそれぞれの科目を重層的に学習するように設定されていることが分かる。

さらに、ゴール16（歴史）は小学校前期レベル（一～三年生）、小学校後期レベル（四・五年生）、中学校レベル（六～八年生）、高校前期レベル（九・一〇年生）、高校後期レベル（一一・一二年生）の五段階に分けられている。次に、ゴール16における中学校レベルから高校後期レベルについて詳しく見ていく。

2　ゴール16（歴史）の考察

ＩＬ州スタンダードのゴール16（歴史）のうち、中学校レベルから高校後期レベルの3つの段階におけるすべての活動内容を示したものが**表13**である。ゴール16は合衆国史と世界史から構成され、合衆国史と世界史はスタンダードＡからＥまでの各分野によって世界史や合衆国史の到達目標が分けられる形で記されている。それぞれ一部年代順になっている部分や、ヨーロッパ人の入植の時代など具体的な歴史像が描ける部分もあるが、全体としては年代順にまとめられてはおらず、スタンダードＡからＥのそれぞれの領域で様々な出来事や資料を用いて学習するように内容が提示されている。

また、その内容を概観すると、日本の中学社会科の学習指導要領のように、あらかじめ因果関係が具体的に明確に示され、歴史的な出来事や人々についてどう理解するかといったような指示がほとんど見当たらないことが分かる。多くの活動は、ある出来事やトレンドが社会や経済、また環境に与えた影響などを描写（describe）したり、説明（Explain）したり、また分析（analyze）したり、明らかする（identify）ことになっている。これはＩＬ州スタンダードがどう歴史を理解するかではなく、歴史について説明したり、歴史的な出来事について生徒自体が論理的に因果関係を考えたりする活動が主であることを示している。

ゴール16において示されている中学から高校後期の段階における活動内容の分析を行うと、次の三つの特徴が現われてきた。これらの特徴について次に述べる。

（1）歴史解釈という存在論的歴史学の立場からの理解

最初に挙げられるのが、すべての学年において歴史解釈について理解を深める活動が含まれているという点である。表13にある中等教育段階のゴール16を概観すると、まずＡでは主に歴史解釈に焦点があたっているのが分かる。まず、中学校レベルでは「歴史家が歴史的解釈をモデル（伝記、政治的出来事、課題や争い）をどう使っているのかを描写する」という活動から、実際に生徒自身に歴史家のように「歴史地理や資料を使って推論する」活動が行われる。また、高校レベルになると、歴史家のように歴史を解釈する作業を行うことで、様々に異なる解釈が存在することに気づいたり、さらに異なる解釈を比較した上で、歴史解釈の不確かさという性質について理解する活動に昇華しているのが分かる。

例えば、Ａの高校後期レベルでのゴールの一つ「②歴史的解釈の不確かな性質（tentative nature）」について理解

表 13　ゴール 16（歴史）における中学・高校レベルの学習活動

スタンダード	中学校レベル	高校前期レベル	高校後期レベル
A	①歴史家が歴史的解釈を構成するためにモデル（例：伝記，政治的出来事，課題や争い）をどう使っているのかを描写する。 ②歴史的な出来事や時代について，歴史的地図や他の歴史的資料を使って推理する。 ③歴史的な事実と解釈の違いを明らかにする。	①歴史的出来事について，その因果関係を決定づけるために分析を行いレポートする。 ②ある出来事についての相反する歴史解釈を比較する。	①歴史的探求の方法（疑問を浮かべる，データを集めて分析する，証拠から推論し立証する，結論をレポートする）を使って，歴史的かつ現代の発展について分析する。 ②歴史的解釈の不確かな性質を説明する。
B （合衆国史）	①コロニー内で権力をめぐってどのように異なる集団が争い合ったのか記述する。そしてその闘争が，どのようにして初期の国家形成期において政治的な組織の発展につながっていったのかを描写する。 ②コロニーはその独立のためにどう戦ったのか，なぜ戦ったのかを説明する。そしてコロニストの思想は合衆国憲法や独立宣言にどのように反映されているのか説明する。 ③憲法は，最高裁判定や修正事項によってどのように何度も変えられたのかを描く。 ④世界の政治的権力として発展した合衆国の道のりを描く。	①合衆国の歴史的な時代を支配していた政治的な考えを明らかにする。（例：連邦主義者，ジャクソン派，進歩主義者，ニューディール，新保守主義）	①近代の政治的なポジションは，時代をこえて発展してきた様々なイデオロギーや視点からどのような影響を受けていたか述べる。（例：経済に対して政治介入してきた各政党のポジション） ②合衆国の政治の歴史が国家の経済，社会，環境の歴史からどのような影響を受けてきたか分析する。
B （世界史）	①ギリシャとローマ文明の政治的性質を，紀元前 500 年から紀元後 500 年の間の漢王朝やグプタ王朝を含む非西洋文明と比較する。 ② 500 年から 1500 年代のローマ帝国やその他の主要な世界の政治的な出来事（例：イステム帝国の勃興，唐王朝の勃興と衰退，ガーナ王国の創立）の衰退の原因や影響について明らかにする。 ③ヨーロッパの封建主義から，500 年から 1500 年代までの国民国家誕生までの因果関係を明らかにする。 ④ 1500 年以降のヨーロッパのアメリカ，アジア，アフリカにおける探検と領土拡張についての政治的な要因と影響の関係について記述する。	①今日まで確執となっているような（例：教会と国家の関係），ルネサンスや啓蒙運動の時代に始まった政治思想を明らかにする。 ②世界中にインパクトを与えた初期近代の時代から現代までの政治思想を明らかにする。（例：ナショナリズムと周恩来，非暴力とガンジー，独立とケニヤッタ）	①ナポレオン戦争や第一次・第二次世界大戦の引き金になった出来事を含む，特定の出来事がもたらした世界中への影響を分析する。 ②近代世界において，民主主義や全体主義を含む異なる政治的イデオロギーがどのように緊張をもたらすかを説明する。 ③世界の経済，社会，環境の歴史と世界の政治の歴史にある問題の関係を分析する。

C （合衆国史）	①アメリカに対してヨーロッパ人やその他の人々を引きつけた経済的な動機を説明する。 ②アメリカ経済と，1700年代から今日までの奴隷制，移住，工業化，労働者，都市化の間にある関連性を説明する。 ③1865年以降の経済的な発展や政治政策が国家の経済団体（企業，銀行，労働組織）にどう影響したか説明する。	①1500年から1840年にかけて，アメリカと世界経済の間で展開された貿易形態を説明する。 ②合衆国の西方への拡張がもたらした影響を分析する。 ③アメリカの経済団体が産業労働者，組合のリーダー，グループ（南部移住者，米国中西部の砂塵地帯避難民，メキシコからの農民労働者，1914年以降の女性労働者）によってどのように形成されたのかを説明する。	①世界経済におけるアメリカの役割が第二次世界大戦からどう変化してきたか，なぜ変化してきたのかを分析する。 ②合衆国経済の歴史における課題と，それに関連する政治・社会・環境の歴史における局面との間にある関係性を分析する。
C （世界史）	①1000年から1500年までの主要な経済的な隆盛（遠隔地貿易，金融，労働の専門化，都市化，技術的科学的進歩）について描写する。 ②ヨーロッパ人が出会う前の北アメリカ，南アメリカ，中央アメリカにおける経済システムや交易形態を描写する。 ③1500年代から今日にいたるまで，異なる世界の地域における技術の与える影響（例：武器，輸送，活版印刷，マイクロチップ）について説明する。	①1500年以降のアメリカとヨーロッパの資本主義やその組織の支配の拡大について説明する。 ②1815年以降のヨーロッパ，アメリカ，アジア，アフリカの社会主義と共産主義を比較する。 ③アダム・スミス，マルクス，ケインズを含む1500年から現代までの主要な人物や思想が与えた影響を説明する。 ④西欧や日本の成熟した経済がどう植民地主義や帝国主義となったのかを説明する。	①どのようにして産業資本主義が世界の独占的な経済モデルになったのかを説明する。 ②人口，都市化，経済的な発展，技術的先進性における歴史的な隆盛が世界経済システムを変化させる原因となってきたことを説明する。 ③世界経済の歴史における課題と，それに関連する政治・社会・環境の歴史における局面との間にある関係性を分析する。
D （合衆国史）	①コロニアルとフロンティア時代や19世紀のアメリカの様々な地域にあった異なるコミュニティの持っていた性質を描く。 ②コロニアルとフロンティア時代や19世紀のアメリカの様々な地域に住む異なる家族の特徴を描く。	①奴隷制のもたらした短期的また長期的な社会的影響について説明する。 ②合衆国史における政治的な出来事のもたらした意図せざる社会的な影響を説明する。（例：南北戦争と奴隷解放，国防補助道路法とインナーシティの衰退，ベトナム戦争と反政府活動）	①合衆国社会の歴史における課題と，それに関連する政治・社会・環境の歴史における局面との間にある関係性を分析する。

D （世界史）	①世界の社会の歴史（飢饉，移住，疫病，奴隷貿易）を形作ってきた出来事についてその起源を明らかにし，もたらした影響を分析する。	①植民地化，プロテスタント改革，工業化，技術と人権運動の夜明けを含む今日の問題に関わるような，世界の社会の歴史を変えた意義ある出来事や発展について明らかにする。	①世界の社会の歴史における課題と，それに関連する政治・社会・環境の歴史における局面との間にある関係性を分析する。
E （合衆国史）	①イリノイ州や合衆国における初期の入植者がどのように1818年以前の環境に適応し，また環境を利用し，これを変えていったのかを描く。 ②合衆国の地方の人口が大きく1818年以降の環境に適応し，また環境を利用し，これを変えていったのかを描く。 ③ 1850年から今日に至る環境における都市化や郊外住宅化がもたらした影響について描写する。	① 1900年から現在にいたるまで，合衆国で行われてきた保護や環境活動のきっかけとその効果を説明する。 ②北アメリカに住む人々が歴史的に環境に対して抱いてきた考えについて，科学的な事実によって実証しながら，異なるもしくは対立する観点を説明する。	①ダム建設や草原の囲い込み，都市の建設など，合衆国において人間が環境に及ぼした影響のプラスの面とマイナスの面を分析する。 ②合衆国の環境の歴史における課題と，それに関連する政治・社会・環境の歴史における局面との間にある関係性を分析する。
E （世界史）	①紀元前4000年から1000年にかけての農業革命の時代に，黄河・ナイル・チグリス・ユーフラテス・インダス川流域に住む人々がどのように環境を形作っていたのかを描写する。 ②紀元前1000年から紀元後1500年にかけて，拡大するヨーロッパやアジアの交流が両大陸の環境にどう影響を及ぼしていったのかを説明する。	① 1500年から現代にかけて，世界の人々にとって文化的な出会い（例:コロンブス交換，日中の対外貿易の開始，スエズ運河の掘削）が環境にどのような影響を与えたのかを説明する。 ② 1450年以降，移住が世界の環境をどう変えてきたのかを説明する。	①技術的および科学的な発展が，人類の生産性，快適性，環境にどのような影響を与えてきたのかを分析する。 ②世界の環境の歴史における課題と，それに関連する政治・社会・環境の歴史における局面との間にある関係性を分析する。

＊下線は筆者による。

させることは、生徒に歴史の解釈は様々に存在し、立場や考え方によって異なり、歴史的解釈の正統性に疑問を持たせようとするものである。相反する解釈が存在することを学習させることで、一つの歴史的解釈を普遍的なものではないと理解させることは、このＩＬ州スタンダードが存在論的歴史学の立場を取っており、客観主義的立場を取る認識論的歴史学とは明らかに異なる立場を取っていることを示している。

（2）影響や因果関係といった関係性からの理解

二つ目に「影響や因果関係といった関係性からの理解」に焦点があてられ、政治、社会、経済といった要因や、合衆国や世界の構造を考える世界システム論といった見地から歴史理解を目指している点が挙げられる。

ゴール16の中学校レベルの学習は、合衆国史や世界史に関する出来事を年代順に理解することに主眼が置かれ、比較的伝統的な合衆国史に近い。一方で、因果関係について歴史的な流れの中で考えさせていく作業も一部ながら含まれている。例えば、表11にあるＣ（合衆国史）の「②アメリカ経済と、一七〇〇年代から今日までの奴隷制、移住、工業化、労働者、都市化の間にある関係を説明する」や、「③一八六五年以降の経済的な発展や政治政策が国家の経済団体（企業、銀行、労働組織）にどう影響したか説明する」がそうである。歴史的な流れや事象を政治の動きから国や地域の単位で捉えるのではなく、長期間にわたる社会や経済の変化の中で捉えることを重視している。

高校前期レベルでは、政治思想および歴史的な出来事の持つ問題や影響力についての学習が加わっている。例えばＢ（合衆国史）の「①合衆国の歴史的な時代を支配していた政治的な考えを明らかにする。（例：連邦主義者、ジャクソン派、進歩主義者、ニューディール、新保守主義）」、その他にＢ（世界史）の「②世界中にインパクトを与えた近代初期の時代から現代までの政治思想を明らかにする。（例：ナショナリズムと周恩来、非暴力とガンジー、独立とケニヤッタ)」に見られるように、政治思想について学習しその影響について学習するように求めている。例で出されるものの中には、対峙するような政治思想も見られるが、これらの思想についてどのように理解すべきかについての言及はない。

さらに、歴史的な出来事の影響についての学習で挙げられているD(合衆国史)の「②合衆国史における政治的の出来事のもたらした意図せざる社会的な影響を説明する(例、南北戦争と奴隷解放、国防補助道路法とインナーシティの衰退、ベトナム戦争と反政府活動)」、およびE(世界史)「①一五〇〇年から現代にかけて世界の人々にとって文化的な出会い(例、コロンブス交換、日中の対外貿易の開始、スエズ運河の掘削)が環境にどのような影響を与えたのかを説明する」といった学習内容には、従来の歴史教科書の流れとは異なる政策や出来事がもたらす「意図せざる」影響についても歴史学習を進めるよう求めていることが分かる。

高校後期レベルでは、世界史や合衆国史が世界レベルの政治・経済・環境に連動して動いていることを捉えさせようとする学習活動が増える。そこでは、交易や人の移動、また技術の進歩や戦争などの特定の出来事がもたらす合衆国や世界への影響も分析し描写していく活動が主となる。これらの活動は、歴史の流れを因果関係と社会・政治・経済・環境の構造から捉えるウォーラーステイン(E. Wallerstein)の唱える世界システム論"The Moden World-System"(1974)の視点からの歴史学習を目指していることが分かる。

(3) 異なる思想や社会史的な視点からの理解

三つ目の特徴は、異なる思想や社会史的な視点から理解を深めるよう求めていることである。高校レベルになると、小学校や中学校では登場しなかった様々な政治思想や、アメリカの政治的イデオロギーとは対立する社会主義や共産主義についての学習や奴隷制といった合衆国史におけるネガティブな側面も加わるようになる。

また、相反するものの比較、つまり相反する政治システムや経済システムの思想を比較させたり、分析させたりする活動が入ってくる。例えば、E（合衆国史）における高校前期レベルの「②北アメリカに住む人々が歴史的に環境に対し抱いてきた考えについて、科学的な事実によって実証しながら、異なるもしくは対立する観点を説明する」や、高校後期レベルの「①ダム建設や草原の囲い込み、都市の建設など、合衆国において人間が環境に及ぼしたプラスの面とマイナスの面を分析する」といった活動がそうである。

その他にもD（合衆国史）における中学レベル「②コロニアルとフロンティア時代や一九世紀のアメリカの様々な地域に住む異なる家族の特徴を描く」や、C（合衆国史）における高校前期レベルの「③アメリカの経済団体が産業労働者、組合のリーダー、グループ（南部移住者、米国中西部の砂塵地帯避難民、メキシコからの農民労働者、一九一四年からの女性労働者）によってどのように形成されたのかを説明する」といったように、合衆国史のメインストリームから外れた人々にも着目している。

歴史的思考力の育成には、異なる視点、つまりワインバーグの言うような「縁のない、見知らぬもの」からの視点が不可欠である。ＩＬ州スタンダードでは、メインストリームと一見無関係にも見える人々や集団、また相反する意見や価値を持った人々や出来事にも着目していることが分かる。

第２節　学習成果として求められる能力

１　州スタンダードを補完する評価基準

先述の学習スタンダードに加えて、学んだ知識や技能を活用する能力を評価する基準もイリノイ州では定められ

表 14　社会科パフォーマンス評価（SSPD）の各ステージと達成レベル*

達成レベル	小学校前期			小学校後期		中学校			高校前期	高校後期
ステージ ／ レベル	A	B	C	D	E	F	G	H	I	J
優（Exceeding）										
可（Meeting）										
一部可（Approaching）										
初歩（Starting）										

＊社会科 SSPD はアミかけ部分のステージのみ作成されている。

ている。それが、二〇〇二年に発行された社会科パフォーマンス評価（Social Science Performance Descriptors、以下、SSPD）であり、また二〇〇七年に定められた社会科評価フレームワーク（Illinois Social Science Assessment Framework、以下、SSAF）である。社会科パフォーマンス評価（SSPD）は学習スタンダードに代わるものとして作成されたものではなく、教師がIL州スタンダードに基づいた指導を行うにあたって、さらに具体的な学習活動が分かるように補完的に作成されたものである。そのため教師に対してその活用を義務づけず、活用はあくまで教師の判断にゆだねられている。作成にあたって、二〇〇〇年度から二〇〇一年度にかけてイリノイ州の教師に協力を求め、教室で行われるテストや生徒の提出した課題などが参考にされた。

SSPDでは、IL州スタンダードが示すように、ゴール14（政治システム）、ゴール15（経済）、ゴール16（歴史）、ゴール17（地理）、ゴール18（文化と社会）の各社会科目の活動内容を、小学校前期レベル、小学校後期レベル、中学レベル、高校前期レベル、高校後期レベルの五段階だけなく、**表14**のようにステージAからステージJまでさらに細かくし、一〇の段階から学習活動を示している。それぞれの発展段階では、生徒に期待される達成能力が細かに示されている。[1]

一方で、社会科評価フレームワーク（ＳＳＡＦ）は、ＩＬ州スタンダードの要点を教師向けだけでなく、教育関係者、テスト業者、政策決定者、一般の人々向けに示すため公開されたものである。そのため、州で行われている標準テスト（ISAT, PSAE）において出される問題に近い内容が記されている。初版が二〇〇三年に作成され、現在改訂版が二〇〇七年に出されている。あくまでもスタンダードに基づいて評価を行うために作られたフレームワークであり、地域や州のカリキュラムとして作成されたものではないとイリノイ州教育委員会のホームページには明記されている。

以下、ＳＳＰＤとＳＳＡＦ両方のカリキュラムからイリノイ州の歴史学習が何を目指しているのかを検討する。

2　社会科パフォーマンス評価（ＳＳＰＤ）

表15は、ゴール16（歴史）のスタンダードＡ「歴史的分析と解釈のスキルを活用することができる」部分を抜き出したものである。ＳＳＰＤは表14のように小学校から高校までのステージをＡからＪまでの一〇段階の学習レベルに分けているが、社会科については、表15のように社会科の学習が始まる小学校高学年から高校にあたるステージＥからステージＪの学習活動のみ学習内容が設定されている。

表15にあるようにＳＳＰＤの各段階での学習活動を概観すると、ステージＥでは歴史的な事象に関する課題を見つけ探求したり、歴史資料を探したり能力の育成にとどまっているものの、ステージＦ以上になると、歴史史料を見極め異なる解釈について探求しその根拠を探る能力や、歴史的事象について生徒自身が解釈したり描写したりする能力を要求している。また、ステージＧになると「ある出来事について二つの異なる解釈を説明、提示すること

表 15　社会科パフォーマンス評価（SSPD）①　歴史スタンダード A における E～J 学年の評価基準

ステージ	達成すべき能力
E （小学・高学年）	異なる時代の歴史地図を見ながら，その地域や場所でどのような生活が変化もしくは維持されているのかを説明できる。（中略）第一次・第二次資料を見分けることができる。人々や場面，時代を含めた過去について調査課題を設定することができる。図書館で調査課題に関する資料を探すことができる。調査課題に関わる資料を世界中のインターネットサイトから見つけることができる。
F （中学校）	歴史的資料の中に含まれる重要な情報，非重要な情報を見分けられる。歴史的地形地図のなかに地域や場所の歴史的な地理関係を整理できる。（中略）二つの異なる歴史事象にかかわる解釈を比較することができる。教科書にある歴史的人物や出来事とその他の資料にあるそれらの人々や出来事についての説明を比較できる。歴史的事象や出来事について世界のインターネットサイトにある多角的な資料を見つけることができる。第一次・第二次資料の価値について比較できる。
G （中学校）	（略）ある特定の時代における生活についてタイムライン，時代別チャート，グラフ，カテゴリー別になったデータなどを使って描きだすことができる。ある出来事について二つの異なる解釈を説明，提示することができる。ある出来事は様々な原因を持っていることを説明することができる。
H （中学校）	歴史における「分水嶺」の概念を定義付けできる。第一次資料は必ずしも，歴史的な出来事について正確な描写を提示するものではないのか理由を説明できる。第一次資料から発見したことをもとに作家の視点を見極めることができる。第一次資料と作家の不一致性を見極めることができる。第一次資料における意図を持って撮られた写真とありのままの写真との価値を評価することができる。
I （高校前期）	同じ歴史的な出来事について，歴史的なフィクションとして語られたことと，歴史家の作業の中で語られたことを比較できる。過去の出来事を目撃した人にインタビューする価値を説明できる。オーラルヒストリーの説明の価値について評価できる。なぜ重要な歴史的な出来事には様々な原因があるのかを説明できる。なぜ異なる時代に歴史家が描いてきたことは同じ出来事であっても異なる結論に結びつくのか説明できる。様々な第一次・第二次資料を使って重要な歴史的人物や出来事についての自分の解釈を弁護することができる。
J （高校後期）	二つの文明における年代表が示す歴史的な展開を比較した後で，政治経済社会の歴史でわき起こる相違点やパターンを見極めることができる。（中略）予期せぬ出来事がある時代の長い流れに与える影響を評価できる。ホイッグ，実証主義者，マルキスト，ポストコロニアルの歴史的解釈の特徴を見極めることができる。

ができる」といったように、明らかに異なる歴史観を用いて歴史の学習が進められることが念頭に置かれた学習活動が提示されている。さらにステージHでは、「第一次資料から発見したことをもとに作家の視点を見極めることができる。第一次資料と作家の不一致性を見極めることができる。第一次資料における意図を持って取られた写真とありのままの写真との価値を評価することができる」といったように、ほぼ歴史家の視点や解釈について理解し、またこれを批判的に捉えたりする能力が要求されている。

さらに高校の段階になると、「なぜ異なる時代に歴史家が描いてきたことは同じ出来事であっても異なる結論に結びつくのか説明できる。様々な第一次・第二次資料を使って重要な歴史的人物や出来事についての自分の解釈を弁護することができる」といったように生徒自身が歴史家として歴史の記述を行えるようになることが評価基準として掲げられていることが分かる。

ワインバーグの定義する歴史的思考力のように、このSSPDでは異なる歴史記述を探し、その根拠を探るような歴史的な思考力を要求していることが明確に示されている。IL州スタンダードの示す歴史的思考力をより具体的な形や順序をもって描写されたSSPDは、認識論的歴史学の立場を取るのではなく存在論的な歴史学の立場を取っていることが分かる。

次に、高校後期にあたるステージJに焦点をあてて、ゴール16（歴史）のスタンダードBからE（表12を参照）においてSSPDでは合衆国史、世界史の学習ではどのような活動を提案しているのかについて検証を行った。**表16**はステージJの各分野の学習活動を示している。これらの学習活動を概観すると、歴史的な事柄について学習すべき出来事や人物などを羅列するものではなく、またそれらについていかに理解するのかといった指示でもない。活動において見られることは、これまで学習してきたことを踏まえて比較したり、調べたことを査定（assess）もしくは評価（evaluate）したり、また生徒自身が予測（predict）したりするといった、プロジェクト学習のように

表 16　社会科パフォーマンス評価（SSPD）②　ステージ J，歴史スタンダード B～E における評価基準

スタンダード	ステージ J（高校後期）の学習活動内容
B 合衆国史 （政治面）	1. 合衆国政治史における分岐点となった出来事の意義を査定する 2. 政治的な組織や集団の初期の思想と後期の思想，もしくは今日の思想について比較／対照化する 3. 地域，州，国家レベルの組織について継続しているものと変化したものについて事例を描く 4. 合衆国史における政治的な官職や組織の役割の変化を分析する 5. 政治的なイデオロギーが今日の政治家や集団にどんな影響を与えているのかを査定する 6. 経済，環境，社会構造における変化が近年の合衆国の政治構造にどのように影響を及ぼしているのかを分析する
B 世界史 （政治面）	1. 世界の政治史における分岐点となった出来事の意義を査定する 2. 世界的な政治的な考えへの特定の個人の寄与について査定する 3. 対立する政治的イデオロギーの要素にある協力や争いについてのエピソードを比較／対照化する 4. 経済，社会，環境要因の間にある関係性や，世界の政治的な出来事がおよぼす影響を説明する 5. 現代の政治問題（例：テロリズム，人権）を位置づけながら，世界的な相互依存関係の持つインパクトを評価する
C 合衆国史 （経済面）	1. 合衆国経済史における分岐点となった出来事の意義を査定する（例：金本位制，最低賃金法，NAFTA） 2. 合衆国史におけるトレンド「牽引産業（例：農業，鉄鋼，建築）」についてチャート，グラフ，その他の資料を使って描く 3. 第二次大戦以降の国内の経済と世界経済の関係について時代を超えた展開について描く 4. 第二次大戦以降の国内経済を誘導する経済利益団体が及ぼす影響を描く 5. 合衆国の経済史におけるトレンドが国の政治，社会，環境の歴史にどんな影響を及ぼしてきたのか分析する 6. 合衆国の経済システムを形作る連邦政府の役割を査定する
C 世界史 （経済面）	1. 世界経済の歴史における分岐点となった出来事の意義を査定する 2. 産業資本主義の成長と発展を世界の支配的な経済モデルとして描く 3. 現代の世界経済システムの発展において，継続しまた変化する歴史的な力をたどる 4. 現代における事例を使って，世界の経済システムにおける経済的相互依存関係の結末を予測する 5. 経済的な相互依存関係の利点と欠点を評価する 6. 合衆国を覆う現代の世界経済問題のインパクトを分析する（例：政治的，社会的，環境的な帰結点）
D 合衆国史 （社会面）	1. 合衆国社会の歴史において分岐点となった出来事の意義を査定する 2. 時代を超えて社会組織の発展に影響を与えてきた，継続し，また変化する歴史的な力にを明らかにする 3. 社会，政治，経済的な組織や，合衆国の経済組織や文化において社会的なムーブメントのインパクトを査定する 4. グローバル社会の一員としての合衆国民に影響を与える社会的な問題の起源や展開について分析する 5. 1960 年代以降，合衆国の多元的な社会の更なる発展に影響を与える利益集団の社会的な態度や，近年の政治政策について評価する

D 世界史 （社会面）	1. 世界の社会の歴史において分岐点となった出来事の意義を査定する 2. 世界の社会の歴史のコースに影響を及ぼした1945年より変化してきたテクノロジーを査定する（例：原子力，マスコミ，生産手段） 3. 時代を超えて人間の交流が拡大したために起こった社会的な結果を評価する 4. 現代の事例を使って，世界中の社会で起こっている文化的な拡散の事例を明らかにする
E 合衆国史 （環境面）	1. 合衆国の環境の歴史において分岐点となった出来事の意義を査定する 2. イリノイや合衆国内の政治的な生活が導く環境上の問題の重要性を評価する 3. 1945年以降合衆国において環境問題を位置づけるなかで全米の組織が進展させたことを査定する 4. 合衆国の世界環境問題に対して政治的，経済的，社会的にもたらした結果について，もしそれが位置づけられていないものなら予測する 5. 合衆国の環境にマイナスに影響を与えているような，歴史的なプロセスを巻き戻すような新しいテクノロジーの潜在的な力を予測する
E 世界史 （環境面）	1. 世界の環境の歴史において分岐点となった出来事の意義を査定する 2. 現代の世界機関が環境問題に果たす重要性を評価する 3. 国家間の相互依存関係もしくは独立か依存かを強いてきたテクノロジーをどうしたらコントロールできるか説明する 4. 国家間の相互依存関係もしくは独立か依存かを強いてきた天然資源をどうしたらコントロールできるか説明する 5. 1945年以降環境問題を位置づける上で世界的な組織が起こした展開を査定する 6. 世界の環境問題がもたらす政治，経済，社会的な結果について，もしそれが位置づけられていなければ予測する 7. 地球環境にマイナスのインパクトを与えてきた歴史的なプロセスを巻き戻すために，新しいテクノロジーの持つ潜在的な力を予測する

生徒が自ら考え学習を進めていくものになっている。

また、特定の集団や考えに対して一方的な理解につながらないよう、異なる政治思想や集団について比較したり、マイナスとプラスの両面から考えたりするような指示が含まれている。例えば、B（世界史）の「3、対立する政治的イデオロギーの要素にある協力や争いについてのエピソードを比較／対照化する」やC（世界史）の「5、経済的な相互依存関係の利点と欠点を評価する」という活動がそうである。

以上のように、SSPDでは具体的な学習内容を指示するのではなく、歴史教育における学習活動を指標として示すことで、探求力や思考力、そして批判力を含んだ歴史的思考力の育成を意図していることが分かる。

次に、テストで評価する項目、つまりは学習内容を明記したSSAFについて考察する。

3 社会科評価フレームワーク（SSAF）

社会科評価フレームワーク（Illinois Social Science Assessment Framework：SSAF）[2]は、ＩＬ州スタンダードのような教員向けに作られたものではなく、教員の指導を左右するような拘束力も持たない。あくまで、テスト業者、一般の人々や政策決定者に向けて作られており、スタンダードに基づいて学習の成果を試験するときの参考資料である。ＳＳＡＦの前置きにおいても、「カリキュラムや指導を過度に狭めないようコアな内容に焦点をあてた」ことが明記されている。

ＳＳＡＦは、五年生・八年生・一一年生の社会科の学習内容についてのみ示しており、ゴール14からゴール18までの社会科の各科目をスタンダードＢ（政治）、Ｃ（経済）、Ｄ（社会）、Ｅ（環境）の各要素に分けて学習すべき内容が羅列されている。さらに、思考力を評価するスケールと出題比率が示されており、暗記項目が五〇パーセント、思考力を問う項目が五〇パーセントになっている。

一段階：言葉や方法を覚える（例、第一次資料と第二次資料の定義、羅針盤などの地理用語、経済用語、年代表記の用語）……一〇パーセント
二段階：事実や概念や理論を覚える（例、南北戦争の原因をめぐる解釈、需要と供給、国民主権、特殊な定住パターン）……四〇パーセント
三段階：地図、グラフ、チャート、図表の利用や解釈……一〇パーセント
四段階：シンボル、イラスト、政治漫画の利用や解釈……五パーセント
五段階：意見から事実、無関係な情報との関連性、情報源の信頼性の見極め……一五パーセント

六段階：問題解決（解釈と一般論）、仮説や調査課題の形成、ある解釈に符合する事実や相反する事実についてその関連性や意義を判断、一般論を形成する……二〇パーセント

このフレームワークに示されている歴史的思考力の評価方法には、歴史的思考力を育成するために必要な語彙や方法といった知識を獲得させ、歴史家のように資料をもとに解釈することによって「一般論（generalization）」を形成することがゴールとされている。つまり、第一段階から第二段階までは歴史用語やこれまでの理論の学習に焦点があてられているが、第三段階から第五段階までは様々な資料を調べてそれを利用するための技能習得に向けられている。そして第六段階において、異なる歴史観や異なる解釈を検討することで生徒自身が歴史家のように調べ解釈し「一般論」を形成するというように活動が徐々に展開されていることが分かる。

ＳＳＡＦの示す学習内容について、ここでは奴隷制と公民権運動に焦点をあて第五学年（小学校後期）、第八学年（中学校）、第一一学年（高校）の項目から考察する。双方の項目についてまとめたものが**表17**である。

ＳＳＡＦにおける「奴隷制」の小学校後期段階の学習内容を見ると、従来の歴史教科書に見られるような内容であることが分かる。奴隷貿易の様子と、南北戦争にいたるまでの奴隷制をめぐる意見の対立といった視点である。一方で、高校段階の学習からは、「奴隷の置かれた環境と彼らの反応」、「アフリカ人奴隷の食事・収容所・余暇・教育における文化」といった黒人の生活といった視点が組み込まれ社会史要素を含んでいることが分かる。その他にも、「南部植民地システムといった植民地の生活へ奴隷制の与えた影響」といった南部の視点も取り入れている。

ネイティブ・アメリカンについてのＳＳＡＦにおける記述は、特に学年が上がるごとに学習量が増えている。表17には、五年生、八年生、一一年生を比較するために、およそ同じ時代の出来事について記したものとして、独立

表 17　社会科評価フレームワーク（SSAF）　ゴール 16 の学習内容

学年	学　習　内　容
	奴隷制に関する項目
5年生 （小学校後期）	アメリカに導入された奴隷制，貿易の中間航路における過酷な状況，奴隷家族の反応，奴隷制の擁護側と反対側の間にある格闘と，奴隷制との構築について明らかにする
8年生 （中学校）	アフリカの奴隷制の展開と構築，合衆国の奴隷制の発展と構築との間にある関係性について明らかにする
11年生 （高校）	北米における植民地時代のアフリカの奴隷制度の要素を理解する（例：植民地における奴隷制の導入と構築，奴隷のおかれた環境と彼らの反応，アフリカ人奴隷の食事・収容所・余暇・教育における文化，奴隷貿易や中間航路・南部植民地システムといった植民地の生活へ奴隷制の与えた影響，アメリカにおいて奴隷制がどのようにヨーロッパ人やアフリカ人の生活を再編していったのか）
	ネイティブ･アメリカンに関する項目（国家創建時）
5年生 （小学校後期）	早期の西部への移住について，移住者とネイティブ・アメリカン双方の視点を明らかにする
8 年生 （中学校）	早期の西部への移住についてその要素を明らかにする（例：移住者の辿った道とその途上での経験，オレゴンやカリフォルニアへの西部開拓やモルモン教徒の移住の理由やその行き先，西部への拡張がネイティブ・インディアンの国家群に与えた影響）
11 年生 （高校）	新しい国家の土地政策が与えた影響を理解する（例：1787 年北西部条例，土地政策はネイティブ・アメリカンの部族にどんな影響を与えたのか，天然資源の私有化や連邦所有の土地を私有化させ州郡制へと移行させた 1785 年と 1787 年の土地条例） 1812 年の米英戦争の原因を理解し影響を明らかにする（例：戦争勃発の政治経済的な原因，戦争をめぐる政治的利権と視点，タカ派の戦争への役割，ワシントン DC 焼き討ち，マクヘンリー要塞やホースシューベンドやニューオリンズの戦いといった重要な戦闘や指揮官，ネイティブ・アメリカンとの関係を含む戦争の政治的な原因と影響，通商禁止法や不景気を含む経済的要因，平和へと向かう岐路となった出来事）
	公民権運動に関する項目
5年生 （小学校後期）	公民権運動の始まりと辿ったコースを理解する。公民権運動におけるアメリカ市民が果たした役割，リトルロック，セントラル高校への連邦政府の介入，ルビーブリッジ，ローザパークス，キング牧師，ジャッキー・ロビンソン，1964 年公民権法制定を含める。
8 年生 （中学校）	公民権運動における連邦，州，地域の政治的リーダー（アメリカ市民と同じく）の果たした役割を明らかにする。リトルロック・セントラル高校への連邦政府の介入，ローザ・パークスとモンゴメリー・バスボイコット，キング牧師，南部クリスチャン・リーダーシップ議会，ワシントンの 1963 行進，フリーダム・ライダーズ，ジャッキー・ロビンソン，野球の人種隔離撤廃，セザール・チャベスと農民労働組合の発展，ロバート・ケネディと公民権運動，ジョンソンと 1964 年公民権法制定を含める
11 年生 （高校）	公民権運動の出来事と個人への影響を理解する。（例：キング牧師・マルコム X・ローザ・パークスやセザール・チャベスらの公民権唱導の役割，キング牧師の「バーミンガム刑務所からの手紙」と「I have a dream 演説」の意味，人種隔離や人種隔離撤廃の出来事，バスボイコット，セルマの行進，フリーダム・ライダーズ，リトルロック・セントラル高校，NAACP・CORE・SCLC・SNCC といったアフリカ系アメリカ人政党の役割，キング牧師暗殺とワッツ暴動）

戦争後のネイティブ・アメリカンが登場する西部開拓とネイティブ・アメリカンの土地剝奪の時代についてのみ取り上げている。これ以外にも、一一年生はアメリカ東部へのヨーロッパ人植民の時代での学習において、ネイティブ・アメリカンと様々な植民地人との交流についても具体的な学習理解が進んだかどうかが評価対象となっている。その具体的な学習内容は、例として次のようなものが挙げられている。先住民と植民地人の間の農業における協力や交換、先住民と植民地人の文化交流、フィリップ王戦争やピクォート戦争やポウハタン戦争といった対立、ヒューロン族とフランスの連合軍とイギリスとイロコイ族の連合軍という同盟、ヨーロッパ人による植民の影響をヨーロッパ人と先住民社会の双方の視点から見ることである。日本人にとっては聞きなれない言葉が多い。例えば、フィリップ王戦争とは、ワンパノアグ族の首長を白人がフィリップと名付けたことに由来するネイティブ・アメリカンと白人入植者との間で起こった戦争を指している。当時、土地所有の観念や意思決定に関する考え方の違いなどから、先住民族による共生への提言が白人入植者には理解されず、また統治形態の違いから話し合いが両者の間に成立しなかったという。結果として、戦闘は増加する白人入植者による土地侵略に耐えかねた先住民族から起こされたが、白人入植者による徹底的な弾圧と虐殺によって終結し、首長の家族は奴隷として西インド諸島に売られたとされる。ピクォート戦争やポウハタン戦争もまた、白人入植者による部族絶滅が行われた戦いとして知られる。こうした白人社会による虐殺の歴史とも理解できる負の歴史についても、双方の視点から学習が行われることが期待され、学習評価対象となっている。

さて、表17に見られる西部開拓に伴うネイティブ・アメリカンへの影響についての項目であるが、この表に見られるとおり、小学校高学年にあたる五年生でも、開拓者とネイティブ・アメリカンの双方の視点を入れて理解することが求められている。八年生では、様々な西部開拓者や開拓者集団の足取りとその目的、また開拓者によるネイティブ・アメリカン国家への影響、高校にあたる一一年生になると、国家の土地政策から、国家が与えたネイティブ・アメリカンへの影響といった項目が入っている。その例示として示された、五大湖周辺の広大な領土への白人の入植を認めた一七八七年の北西部条例や、その条例が与えたネイティブ・アメリカン部族への影響、さらに天然資源の私有化や連邦所有の土地の私有化を招いた一七八五年と一七八七年の土地条例などを例示することで、栄光としての開拓者の歴史としてではなく、その歴史を開拓において土地を失った先住民族の視点や、土地や資源の私有化ということなる社会経済的な側面からも開拓という現象を捉えさせようとしている。いずれも、合衆国史における白人入植者の西部開拓がどのように進められたのか具体的に学ぶものであり、また従来の合衆国史には見られないような異なる視点、つまりネイティブ・アメリカンから見た白人入植がもたらした罪過という視点が加えられている。この他にも、一一年生では、一八一二年の米英戦争の原因と影響についての学習内容でもネイティブ・アメリカンからの視点が加えられている。米英戦争は、日本でも第二の独立戦争とも呼ばれ、合衆国史における国歌およびナショナリズム成立の出来事として描かれることが多いが、SSAFではそうした視点だけでなく、ネイティブ・アメリカンの駆逐やその居住地をめぐる領土争いとして、西部の「タカ派」と呼ばれる人々にも焦点をあて、その「政治経済的な原因」や「戦争をめぐる政治的利権と視点」を提示し、米英戦争がもたらす利益をめぐるアメリカの人々の意図にも着目させている。

次に、「公民権運動」について、これも小学校後期段階では従来の合衆国の歴史教科書の記述に見られるような内容となっている。特に、白人への攻撃的な姿勢から黒人の解放運動を行ったマルコムXといった人物は、高校段階にならないと登場しない。「奴隷制」と同様に、「公民権運動」に関する学習内容[3]も、高校段階になると運動に関わった一般市民への聞き取りや、「キング牧師の『バーミンガム刑務所からの手紙』と『I have a dream 演説』」や、「バスボイコット」、「セルマの行進」、「フリーダム・ライダーズ」、「リトルロック・セントラル高校」など当時のニュース資料などが資料として教室に持ち込まれることが予想される。教科書の枠を超えて、歴史の実像に政治レベルからだけでなく、社会史レベル、個人に及ぼした影響にまで触れ、黒人の立場から歴史を理解することも可能な学習内容となっている。

次にこうしたＩＬ州スタンダードやＳＳＰＤ、そしてＳＳＡＦといった歴史的思考力の育成を重視する社会科カリキュラムを持ったイリノイ州において、どのように歴史の教員が養成されているのかについて見ていく。

第３節　イリノイ州の教員養成系大学における歴史教育コース

1　歴史教育コースの概要

ここではイリノイ州にある教員養成系大学であるＢ大学に焦点をあてる。Ｂ大学は、19世紀創立の伝統ある中規模の大学であり、全米教師教育協会（American Association of Colleges for Teacher Education：AACTE）においても、その教師輩出数が全米一〇位に入っていることが記されている。

Ｂ大学の「歴史教育コースⅠ」は中等学校の歴史科教員の養成コースであり、教育実習の事前準備を目的として設定されている。このコースを担当するのはＢ大学の歴史学部の教員であり、教員は全員歴史学や歴史教育学の教授によって構成されている。歴史学部の中で実施される「歴史教育コースⅠ」は秋と春のセメスターでそれぞれ開講されており、三単位が認定される。学生は、秋か春どちらかのセメスターで「歴史教育コースⅠ」を履修すると、次のセメスターで「歴史教育コースⅡ」と「教育実習」の単位を取ることになる。一五週間にわたる教育実習の間、コースを担当する大学の教員は各実習校を訪問したり、また州全体に広がる実習校を地区でまとめ、その地区ごとに実習生を定期的に一ヵ所の実習校に集め「歴史教育コースⅡ」の授業を行ったりしている。「教育実習」

については一〇単位が認定され、実習が終わると教員免許取得となり卒業となる。教員採用試験はなく、教員になるためには大学卒業後、志望者自ら様々な学校を訪れ面接試験を受けることが多い。貧困地区にある学校や評判のよくない学校では、教員不足などの理由から実習生がそのまま実習校先に気に入られる形で採用が決定する場合もある。

2　歴史教育コースの目標と内容

ここでは「歴史教育コースⅠ」について、歴史の教員を目指す学生にどのような歴史観や歴史教育方法を教えているのかについて、シラバスや授業への参与観察で得た情報をもとに紹介する。この「歴史教育コースⅠ」では、五〇分間の授業を週に三回行うことで頻繁に顔を合わせ、様々な学習課題についての確認やクラスメートとの協働での作業を行う。九〇分の授業を二回行うよりも、頻繁に顔を合わせることで課題に対する意識や教職に対する意識を挙げる狙いがある。「歴史教育コースⅠ」のシラバスにある授業目標は、以下のとおりである。

- コース全体に出てくる言葉にもあるとおり、学生は歴史社会科学の分野において学び教えることの意味に焦点をあて、自分の教育哲学を発展させる
- 学生は「民主的思想の現実化（Realizing the Democratic Ideal）」[4]の概念理解に向けて学び、歴史的かつ現代の文脈の中にある教育や多様性の問題を探求する
- クラスのメンバーは内省的／批判的思考のための潜在的な能力を発展させ、書き言葉や話し言葉を通じて効果的にコミュニケーションを行う能力を改善させる
- 学生は数回にわたって授業準備（内容を選択し活動を展開する）や授業を行い、教えたり学んだりする

・学生は歴史社会科学の知識を教育理論や方法学の知識と統合する
・コースにおける読書、議論、経験を通じて、学生は歴史社会科学の授業の政治的、哲学的、専門的な構成要素について、その複雑で多様な本質性を探究する
・学生は三つの基本的な原理「歴史社会科学教授のための基礎的知識」を習得することで、教育の未来にポジティブな影響を与えたいという気持ちを高める（1．生徒の学習支援について思考し内省すること、2．歴史や社会科学の知識を持つこと、3．歴史社会科学を効果的に教える様々な教授法を駆使すること）

目的にもあるが、コースを履修する学生に対して、歴史を社会科学として認識させており、「政治的、哲学的、専門的な構成要素」から歴史を捉えるように示唆している。さらに、学生に対して要求するスキルや能力としては、「内省的／批判的思考」や「コミュニケーション力」を重視していることが分かる。

このコースでは、常にテキストを読み、これについて議論することが要求され、クラスのメンバーと意見を交換する活動が組み込まれている。特にメインとなるテキストがジェームズ・ローウェン（James W. Loewen）の *Lies My Teacher Told Me*（邦訳名『アメリカの歴史教科書問題——先生が教えた嘘』富田寅男訳）（Loewen 1995, 2007）とハワード・ジン（Howard Zinn）の *Pledging Allegiance*（Zinn 2007）であり、これらのテキストを使う際はクラスにおいてその内容を議論する形で授業が行われている。ローウェンの本で全四五回の授業において八時間分、ハワード・ジンの本では四時間分を使って授業および議論が行われる。ローウェンの著書は、第2章でも紹介しているとおり学校の合衆国史教科書において英雄視される人々の反社会的な側面や残酷なふるまいを描き、学校教科書については合衆国政府や社会進歩のイメージが肯定的な言葉で彩られることで現実の問題を見えにくくしていると記している。

「歴史教育コースⅠ」を担当するエレーナ教授は、歴史科教師の養成において、次のような思いをインタビューに

おいて述べている。

（育成する上で目指す理想の教員像について）ベストティーチャーとして社会的公正を求め生徒を育成していくような、チャレンジしていくような教師、教科書をこえてコミュニティを変化させることができるような授業を行えるような教師を育てようとしています。

（これまで見た印象に残る授業について）新聞などに載るけれど教科書に乗るような大きな事件ではない、小さな事件だけど、そんなトピックを様々な角度から調べるという授業を見たことがあるわ。それは問題解決にかかるゲームなのだけど高校を訪問した時、生徒は図書館で調べたりしていたことがある。それは、とても印象的な授業でした。

（異なる歴史観から見たローウェンの本をテキストとして採用することについて）授業ではたしかにローウェンの本を使っているけれど、そんな本を使うことに否定的な人たちもいます。もう引退した大学の教員にも「あなたが使うにはいいが、私は使わない」と言う人もいましたし、学生の中には「ここに書いていることは嘘だ」と言って嫌う人もいます。しかし、歴史には影の部分もあるわけです。

（どうやって異なる歴史観に学生を取り組ませているのかについて）また、教育実習先においてローウェンのような異なる歴史観を使って授業をすることに消極的な学生もいますが、模擬授業を何度も行って自信を持って授業ができるように準備をさせています。

コースでは教室における活動だけではなく、地域で活躍した人物について学ぶために、墓地を歩き様々な時代の、多様な社会的文化的な背景を持つ人物について探求する「セメタリー・ウォーク」と呼ばれる活動に参加したりする。これは、地域社会の行事と連携して行われるものであり、毎年墓地では当時の服装をし、実際に生きていた当時の人々になりきった俳優が現れ、彼らの日常や思いをつづった様々な話を聞くことができる。教科書に載るような大きな歴史には現れない、身近なところで起こった歴史について考える、様々な視点から歴史を捉える社会史の視点から歴史を捉えようとする教育活動であると言える。

その他にも、優秀な歴史教師として受賞を受けた教師をゲストスピーカーとして呼んで話を聞いたり議論をしたりする活動もある。その話の中でこの教師は、三つの写真を使い歴史教育の意味について学生に考えさせる作業を毎回行っている。一つは自転車の写真、そして太陽が地平線の上にある草原の写真、そして玄関のドアが一部開いている家の写真である。この作業に正解はなく、常に学生に歴史教育とは何か自問自答させ、また写真の解釈を自分の視点から行わせようとするものであった。そして歴史における第一次史料、第二次資料、そして第三次史料の意味について記されたプリントが配られ、それらの資料が持つ意味と、歴史教育の場面で資料を選定する際の注意点についての講義が行われた。そしてこのゲストスピーカーの講義が終わると、テーマが与えられ、学生はそれぞれのテーマから歴史の模擬授業を行うことになる。テーマは以下のようなものがある。

- 第一次資料
- 文学／音楽
- テレビと社会／最近の出来事
- アート／建築
- オーラルヒストリー／地域の歴史
- 政治漫画

・チャート／グラフ／グラフィック・ヴィジュアル素材
・遺物／ゲーム
・シミュレーション／ロールプレイ／ディベート
・フィルム／テクノロジー
・地図／フィールドトリップ
・評価、プロジェクトと作文

講義の内容から見えてくるのは、先に挙げたＩＬ州スタンダードの学習内容や社会科パフォーマンス評価（ＳＳＰＤ）や社会科評価フレームワーク（ＳＳＡＦ）の内容にリンクしているという共通性である。例えば表12にあるように社会科の歴史スタンダードの到達目標には、政治・経済・社会・環境の各分野からの理解が挙げられており、まさにＢ大学における歴史教育コースが求める「歴史社会科学の分野において学び教えることの意味に焦点をあて、自分の教育哲学を発展させる」という目標に一致している。歴史教育コースで配布されるプリントには、多様な民族の文化や世界を席巻するアメリカ文化やアメリカ経済、そして戦時中の政府史料などがあり、こうしたものをいかに歴史教育に使っていくのかについての議論も行われている。その他にも、ＳＳＰＤが示す活動表15にもあるように、歴史的な出来事についての解釈を行うための「第一次資料」について、その選択から教室での使用について学ぶ機会を与え、実際に授業においていかに使用していくかを学生自身に実践させている。こうした機会を与えられることは、仮に学生自身がK-12レベルの歴史教育において歴史的思考力を育成するための授業を受けてこなかったとしても、具体的な方法や手順を丁寧に指導することによって、教育実習活動においてその実践を行いやすくさせる効果があるだろう。

図9　イリノイ州の歴史教育カリキュラム

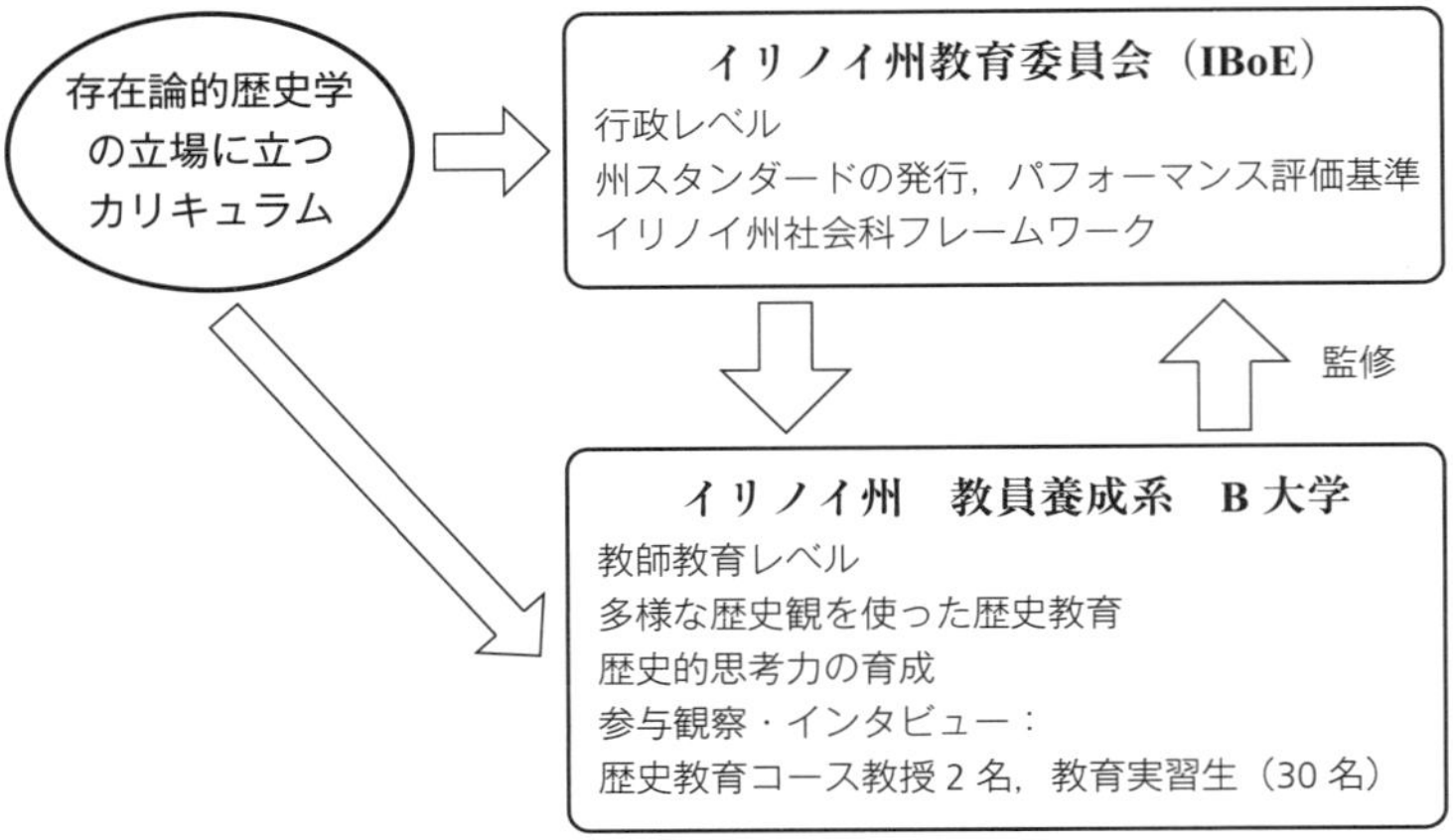

ニューヨーク州では、州スタンダードは存在論的歴史学に立った歴史的思考力を育成する歴史教育を目指しているにもかかわらず、コアカリキュラムや標準テスト、歴史教育の実践は、客観主義の伝統的な歴史学、つまり認識論的歴史学に立った歴史教育が行われていた。一方、イリノイ州では**図9**のように州発行の歴史スタンダードやカリキュラム、大学における歴史教育コースでは学校で使用される教科書にはない史料や視点、出来事を積極的に使用させ、教育実習でも同じように授業ができるように指導していることが分かった。つまり、イリノイ州ではカリキュラムと教師教育において存在論的歴史学の立場からの教育が推奨され、実践が可能であることが分かった。

3　教員適性評価テスト（ed-TPA）と歴史教育コース

二〇一六年九月に筆者はイリノイ州のB大学を再び訪問することになった。シカゴ市内の公立学校の閉鎖が問題となり、多くの教員や保護者らがデモを起こし、ニュースに登場するようになって、B大学はその教員養成数においてトップレベルの教員養成校であるが、歴史科教員養成コースにおいて一五名のクラスは六名にまで減少していた。現在、B大学だけにとどまらず、教員志望

表 18　ed-TPA の効果的な指導のための評価項目*

教授領域	教員志望者の授業実践についてのレビュー項目
計画	授業計画，指導資料，生徒への宿題，評価，計画が生徒の学習ニーズに見合っていたかどうかのコメント
指導	編集されていないビデオ映像，生徒の自主的な学びへのコメント
評価	生徒の活動サンプル，生徒へのフィードバック，生徒の学びに対する分析と次の指導方法に対するコメント
指導分析	計画，指導，上記の事柄に対する評価に対するコメント
言語	編集されていないビデオ映像もしくは生徒の活動サンプル，計画や評価に対するコメント

＊ Stanford Center for Assessment, Learning, & Equity（SCALE）発行のパンフレット「EdTPA: Teacher Who Support Teacher Candidates」より

の学生の減少は全米におよび、アメリカにおいては深刻な教員不足が問題になっている。一部の州では、教員養成系大学においてプログラムを履修していない人に対しても、臨時の教員免許状を発行しようという動きがある。

イリノイ州では、近年の教員養成における質保証として連邦政府によって導入された「教員適性評価テスト（Educational Teacher Performance Assessment：ed-TPA）」をその資格要件として、カリキュラムに組み入れるようになった。B大学では、教育実習生は全員資格を得るためには、実習終了後にピアソン（Peason）社によって実施されているテストを三〇〇ドル支払って受験する必要がある。その試験的導入はすでに二〇一四年より始まり、二〇一五年より本格導入が開始されている。小柳和喜雄（2015）もその研究の中で紹介しているように、教員を志望する学生は実習中に作成したレッスンプランや、実習中に行った教育活動について資料やビデオをウェブ上に提出することで受験できるシステムとなっている。歴史科教員養成のコースにおいても、その基準が一五項目にわたるルーブリックに示されている。

歴史・社会科教員養成のための ed-TPA は、教科内容に関する指導力に加えて、「様々な生徒のニーズに合わせた知識」「研究や理論

に基づいた指導」「教師自らその指導を評価し改善していく力」「生徒が自主的に学習しようとする」環境を整え、そのための指導ができる教員としての力量を評価するという。審査（テスト）を受けるためには、ワープロソフトで作られた指導に関するデータ、主に生徒の学びの様子が分かるような生徒の音声だけが入力されたデータ、さらに教員志望者自身が実際に授業をした際のビデオ映像が入力されたデータの提出が求められている。

小柳も全米での ed-TPA の導入は賛否両論があると示す通り、B大学においても賛否両論の中で導入が進められている。しかし、批判的な意見の多くは、私企業が運営する教員免許状の最終的な資格審査になっており、大学が免許資格を承認するのではなく、私企業によって承認することへの疑問であった。一方で、肯定的な意見の多くは教員養成における ed-TPA に見られるような基準の有効性であり、各大学や教員によってはバラバラとなる教科指導法などについて共通理解（スタンダード）は必要性を求めるというものであった。

（1）ed-TPA（歴史・社会科）の概要

ed-TPA の中等教育における社会科および歴史教育についての概要について見ていきたい。評価項目としては、タスク1：指導および自己評価プラン、タスク2：生徒の学びに合わせた授業実践、そしてタスク3：生徒の学びの評価の三つからなっている。それぞれのタスクでは、提出物が細かに定められている。例えば、タスク1では教育実習において活動するクラスから一つ選んで、そのクラスの環境について報告し、そのクラスに合わせた三〜五時間分の授業プラン、教材、評価など、またタスク2では実際に授業を行っている場面をビデオ録画二本（各一〇分）、タスク3では実際に生徒が行った作業のサンプル（三つ以上）やどのようなフィードバックを行ったのか分かる資料などを提出する。

（タスク１：指導及び自己評価プラン）

歴史や社会科の授業プランを作成する上で、学生は歴史的な出来事や社会科における事象について子どもたちが議論したりや結論を出したりする活動をサポートするため、事実（facts）、概念（concepts）、探求（inquiry）をどう捉えているのか、または解釈したり分析する技量がどの程度身についているのかが評価される。もし、学生が一つの歴史的な出来事について一つの解釈しか教えられないような場合は、最低ランクの評価を受けることになる。優れているとの評価を受けるには、様々な歴史的な出来事や社会的な事象について、解釈させたり議論させたりするよう生徒を導くことが求められる。他にも、学生には生徒の学習に必要な環境整備、言語上の支援をどの程度行ったかも評価される。

（タスク２：生徒の学びに合わせた授業実践）

ここでは、ビデオクリップをもとに評価が行われる。学生の生徒に対する学習支援の様子では、学生が生徒に様々な見方や考え方を表現させ、また相互の異なる意見を尊重する様子が見られることが期待される。また、生徒が歴史的な資料や社会的事象の説明から探求活動を行ったり、資料を解釈したりする中で、学生は生徒の話し合いの活動にどんな声掛けを行っているかが重要となる。例えば、既存の学習した知識を活用させたり、生徒自身が持つ文化的な背景を持ち込ませたりするなどの支援が望ましいとされる。その際、学生は教室に反対の解釈や立場を持った資料などを持ち込むことが期待される。明らかに、学生には黒板の前で説明する教師としての役割ではなく、ファシリテーターとしての役割が求められている。

（タスク3：生徒の学びの評価）

学生がどのように生徒の学びを評価しているのかについて審査が行われる。実際の生徒のワークシートのコピーを提出し、そこから学生が量的にも質的にも学習の成果をどう関連づけて評価しているのかが問われる。真に生徒が理解を深めたのかどうかを評価したのではなく、表面的に作業のみを評価した場合は厳しい評価となる。また、生徒にどんなフィードバックを返したのか、また生徒はどのフィードバックをどのように活用したのかも評価され、やはりここでも生徒の既存の知識や経験を生かしているかどうかが鍵となる。

（2）B大学におけるed-TPAへの準備

B大学では、イリノイ州の政策により教員免許状の取得資格にed-TPA受験および合格が義務づけられたことで、その審査準備のためにエレーナ教授は、ed-TPAの示すタスク1からタスク3に対応するものとして、それぞれ「計画・指導・評価」「生徒への学習指導」「学習評価」という項目を作り、それぞれの項目には五つの評価を作成し、学生にed-TPAへの準備を促している。言い換えると、全一五項目にわたって、ed-TPAのための五段階のルーブリック評価を作成し、歴史教育コースの学生の活動や課題を評価しているのである。結果として学生は、ed-TPAの審査準備のために、そのコースカリキュラムの中で協働作業[5]をしたり、また授業計画を作ったり、そして互いにその計画がed-TPAの審査基準に適したものであるかを査定しあったりすることになる。

次に一五項目あるed-TPAの審査基準について、エレーナ教授が学生に示すルーブリック評価のうちレベル5について紹介する。

【計画・指導・評価】

1. 歴史・社会科の学習における理解のための計画を作る

「あなたの」プラン（指導案）は、歴史的な出来事やトピック／テーマ、もしくは社会科における現象について議論し論証するために、事実、概念、解釈や分析について生徒にどうやって理解させますか？

（レベル5評価：学びの中の重点項目と同様に、解釈もしくは分析と、論証と間に明らかな整合性が取れるよう、生徒をどう指導するのか説明している）

2. 様々な生徒の学びの需要に応えるためのプランを作る

生徒に、歴史的な出来事、単元／テーマ、もしくは社会現象について議論させるために、事実、概念、解釈もしくは分析について理解を促すときに「あなたは生徒の知識をどう活用しますか？

（レベル5評価：誤った認識を正すうえで指摘したり、対応したりする具体的な方略をもった支援をしている）

3. 指導や学びを伝える上で生徒の知識を活用する

「あなた」は指導プランを遂行する上で、「あなた」の生徒の知識をどのように活用しますか？

（レベル5評価：調査や理論といった学問的な見識から「あなた」の正当性を説明している）

4. 必要とされる言語を選び支援する

「あなた」は、歴史・社会科における主要な学習課題に取り組むために必要な言葉をどう選び、どう支援しますか？

（レベル5評価：生徒のニーズに合わせて、様々な言語レベルで指導上の支援をデザインしている）

5. 生徒の学びを確認し支援する評価方法を計画する

生徒が議論するために、事実や概念、解釈または分析を進めながら理解を深める中、インフォーマルもしくはフォーマルな学習評価をどう選び、デザインしますか？

（レベル5評価：生徒が個人やグループで学習したことを活用するために必要なことが示され、戦略的に評価項目がデザインされている）

【生徒への学習指導】

6．学習環境

「あなた」は生徒が主体的に学ぼうとするような環境をどのように整備しますか？

（レベル5評価：「あなた」が生徒を尊重し寄り添うように環境を整備している。「あなた」は生徒に多様な視点を表現させたり、相互に尊重したりできるような機会を提供し、そのような挑戦的な学びの環境を用意している）

7．学びに生徒を没頭させる

「あなた」は、生徒に歴史的出来事や社会現象を説明させたり解釈させたりする中で、彼らを課題にどう主体的に関わらせますか？

（レベル5評価：学習課題により、生徒は知識を深めスキルを伸ばし、自分の意見を弁護するときに論拠を示せるようになる。教師は生徒に対して、既習の学問的知識と、個人や文化、もしくはコミュニティの長所とをリンクさせながら新しい学びにつながるように促している）

8．生徒の学びを深める

歴史的出来事や社会的現象についての説明を批判的に評価し、論証する能力を伸ばすために、「あなた」

は生徒の反応をどのようにして引き出しますか？

（レベル5評価：「あなた」は、生徒自身がその解釈や分析、議論を評価する能力を高めるために、生徒の交流をファシリテートしている）

9．科目に特化した教授方法
議論を立て論証するために、歴史・社会的資料からある史料を引用するといった過程で、「あなた」は生徒をどのように支援しますか？

（レベル5評価：「あなた」は、様々な資料から矛盾する史料、異なる史料を提示し、生徒が自らの意見を弁護するよう挑戦させている）

10．指導の効果を分析する
生徒の様々な学習需要に応えるため、「あなた」はどんな証拠を使って、どのように教育実践を改良したり自己評価をしたりしますか？

（レベル5評価：「あなた」は調査や理論を用いて改良点を正当化できる）


【学習評価】

11．生徒の学習を評価する
「あなた」は生徒の学習の形跡をどのように分析しますか？

（レベル5評価：個人やグループにおいて生徒が行った量的な学習と質的な学習について、相互の関連性を判断するために生徒の提出物などのサンプルから具体的な証拠を用いて分析をしている）

12．学習指導において適切なフィードバックを行う

「あなた」はどのような種類のフィードバックを生徒に返していますか？

（レベル5評価：「あなた」は、生徒が長所や不足していることを判断できるようフィードバックをしながら、どう学習指導を行うかを説明している）

13．生徒によるフィードバックの利用
「あなた」は生徒にフィードバックを使ってさらに学びを深められるような機会をどのように提供していますか？

（レベル5評価：生徒がフィードバックを、出したばかりの課題などに対するものとしてではなく、一般化できるように指導している）

14．生徒の言語の使用や歴史・社会科の学習を分析する
「あなた」は、生徒の内容理解をさらに進めるために、どのように彼らが使う言語を分析しますか？

（レベル5評価：「あなた」は、様々な手助けを必要な生徒のために、彼らが使用した言語や学習内容といった証拠を提示し説明している）

15．学習指導をするために評価を利用する
「あなた」は、生徒が知っていることやできることについて分析したものを、次の段階の指導計画につなげるためにどう活用しますか？

（レベル5評価：次の段階では、個人やグループがその学びを深めるために、事実や概念、解釈や分析、もしくは議論を立て論証することにつなげられるような支援を提供している。次の段階は、調査や理論に基づいた正当なものである）

以上の一五項目からは、教科内容の知識や考えといったことよりも指導方法についてのスキルや能力が評価対象となっており、特に歴史科や社会科において必要とされる、資料をもとにした解釈力や議論する力を育てられる教師の育成を目指していることが分かる。ただし、その指導内容や方法から評価に至るまで、かなり精密な知識や思想とともに具体的な実践事例を持っていることが前提となっており、実際にこのような教員を養成することの難しさが容易に想像できる。しかしながら、教育実習期間一五週間、そして教育実習に至るまでの一五週間に要求される読書量やレポート作成数、それらの課題をまとめるポートフォリオの量は、言うまでもなく日本における教育実習やその事前指導をしのぐ量である。このような負担は、教育実習志望の学生の数を制限させる効果も持っている。

結論として、ed-TPA は、歴史的思考力を育成する教員の養成には指導方法の定着という点で、確かに有効な審査（テスト）となりうるだろう。しかし、先述したように、そのような歴史（社会）科教員養成上の基準の必要性は同意しながらも、B大学において、私企業による運営に疑問を抱く教員は少なくはない。教員を育てているのは大学であるにもかかわらず、私企業によってその免許の可否を評価されることへの違和感を覚えると応える大学教員もいる。その教員によれば、ed-TPA の他に、有効なガイドブックは存在するという。シャルロッテ・ダニエルソン（Charlotte Danielson）の『教師教育のためのハンドブック *The Handbook for Enhancing Professional Practice: Using the Framework for Teaching in Your School*』（Danielson 2008）である。このガイドブックを使用する大学教員も多いという。B大学において歴史教育コースを担当するエレーナ教授は、上記のルーブリック評価基準を作成する上で、ダニエルソンのガイドを参考にしているとのことだった。

いずれにしても、エレーナ教授の歴史教育コースのカリキュラムから分かることは、ed-TPA が教員を志望する学生に対して歴史的思考力が育てられるような教育法方法を身につけているかどうか具体的な形で審査しようとしている姿であった。

第4節　イリノイ州の歴史教育が目指すもの

歴史的思考力の育成を枠組みとして、イリノイ州の歴史科目における州の学習スタンダード、および大学における歴史教育を考察した。

スタンダードそのものには大きな歴史学習の枠組みが示されるにとどめられ、ナショナル・スタンダードに見られる歴史的思考力の定義やワインバーグの定義に見られるような、地域や時代などが大きく異なる人々の資料として具体的な歴史的資料の提示はないものの、評価基準であるＳＳＰＤや評価フレームワークのＳＳＡＦには、具体的な歴史的思考力の育成のための指標が示され、その中にはナショナル・スタンダードやワインバーグと同様の考えが示されていた。

州の学習スタンダードに見られる大きな枠組みのみが示されるという様相は、一九九〇年代の歴史スタンダード論争後のナショナル・スタンダードに類似している。一九九四年度版のナショナル・スタンダードが事例として差し込んでいたネイティブ・アメリカンや移民の逸話や、底辺の人々の暮らしを示す日記などの歴史資料といった提示は、大きな歴史論争を生んだ原因となった。イリノイ州の学習スタンダードも歴史の流れの中で、大きな枠組みとも言える主要な歴史的な転換点や、出来事、時代を挙げ、その社会や経済や環境への影響を考え説明することを活動の目標としている。歴史記述の内容が具体的に提示された学習スタンダードでは、異なるエスニック集団によっては受け入れがたいものになる可能性が考えられる。実際に、学校区の反対が根強く、アイオワ州では州スタンダードの策定が不可能となっている。学習するべき内容に踏み込まず、獲得すべき能力や枠組みを提示することで、学習スタンダードは受け入れられる形を形成させていた。さらに、歴史的思考力の育成は、歴史解釈について理解を深める活動として、スタンダードに盛り込まれていることはＳＳＰＤやＳＳＡＦの考察から明らかとなった。イリノイ州の州スタンダードはそうした歴史スタンダード論争の対立を考慮に入れ、作成されたものと言えるだろう。

イリノイ州の学習スタンダードが目指す歴史的思考力は、多様な立場や人々にとってその多様性の数だけ彼らの解釈があるとするワインバーグの考え方とほぼ同じものであった。さらに、高校レベルにおいては、様々な社会的集団やマイノリティを記載し、異なる見方を比較する作業を入れ、歴史家同様の活動を生徒に期待する評価基準は、教科書の枠組みを超え、多様な歴史資料にあたり、これを批判的に考察し再解釈を行わせるといった大学における歴史教育をも想起させる高度なものである。こうした指導の指針を提示し、また大学における歴史教育においてもその教育方法を教授することで、イリノイ州ではより具体的な形で歴史的思考力を伸ばす歴史教育が行われようとしていることが明らかである。

また、ＮＣＬＢ法の施行以来、州スタンダードやこれに基づく標準テストがハイステークス化され、全米で広がる新自由主義の動きがイリノイ州においても見られるが、歴史教育においては順調に思考力育成のための教員養成が進められていることも分かる。二〇一五年に導入された ed-TPA に関しては、その運用方法に課題があるものの、その審査基準では、生徒に対して、歴史的な出来事や現象についての解釈や説明する力、また議論する上で欠かせない証拠を伴った論理性、また主体的にそうした学習ができるような授業を創造できる指導力や授業設計力を持った教師であるかどうかが審査されていることも分かった。

［注］

1　表中に見られる優（Exceeding）、可（Meeting）、一部可（Approaching）、初歩（Starting）は、生徒がどの程度スタンダードのレベルに達しているのかを、その言葉で表現するものである。例えば、範囲（Range）を表す言葉は、優では「大幅に（Extensively）」、可では「すべてに（Fully）」、一部可では「一部に（Partially）」、そして初歩では「狭い範囲で（Narrowly）」となる。こうした評価に使用する用語は事細かに示され、その評価項目は、「範囲（Range）」「頻度（Frequency）」「器用さ（Facility）」「深さ（Depth）」「創作性（Creativity）」「質（Quality）」となっている。

2　二〇〇三年、二〇〇七年に州教育委員会において作成された評価フレームワーク（Illinois Assessment Frameworks）が存在している。しかし、このフレームワークは教育関係者やテスト製作者、政策立案者のために作られたものであり、地域のカリキュラムや州のカリキュラムとして作られたものではないと明記されている。さらに、但し書きとして後述する標準テストの一つＰＡＳＥなどで実施されている社会科学の科目に関しては、このフレームワークに基づいて評価はされていないと記され、実質歴史科目はフレームワークの中に存在はしているものの、そこに記されている内容が学習されているかどうかの査定はしないことを示している。

3　一九五〇年代から六〇年代になると、アメリカではアフリカ系アメリカ人を中心に公民権運動が盛り上がるようになった。そのきっかけは、ローザ・パークスという黒人女性が白人男性にバスの座席を譲らなかったことから始まったとされる。パークスが逮捕されたことにより、社会運動家らと一緒にキング牧師は黒人によるバスボイコット運動を呼びかけ、多くの黒人たちがこれに賛同し、バス会社は経営破綻に追い込まれていった。この運動をきっかけに公民権運動が盛り上がり、人種差別的な経営を行う店などでボイコットや座り込み運動へと展開し、また、司法の場でもプレッシー対ファーガソン判決によって合法とされた「分離すれども平等」の考えを覆すブラウン判決によって人種隔離が違憲と判断された。その後、司法判決を受け、一九五七年にアーカンソー州のリトルロック・セントラル高校において九人の黒人学生の入学が許可された。しかしこの黒人学生に対して、州知事が派遣した州兵や、地域の白人住民によって登校妨害がなされ、結果連邦軍が派遣され護衛を行う事態となった。一九六〇年になると、白人と黒人からなる黒人差別撤廃を求める若者たち（フリーダム・ライダーズ）が乗ったバスがワシントンからニューオリンズに向けて出発するといった運動まで始まる。乗客たちは、各地で暴力や放火など執拗な攻撃に遭うが、黒人運動は一層組織化され公民権を求めて、デモ行進などが各地で行われるようになった。なかでもワシントン大行進でのキング牧師の「I have a dream 演説」は黒人差別の解消と黒人と白人との共生を訴える感動的なものとして有名なものとなり、政府を公民権法の制定に向かわせる大きなきっかけとなった。しかし、一九六四年公民権法が制定された後も、黒人の公民権付与には根強い抵抗が続き、一九六五年のアラバマ州のセルマでは白人警官が行進する黒人の公民権運動家に発砲し、凄惨な映像が全米に放映されることになった。こうした一連の南部での黒人差別撤廃、公民権獲得までの動きを公民権運動と呼んでいる。

4 B大学の教員養成における教師の資質を図る指標である。文化的な多様性や個々人の多様性に対する敏感さ、性格や能力として他者との効果的な協働、個人や専門性や公共のための真摯な取り組み、すべての年齢の学習者や障がいを持つ成人や子どもの尊重といった倫理的側面や、深い知識と一般教養を持ち、多様な学習者への理解や適切な指導力の保持などの知的側面が記されている。

5 この協働作業については、第5章にそのプロジェクト内容を詳述している。

第4章　歴史教育におけるディシプリン・ギャップ

――イリノイ州の教育実習生の事例――

第3章では、イリノイ州において発行されているＩＬ州スタンダードや、社会科パフォーマンス評価基準（ＳＳＰＤ）、社会科評価フレームワーク（ＳＳＡＦ）について、これらが歴史的思考力の育成を重視するカリキュラムであることを明らかにした。さらに、イリノイ州の歴史教育カリキュラムを背景に、歴史教育がどのように行われているのか同州にある教員養成系大学における歴史科教員の養成コースについても、調査及び分析を行った。その結果、イリノイ州では歴史的思考力の育成を図るため行政レベルから教師教育レベルまで一貫して同じディシプリンのもと歴史教育の取り組みが行われていることが分かった。

本章では、イリノイ州の教員養成系大学であるＢ大学の歴史教育コースに在籍する学生に着目する。そして、大学における歴史教育の方法や内容と実習先の歴史教育との間にあるディシプリン・ギャップ（Disciplinary Gap）に対して実習生がどのように感じ、対処しているのかに注目し、このギャップが何に起因するか調査を通じて明らかにした。

第1節　イリノイ州B大学における歴史科教員養成コース

1　調査対象者の選定と調査方法

被験者となる学生らは、将来中等教育機関において歴史科教師になることを目指しており、二〇〇九年九月から二〇一〇年五月にかけて歴史教育コースを選択し、二つのセメスターを通じて教育実習準備と教育実習を行っている。学生は全員、最終学年四年生であった。また、学生から得られたデータを検証するために、教育実習生を受け入れる実習生受け入れ機関の協力教師（Cooperating Teacher）、教育実習期間中に教育実習生を補佐する指導教官（University Supervisor）にも協力を依頼し、インタビューやオンラインサーベイの調査を行っている。

オンライン・サーベイはコースを履修する学生三〇人、大学の指導教官一二人に対して行い、学生には教育実習前と後に、大学の指導教官には教育実習後に実施した。参加依頼は調査目的や方法を知らせた上で教育実習前に口頭で行い、大学のコースを担当するエレーナ准教授を通じて、そのアクセス方法をメールアドレスにて直接学生や指導教官に送った。学生からの有効回答数は、教育実習前が二〇人、実習後が七人、大学の指導教官からが一一人であった。学生からの実習後の回答についてはサンプル数が少ないため、今回の分析では参考としてのみ一部言及するにとどめた。オンラインサーベイは、被験者のプライバシーの保護の観点から無記名による回答とし、サーベイへのアクセスに特別なログインなどは設定してはいない。

インタビュー調査ではB大学のコースを履修する学生から二名、B大学付属高校（実習校）の協力教師から一名を選んだ。学生の被験者らとは、B大学において参与観察を行ったため、非公式ではあるがディスカッションを通じて話を聞く機会を得ている。また、実習生の受け入れ機関の社会科の協力教師（一名）は、終身雇用（tenure）資格を持ち、またB大学の出身者でもあるため、その歴史教育のコースの指導内容やディシプリン・ギャップについても認識を持っている。

調査の実施にあたり大学や調査対象校から正式な許可（IRB）を受け、被験者のプライバシー保護のために、学生の被験者にはグレゴリーとブライアン、歴史教育コースを担当する教授にはエレーナ、協力教師にはロジャーという仮名を使っている。

学生へのインタビューはディシプリン・ギャップをとらえるために、K–12までの学校教育において受けてきた歴史科の授業スタイルや合衆国史の描かれ方と、理想とする歴史教育の指導方法や方向性についての意見、さらにそれを遂行するための自由度をどのように捉えているのか一一項目からなる質問を行った。[1] 協力教師へのインタビューへも同様にディシプリン・ギャップについての考えを知るために、教師自身のK–12レベルや大学のコースで学んできた合衆国史の描かれ方や授業スタイル、そして従来の客観的な歴史観とは異なる歴史観を職に就いてからの指導に採用しているのか、またどの程度自由があるのかについて八項目からなる質問を行った。[2] インタビューの質問項目については、被験者とは異なる二名の現役教師やエレーナ教授やほかに質的調査技法を担当する大学教授らと本調査の目的をもとに精査した。各インタビューは個別に空き教室にて三〇分程度で行った。被験者とは教室での参与観察や雑談を通じての面識があるためリラックスした雰囲気の中で行われ、それぞれのインタビューは被験者の了承のもとIC録音を行った。インタビュー後や授業観察などの間に行われたインフォーマルなインタビューは、メモを取り、これもデータとして記録している。また、コースの授業観察は、二〇〇九年八月より一二月にかけて行い、配布プリントをデータとして収集し、また学生と教授とのやり取りなどをメモに取った。授業は週二回それぞれ七〇分で行われ、観察スタイルは、メリアム（Merriam 1998）が定義する「調査者が被験者グループに知られ、また参加者としての役割も期待されている」という参与観察の形を取った。実際に、グループ活動や討論の際は、討論に参加し意見を述べることもあった。また、被験者全員には調査への協力を依頼し同意を取るために、本研究の目的を事前に被験者に知らせている。

2 調査で得られたデータとその分析

学生と協力教師へのインタビュー、大学における実習前コースにおける参与観察データ、また大学の指導教官のオンライン・サーベイの自由記述の回答から得たデータは、それぞれ質的データとして分析を行った。まず、インタビュー・データはＩＣレコーダーから書きおこしを行い、関与観察のデータとともに、パットン（Patton 2002）のコーディング手法を用いて、データ中に見られる情報の種類や、回答に現れる問題点、葛藤などのカテゴリーに統合および分別を繰り返し、その結果として三つのテーマを浮かび上がらせた（Patton 2002, p. 465–6）。

質的データから得られたテーマの一つ目が、K–12レベルにおける「伝統的歴史教育の経験と新しい歴史教育の芽生え」である。ここでは従来からの伝統的な歴史教育の体験の他に、先行研究にはなかった新しい形の歴史教育の体験が学生の中にあることが分かった。

そして二つ目が、先行研究にもあった「教育実習生を取り巻く環境」である。参与観察や関係者への聞き取りのデータから、被験者である学生の置かれた環境が先行研究のそれとは異なる状況にあることが明らかになった。

最後に導き出したテーマは、本研究の目的であるディシプリン・ギャップが生じる大きな要因として考えられるもの、つまり教育実習生の持つ葛藤であり、またその背景でもある。ここでは、そのテーマである「生徒・保護者・学校事務・学校区とのトラブル：教科書とは異なり論争中の問題などを含む歴史観を扱うことへの不安感」を、その裏付けとして異なる設定での調査を行った先行研究や大学の指導教官からのオンライン・サーベイのデータから検証した。

データ分析において、学生や協力教師らから得られた質的データを検証するために、コースを履修するその他の学生や大学の指導教官を対象に収集した量的・質的データを使用し、その分析の精度を高めた。さらにインタビューから浮かび上がってきたことをテーマに絞り込み得られた分析結果については、後日インタビュー被験者に読んでもらい話し合いながら確認を行った。

第2節　伝統的歴史教育の経験と新しい歴史教育の芽生え

1　伝統的な教育方法への慣れ

スレーカー（Slekar）は、教職課程を履修する学生にとって、K–12期間や大学の講義を長期にわたって経験することで、その指導方法や知識が適切な教育スタイルの概念として支配的な位置を占めていることを論じ（Slaker 1998, p. 486）、「客観的な認識論に基づく歴史の知識を持った歴史の教師や教授の授業を受けることで歴史的な知識は解釈よりも受け取るものとして経験することになる」。さらには、そうした長期にわたる授業観察は教育実習生にとって身にしみついた教育活動として離れがたいものになっていると述べている（Slekar 1998, p. 491）。

こうした教育実習生にとって、当然のものとなっている伝統的な歴史教育観に対して、大学では修正主義者のニューヒストリーや新社会文化史といった歴史観を歴史教育実践にいかに導入していくかを探っている。実際に、本研究でも学生の間にそのような歴史観が重要であるという認識は広まっており、被験者の一人も「一斉授業の罠に引っかからないようにしたい」と語っている。しかしながら、大学の歴史教育コースが行うそうした取り組みにも、また多くの学生たちが修正主義者の歴史観や批判的な思考の必要性を認識しているにもかかわらず、伝統的な授業スタイルや客観主義的な歴史観に回帰するといったことが起こっている。

イエーガーとデイヴィス（E.A. Yeager & J.O. Davis）はこの点に注目し、学生がK–12期間中に受けてきた授業と教育実習での実践との関連性について論じた（Yeager & Davis 1995）。その研究では三人の教育実習を行う被験者たちが「教育実習の過程において、歴史のHowを知る側面を省略したことを認めた（p. 4）」と記している。そして高校や大学で学んだことや教えられたことから大きな影響を受けていたことを発見している。そうした教育実習生の直面する数多くの事態について、ドイルとポンダー（W. Doyle & G. Ponder）は、時間的制限、講義形式の授業への慣れと準備への気安さ、生徒や担任教師（cooperating teachers）からの期待やプレッシャー、そして解釈を行う歴史の授業を行うことへの知識不足といった事柄を挙げ、これらを「実践的価値観（practically ethic）」と呼んでいる。

2 新しい歴史教育の浸透と学生の変化

スレーカーは、教育実習生が伝統的な講義スタイルに後退する要因として、K–12レベルから大学にいたるまで伝統的な講義を長期にわたって経験することによる慣れを挙げ、彼らには伝統的な指導方法や指導内容がもっとも適切な教育スタイルとして支配的な位置を占めていると結論づけている（Slekar 1998）。イエーガーとデイヴィス（Yeager & Davis 1995）もまた学生がK–12において受けてきた授業と教育実習での実践との関連性について研究し、三人の教育実習を行う被験者たちから得たデータが、高校や大学での学習からの多大な影響を裏付けるものになっていると分析をしていた。

スレーカーや、イエーガーとデイヴィスらの先行研究は、教育実習に向かう学生たちにとってK–12レベルの学

表 19　K−12 レベルで受けてきた授業スタイル（学生対象サーベイ）

項目	回答		
一斉授業	ほぼ毎回 75%（15）	ときどき 25%（5）	ほぼ無 0%（0）
対話形式	ほぼ毎回 60%（12）	ときどき 35%（7）	ほぼ無 5%（1）
選択テストの実施	ほぼ毎回 60%（12）	ときどき 35%（7）	ほぼ無 5%（1）
論文テストの実施	ほぼ毎回 15%（3）	ときどき 55%（11）	ほぼ無 30%（6）
プロジェクトや発表	ほぼ毎回 25%（5）	ときどき 40%（8）	ほぼ無 35%（1）
グループ作業や討議	ほぼ毎回 26%（5）	ときどき 58%（11）	ほぼ無 16%（3）

表中にある（　）内の数字は回答者数を示している。

表 20　K−12 レベルの授業で使用してきた教材（学生対象サーベイ）

項目	回答		
教科書	ほぼ毎回 100%（20）	ときどき 0%（0）	ほぼ無 0%（0）
ワークシート	ほぼ毎回 75%（15）	ときどき 20%（4）	ほぼ無 5%（1）
第一次資料	ほぼ毎回 21%（4）	ときどき 53%（10）	ほぼ無 26%（5）
インターネット情報	ほぼ毎回 26%（5）	ときどき 26%（5）	ほぼ無 48%（9）
教科書以外の本	ほぼ毎回 32%（6）	ときどき 32%（6）	ほぼ無 36%（7）

表中にある（　）内の数字は回答者数を示している。

校教育において繰り返し受けてきた伝統的な歴史教育が授業観に多大な影響を及ぼしていることを論じてきた。確かに、本調査で得た学生被験者へのサーベイ結果（**表19**、**表20**）からも、教科書やワークシート（教科書にある重要語句の穴埋め問題や内容理解のための問題など）がほぼ毎回の授業で使われ、授業形式も一斉授業の形で質疑などの対話が入るものであったことが分かる。

インタビュー調査の被験者である学生の二人も、彼らが受けた高校での必修コースの歴史の授業は教師主導であり教科書の内容理解が中心の伝統的なものであったと回答している。

> 教科書を使って先生はそれをコピーするだけで、授業内容や情報はそれから来ていた。ただ章ごとに教科書を読んで情報を知るためにそれを復習する、先生が何を話そうと教科書以外に何の本を読もうと教科書が歴史であり事実でありそれを超えることはできない。

社会科が教えてくれたこと、言うならばそれはいつも講義形式で、僕が取った必修コースは、年代順でワークシートを使い、教科書を読み教科書にある答えをもとにそのシートの質問に答えていく、重要なことが太字になっている。こうしたクラスはほとんどレポートなどなかった。（ブライアン：学生）

（グレゴリー：学生）

グレゴリーは、K–12レベルの歴史教育と大学レベルの歴史コースとの違いを、「大学では、解釈することへの道が突然開けた。歴史はただ石に刻まれたような事実を並べたものではないことを学んだ」と説明している。インタビュー当初、高校と大学の歴史教育の間にあるディシプリン・ギャップを二人とも経験し、スレーカーの先行研究のようにK–12レベルでは解釈し議論するような歴史教育の経験がなかったかのように回答した。しかし、次に印象に残る歴史教育について尋ねたところ、二人の学生の被験者から、ともに高校のジュニア（一一年生）からシニア（一二年生）にかけて履修した選択コースの社会科において、教科書とは異なる内容の教材や資料を使う授業を受けてきたことを語った。

スレーカーの先行研究が行われた一九九〇年代からすでに一〇年以上の年月が経過し、この一〇年間にヴァンズレッドライト、ワインバーグら歴史教育研究者によって客観主義的歴史観や伝統的な歴史教育の方法論への疑問や批判が繰り返され（Fallace & Neem 2005）、ナショナル・スタンダード（National Center for History in the Schools 1996, p. 59–72）や全米各地の州スタンダードにおいて批判的思考力や歴史的思考力の育成が提唱されてきた。その結果、二〇〇〇年代には批判的思考力や歴史的思考力の重要性が大学内だけでなく、中等教育段階の教師の間でも認知が広まっていることが、二人の被験者の経験、つまり伝統的な授業スタイルとは異なる歴史教育の実践にも示されている。

表 21　*Lies My Teacher Told Me* についての見識と考え（学生対象サーベイ）

項目	回答
本同様の知識を前から知っていた	はい 81%（13）　いいえ 19%（3）
どこで得た知識だったか（複数回答）	K-12 レベルの授業 71%（10） 大学における講義 71%（10） テレビ・本 71%（10） 家庭や友人との会話 50%（7）
この本への考え	賛成 100%（16）　反対 0%（0）
この本を授業で使用する	はい 62%（10）いいえ 12%（2）わからない 25%（4）

表中にある（　）内の数字は回答者数を示している。

例えば、被験者のブライアンは、「ナチスドイツとソビエトロシア」と「第一次世界大戦と第二次世界大戦」について学ぶ歴史教科の選択コースを取り、教科書とは異なる歴史の記述との出会いや、疑問を持って調査するといった授業スタイル、暗記型ではないタイプの宿題について語った。そのコースは、従来の合衆国史観とは大きく異なるハワード・ジン（Howard Zinn）の *People's History in United States*（『アメリカ合衆国人民の歴史』[3]）を使用し、第一次・第二次史料から従来の教科書や歴史への視点に疑問を投げかけるものであったという。また、被験者のグレゴリーの回答にも、選択コースでは歴史内容を歴史の登場人物の生活から理解するのではなく、生徒自身の目線や生活から理解するといった教育方法が取られ、従来の歴史観にはない日常生活レベルの視点が導入されていたことが分かった。

サーベイ結果（表19、表20）においても、学生はK-12レベルの歴史教育の経験において、普段から「ほぼ毎回」もしくは「ときどき」論文テスト・プロジェクト・発表・グループ作業・討議といった授業スタイルを取る歴史教育を経験し、使用教材も第一次資料・インターネット情報・教科書以外の本・動画資料（映画など）を使った経験があると回答した学生の数が「経験無」と回答した学生の数を上回っていることが分かる。また**表21**のサーベイ結果からも、学生の中には教科書とは異なる歴史観についての知見をK-12

レベルで得る機会があったことを示すデータも出ており、将来的に授業でこうした歴史観を持った授業を実践したいと考える学生もいることが分かる。これは、インタビュー被験者のグレゴリーやブライアンのように従来の伝統的な歴史教育とは異なる形の教育を経験してきた学生が存在することを示している。

選択コースの歴史の授業を受けたグレゴリーやブライアンにとって、その経験は彼らの目指す歴史教育への考えに結びつくものだった。グレゴリーはその時の教師を「たぶん自分がモデルにしたい一番の教師」だと言及し、ブライアンは教師の豊富な知識量を目の前にし、選択したクラスにおいて従来の教科書の歴史とは異なる視点を得ることができたと答えた。九〇年代に行われたスレーカー（Slekar 1998）やイエーガーとデイヴィス（Yeager & Davis 1995）の研究とは異なり、学生らの中には第一次資料や異なる歴史観を使った歴史教育を経験し、それを実践しようとするものが現れていることが分かる。本調査の結果は、歴史的思考力を育成する歴史教育からの後退や従来の客観的歴史観や伝統的な歴史教育への回帰の要因を、教育実習生のK-12レベルにおける伝統的歴史教育への慣れや、異なる歴史観を用いるような教育実践が未経験であることに求められなくなっていることを示している。実際に被験者の学生は、目指す歴史教育について具体的に次のように語った。

毎回の授業ごとに一つアクティビティを入れることは、その年齢の生徒を動かすのに必要なこと。議論もその中のベストなやり方で一番重要だ。そこで子どもたちは他人の意見を知ることにもなる。（グレゴリー：学生）

僕の理想とも言える授業は、本当は生徒同士が教えあうこと。僕はもっと生徒に自分自身で考えさせたい。ただ受け取るだけというようにはしたくない。（ブライアン：学生）

授業で知識を教えるだけではなく、生徒自身が能動的に歴史について議論を行うといった歴史的思考を育成する教育方法への志向が回答に現れており、先行研究の示すような学生の伝統的な歴史教育以外の教育への知見不足というのはこの両被験者にはあてはまらない。

第3節　教育実習生を取り巻く環境

1　学校現場の多忙な環境と教師の思い込み

ヴァン・ホーヴァーとイエーガーの研究（Van Hover & Yeager 2004）は、歴史的思考を取り入れた授業方法を敬遠する原因について、その阻害要因や環境を三人の新任教師への調査によって明らかにしている。即ち新任教師は「多くの担当授業、さまざまな準備、「理想的」とは程遠いクラス、授業外に課せられる指導、少ない教科資料、大学からの皆無に近い支援、思想に関する課題、専門性による孤立、不適切な給与、保護者からの高い期待、教育行政からの支援不足、日常の仕事やその手続きに関する知識不足、そして彼らの教育期待と現実の教室との間にあるギャップ」に直面していた（Van Hover & Yeager 2004, p. 10）。

ヴァン・ホーヴァーとイエーガーの研究に現れる三人の被験者たちは、それぞれの学校やクラスの環境は違っていてもそれぞれ講義中心の歴史教育に依拠していることが分かった。例えば、ある教師はＡＰ[4]（Advanced Placement）のクラスの優秀な生徒たちを指導していが、生徒は歴史的思考をする能力を持っており、第一次資料を用い歴史的解釈を行う授業をすることが可能であると考えながらも、ＡＰテストのための準備に追われることでそのための時間に拘束されていると答え、一方で通常の歴史のクラスでは生徒の能力不足で歴史的思考を用いた授業は適切ではないと教師自身が考えていた。またインナーシティに位置する高校で歴史教育に当たっている教師は、生徒の低レベルの精神的な成熟度が、歴史的思考を用いた歴史教育を行う上でバリアになっていると答えている。調査の結果、三人の新任教師たちは、「講義方式の授業は、内容を紹介する上で最も効率的なものであり、出来事を事実として覚えることが最重要な評価として（Van Hover & Yeager 2004, p. 14）」利用していることを明らかにしている。また、九〇年代からナショナル・スタンダード、州スタンダード、ハイステークス・テストは強調され、教科書の全内容をカバーすることが教師への大きなプレッシャーとなっており、こうした状況が新任教師や教育実習生に対して、ニューヒストリーなどを使った歴史教育の実践を敬遠させてきた原因であると研究者らは論じている（Barton & Levstik 2003; Vansledright 2000; McGuire, 1996）。

2　大学からの指導教官による支援体制

ヴァン・ホーヴァーとイエーガー（Van Hover & Yeager 2004）は、伝統的な授業スタイルに回帰する新任教師が、時間不足や、さらに生徒の学力不足や精神的未熟さ、そして教科書の内容をすべてカバーするよう学校や生徒からプレッシャーがかけられていること、支援が得られず孤立していることを語っていることを明らかにした。こうした教師を取り巻く状況は、新任教師や教育実習生が、歴史的思考を育成する歴史教育の実践を敬遠させる要因となってきた（Barton & Levstik 2003; Vansledright 2000; McGuire 1996）。

調査を行ったB大学では学生たちが教育実習期間中に孤立しないよう、また実習先の協力教師と話し合いながら授業プランを実践できるように、二〜三人の実習生につき一人ずつ大学の指導教官（University Supervisor）がつくという支援体制が整っている。こうした指導教官らは、高校や中学の元歴史科教師であり、学校区の学校運営者や校長、教師と深いつながりを持っている。実習校での協力教師・校長・保護者との間に立って問題解決にあたったり、授業プランの評価やアドバイスをしたり、教育実習中の全体的評価を行ったりするのが大きな役割となっている。エレーナ教授は、大学のコースにおける歴史教育の考えについて定期的にミーティングを持つことによって可能な限り指導教官らと情報共有を図っていることを述べている。本調査でも一人の指導教官と三日間行動を共にし、その指導の様子を観察した際、指導教官は一週間に一度のペースで担当する実習中の学生のもとを訪れ、授業を参観したり授業後に授業改善のためのアドバイスを与えたりしていた。教育実習生がその授業プランを実践するにあたって、協力教師の指導方法やシラバス、年次計画、学校方針などと折り合わず実践が困難になった場合どうアドバイスするのかサーベイにおいて質問したところ、指導教官らから次のような意見が返ってきた。

- その困難性による。もし実習校の要求が不当なもの、プロらしくないものであれば介入し、また実習生が不当なもの、プロらしくないようなことをしないよう助言するだろう。しかし実習生が反発する学校の要求が実習生にとって不当なもの、プロらしくないものと言い切れるものでなければ実習生に受け入れるよう助言する（W：指導教官）
- 指摘したいことはどんな学校環境であれ若い教師は同意できないような人々や状況にぶつかることがあることだ。しかしそれは仕事の一つであり、それにどう対処するかを学ぶべき。協力教師との間に立って指導しようとはするだろうが、学校の方針やシラバスなどは大学の指導教官の指導できる範疇を越えている（X：指導教官）
- 彼らには学校環境の制約の中でその能力をいかんなく発揮する必要があると言い聞かせている。いつも教職教師を尊敬するよう、また彼らが与えてくれる自由の範囲内で最善を尽くしなさいと言っている。実習生が革新的創造的なことができるように支援するだろうが、協力教師と一緒に仕事をしているという事実を尊重

すべきだ（Y：指導教官）

• 少しのことから始めて少しずつ変化させる。その成功性が協力教師に見えたならば、新しいことへの挑戦を喜んで受け入れてくれるだろう。価値があるか成功するかどうか何であれ、実習生にその考えや活動をクラスで挑戦させてくれるかどうか協力教師と話し合うことだ。もし大きな衝突が起こりそうなもの、全く不可能なものならば避け、私のところに来て一緒に更なる方策を話し合うことだ（Z：指導教官）

指導教官の中には協力校や協力教師との摩擦を避けることを第一に考えている人もおり、足並みが揃っているわけでないことも確かではあるが、回答からは、学生がその授業プランにおいて新しい試みを始めようとすることに協力的であり、協力教師や学校との間の摩擦を考えながら助言・指導し適切に対処しようとしていることが分かる。また、ディシプリン・ギャップがあったとしても、新しい歴史教育に挑戦しようとする学生に対して積極的に支援していこうとする指導教官の姿も見られる。

協力教師もまた教育実習生の挑戦に対して支援の立場を明らかにしている。インタビューを行った協力教師ロジャーは、自らも高校のみならず大学における歴史学の講義でも客観主義的歴史観に基づく歴史教育を受けてきたこと、大学において異なる視点を持った歴史観や歴史教育に出会った後、新任教師として赴任した学校では教科書や指導スタイルを自由に選択できなかったことを回顧した。そうした経験から、B大学の付属高校における教師の裁量権の大きさに魅力を感じ、また教育実習生が大学から持ち込む教育実践を支援していると答えている。ただ、彼は教育実習生が新しい歴史教育に挑戦することに対して次のように回答した。

教育実習生は単にどうやって教えるかを学んだにすぎない。教える内容自体への理解も、時にはとても限られたものだったりする。アカデミック・フリーダム（筆者注：学問的自由）もいいが、同時に教育実習生が理解すべき点は、どこで問題が発生するのか、自分が何をやっているのか分かっていないことだ。それをここでは彼らに知らせている。（ロジャー：協力教師）

つまり、教育実習生が大学で歴史的思考を用いた授業スタイルを学びそれを実践しようとしたとしても、その授業を受ける生徒がそれにどう反応するか、またその反応に対して彼らがどう対処し指導していくかまで含め、問題が発生するかどうか予期するスキルを持ち合わせていないことに言及したものである。協力教師として新しい歴史観や指導方法に挑戦する教育実習生を受け入れ支援し、試行錯誤させることで失敗や成功の要因をつかませようとする姿が見えてくる。ヴァン・ホーヴァーとイエーガーの調査に見られるような、歴史的思考を用いた授業がどんなクラスにおいても実施が不可能であるという環境とは異なり、今回の調査対象の教育実習生には完全ではないもののの支援や協力を得る機会が与えられていることが分かる。

第4節　実習生の葛藤とディシプリン・ギャップの背景

1　心地よい保守的な歴史観への回帰

ジェイムズ（David James）が教育実習生に対して行った調査も同様に、歴史的思考を用いた授業への取り組みに対して教育実習生がしり込み同様の状況を浮き彫りにしている。調査は、教育実習生の興味深いパラドクスを次のように記している。「学生は、自分が生徒だったときに受けた暗記型の歴史教育方法よりも、歴史を探究することにより興味を抱くが、いざ自分が教室で教師として教える立場になると、そのような歴史探究型の方法を採用しない傾向がある。(James 2008, p. 172)」そうした教育実習生の傾向について、ジェイムズは次のような要因を挙げている。経験不足から来る不安感、保護者や同僚や担任教師、そして教育行政官がどう彼らの授業を評価するかといった関心、そして論争中のトピックを扱うことの適切性についての疑問である(p. 183)。この研究は、小学校における教育実習に焦点をあてており、中等学校におけるそれとは同じ状況とは言えないものの、教育実習生の語った、教科書から抜き出された「ベストストーリー」を生徒は学ぶべきであるという意見は、ジェイムズによって次のように結論づけられている。こうした意見を持つ「教育実習生や生徒にとって、教科書や標準テストの中心的役割によって承認されることは、彼らを最も心地良くさせるストーリーであり、個々のストーリーを保有することの特権性と(その考えは)つながっている(p. 196)。

ヴァン・ホーヴァーとイエーガーやジェイムズの研究は教育実習生と新任教師が直面する環境が、彼らに一斉授業中心の授業スタイルや教科書の内容に従わせるものであることを明らかにしている。これらの状況に加えて、両者には歴史的思考を用いた歴史教育に対してタブー視するような偏った考え方や、生徒の第一次資料を使う能力への懐疑という、教師自身の持つ歴史的思考型の授業への考え方がその導入を渋らせていることがうかがえる。教師の中には低学力の生徒や小学生にはそのような歴史教育が不向きであると考え、その能力があるとされるＡＰクラスにおいては、歴史的思考型の授業をする時間がないと判断している。

2 調査から見えてきたディシプリン・ギャップの生起要因

先に記した協力教師の回答には、異なる歴史観や様々な資料を教材として使用する際に、何が起こるのかを認識する必要があることが述べられていた。つまり、様々な考え方を持った生徒や保護者の存在を意識した発言であっ

表 22　*Lies My Teacher Told Me* についての大学指導教官の見識や考え

項目	回答
学生が教科書とは異なる歴史観を持つローウェンの本を読んでいることを知っているか	はい 55%（6） いいえ 45%（5）
学生が教育実習においてローウェンの本にある論争中の題材や考えを使うことをどう思うか	同意 43%（5） わからない 45%（5）　反対 9%（1）

表中にある（　）内の数字は回答者数を示している。

た。次に指導教官に、従来の歴史教科書とは異なる歴史観を持つローウェンの本 *Lies My Teacher Told Me* についての見識や考えを聞いたところ**表22**のような回答が得られている。

そこでは、約半数の指導教官がローウェンの本が大学のテキストとして使用されていることを知らないと答える一方で、一一名中五名の指導教官は実習においてローウェンの本を使用することへの同意を示した。インフォーマルではあるが、エレーナ教授はB大学の指導教官の間に、歴史教育について意見の相違があること、つまり大学の志向する歴史教育やローウェンの本をテキストとして使用することに異なる意見を持つものもあると話している。

こうしたローウェンの本に対する指導教官の不揃いな意見を反映してか、学生の被験者であるグレゴリーとブライアンは、当初インタビューにおいて高校における選択コースにおける体験から、理想とする歴史教育実践に意欲を示していたが、ローウェンの本に出てくる論争中の問題や異なる歴史観を教育実習で使うことについて意見を求めると、その返答は消極的なものへと一変した。

僕たちはハワード・ジンやローウェンを通して歴史教育コースの中で脅かされている。本には内容で教師が解雇されたり罰せられたり、論争中の問題はそれだけ厳しい。僕は頭がおかしくなりそうなくらい驚いた。というのも、心の中では

もっと論争中の問題について学んでいこうとしていたから。（グレゴリー：学生）

思うに論争という言葉は（…沈黙…）、思うに人々は好んで（…沈黙…）彼らはその言葉を使うとき（…沈黙…）、僕は基本的に分からない（…沈黙…）。分からない。その言葉に僕が問題を持っているみたいだ。論争、この言葉を打ち破ってしまいたい（…沈黙…）。僕はそれについてとてもナーバスだ。僕はそれをすることは怖い（…沈黙…）。どれくらい僕が論争中の問題を教室に持ち込めるかは分からない。つまり実際、ただトラブルに巻き込まれないことを願うだけだ。（中略）いつも観客については考慮に入れておかなければならない。けれど、アフリカ系アメリカ人の生徒を教えるとき、奴隷制をどう教えるかについての考えは持ち合わせていない。僕は分かるとおり白人だから（…沈黙…）。（ブライアン：学生）

多文化的な内容を盛り込んだ歴史教育に端を発した一九九〇年代のナショナル・スタンダード論争以来、従来のWASP中心の合衆国史観による基礎的知識を教えるべきとする保守派とヴァンズレッドライトらの歴史教育改革との間で論争が繰り返されている（Fallace & Neem 2005）。教室におけるタブーとされるトピックとしては、これまでトラブルを招くものとして「中絶、ポルノ、個人や家族の問題、猥褻な言葉、宗教上の信条、性教育、学校行政批判」といったものが挙げられてきた（Evans, Avery & Pederson 2000, p. 297）。しかしこうしたトピック以外にも、全米を巻き込んだ多文化教育への批判以来、教師は保守派の保護者や生徒からの批判を恐れ、合衆国史にネイティブ・アメリカンやアフリカ系アメリカ人、また移民の視点などを入れることに慎重になったと考えられる。ローウェンの本に見られるような歴史観を教育実習で使用することに賛成し支援する指導教官や協力教師も存在しているにもかかわらず、ブライアンやグレゴリーはローウェンの本に見られるような異なる歴史観を教育実習において使用することに対して不安感を持ち葛藤を覚えている。そして、実はその不安感が教育実習生だけのものではないことが、協力教師ロジャーの回答にも見ることができる。

もしその教科書が論争中の内容を扱っていたら、学校区は採用しないだろう。彼らだって議論の的になりたくないからね。（中略）事態は極端なまでに否定的なものだし、私たちはそのことについて話さない。もしそれについて教育の現場で話しをしたら、実際トラブルに巻き込まれるだろう。高校教師が恐れることの一つは、自分たちが物事に対する個人的な視点を失っていくことだと思う。誰かの怒りを招くようなことはしたくないからね。（ロジャー：協力教師）

二人の学生とロジャー氏の回答から、それぞれが教育現場で起こりうる生徒や保護者との間のトラブルを強く意識していることがうかがえる。多様な文化や意見が混在する社会において、必修コースの歴史教育において教科書とは異なる歴史観や意見を提示することは、ＷＡＳＰ文化をアメリカ文化と信じる一部の保守的な人々にとって受け入れがたいものであることは、ロジャー氏の発言から明らかである。教科書の記述と異なる資料を提示し、一部の保守派の生徒や保護者、学校事務官や学校区から批判を受けた場合、その資料や教育方法の正当性を弁明することを求められる。その授業や発言に対して常に責任を負っている教師にとって、州スタンダードがいくら批判的思考力や歴史的思考力の育成を挙げたとしても、トラブルへの不安感が解消されないことがある。周囲からの支援や協力、そして理解がありながらも、このような不安感が実習生や新任教師を伝統的な教科書中心の歴史教育に回帰させていたのである。

ジェイムズ（James 2008）は小学校社会科における教育実習生を対象として調査を行い、彼らが伝統的な歴史教育に固執している姿を目の当たりにした上で、子どもには歴史的解釈はできない上、伝統的な歴史観に基づく心地良いストーリーを教えるほうが適切だという実習生の回答を耳にしている。ジェイムズは、教育実習中の学生の豹変ぶりを経験不足、保護者や同僚や協力教師からの批判、そして学校事務官によって行われる授業評価のための準備、そして論争中の問題を扱うことの適切かどうかの判断ができないことからなる「複雑に絡んだ不安」にあるのではないかと推測した（p. 183, 198）。本調査は、学生が逆に新しい歴史教育への挑戦を望む中で不安感との間で葛藤している姿を浮き彫りにし、これを実証できたことになる。

また歴史教育に焦点をあてた研究ではなかったが、ミスコとパターソン（T. Misco & N.C. Patterson）は、教育実習生の持つ学問的自由がどの程度あるのかを明らかにするため、彼らが論争中のトピックを教えられるか、障害は何かを調査している。教育実習生は、学びにおける学問的自由が重要なものであるという認識を示す一方で、論争中のトピックは「他者に不愉快な思いをさせているのではないかという不安」、「報復行為への恐怖」、もしくは「コントロール不可能な何かを始める不安」を想起させることを明らかにし、教育実習生は保護者、生徒、学校事務官とのトラブルを避けるためにも論争中の問題を授業で扱うことを躊躇するケースが多いことを論じた（Misco & Patterson 2007, p. 534）。まさに、歴史教育において論争中のトピックはローウェンの本にあるような異なる歴史観であり、ミスコとパターソンの研究にあるような不安感や恐怖を感じている。

本研究の調査において、教育実習後学生にサーベイを行ったが三〇名の受講者のうち七名のみの回答にとどまった。その回答から結論を出すことは難しいが、七名の回答者のうち五名はアカデミック上の自由や教育方法上の自由を感じていたと回答している。また、二名が実際にローウェンの本を実習で使用し、三名の学生が使用することは適切であると回答した。この回答者数から一般化することはできないが、確実に数名の学生は教育実習において新しい歴史教育の実践に挑戦することができている。つまり、新しい歴史教育についての体験・知識を持った学生が支援を受けながらディシプリン・ギャップを埋めるような教育実践を行っているのである。大学における教職課程カリキュラムの変化から、ここ一〇年の間に異なる歴史観を扱うことや歴史的思考力を養成する重要性の認識は広まってきたものの、依然として保守的な人々から批判にさらされたときに弁明できる十分な知識や経験が不足している。噂話のように聞こえてくる生徒や保護者や学校から来るかもしれない苦情や批判への不安感、伝統的な授業スタイルを用い歴史教科書に沿った内容を教える安心感が、ディシプリン・ギャップを生みだす大きな要因になっていることが分かる。

第5節　イリノイ州のディシプリン・ギャップから見えてきた歴史教育改革の課題

今回実施した調査から浮かび上がってきたことは、ディシプリン・ギャップを引き起こす主たる要因は、先行研究が示すように教育実習生が伝統的な歴史教育に慣れきっていること、また歴史的思考力を育成するような歴史教育を体験してこなかったこと、孤立した教育実習環境にいることだけではないということである。むしろ調査から見えてきたことは、多様な人種・民族・宗教に対して非寛容的な保護者や生徒に対して教師がナーバスになっていること、そして従来の歴史教科書とは異なる歴史観を使用する教育への批判が保守派と改革派の論争などを通じて見聞されてきたこと、それらが教師や教育実習生に不安感や恐れを抱かせ、教科書中心の伝統的歴史教育へと回帰させる大きな要因となっていることだった。ディシプリン・ギャップを生み出す問題は、教師や教育実習生の不安を取り除くため、教育実習生を受け入れる学校や教育実習生・教師の間に、批判に対応できるだけの理論的知識の共有や、学問的自由が保障する体制が十分でないことが考えられる。結果として、不安に苛まれる教師や教育実習生は伝統的な講義スタイルや教科書準拠型の授業に回帰せざるを得ない状況となっている。

イリノイ州のケーススタディから明らかになってきたことは**図10**のように行政レベル、大学における歴史科目の

図 10　イリノイ州の事例から明らかになったディシプリン・ギャップ

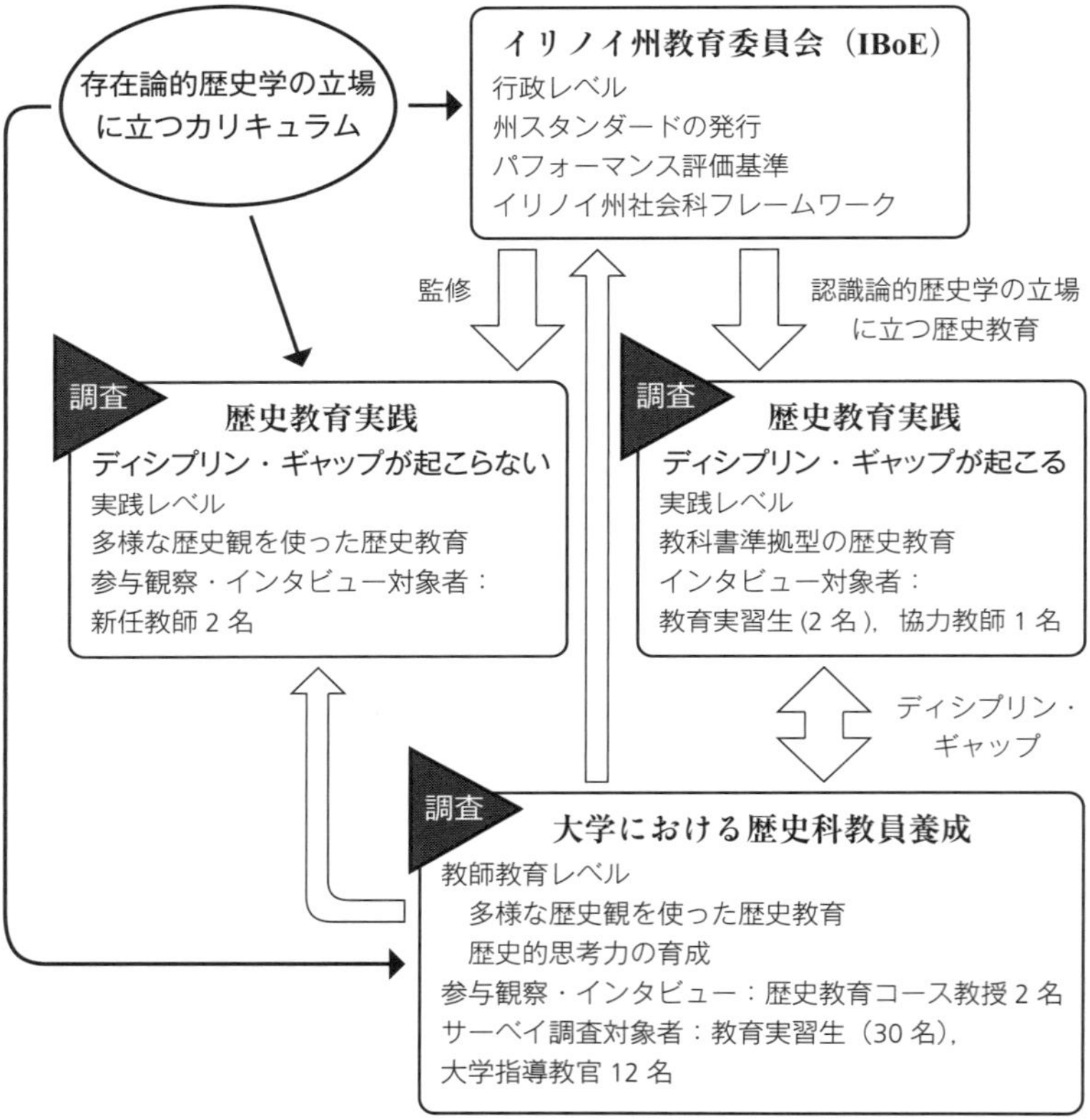

存在論的歴史学の立場に立つカリキュラム
イリノイ州教育委員会（IBoE）
行政レベル
州スタンダードの発行
パフォーマンス評価基準
イリノイ州社会科フレームワーク
監修
認識論的歴史学の立場に立つ歴史教育
調査
歴史教育実践
ディシプリン・ギャップが起こらない
実践レベル
多様な歴史観を使った歴史教育
参与観察・インタビュー対象者：
新任教師 2 名
調査
歴史教育実践
ディシプリン・ギャップが起こる
実践レベル
教科書準拠型の歴史教育
インタビュー対象者：
教育実習生 (2 名), 協力教師 1 名
ディシプリン・ギャップ
調査
大学における歴史科教員養成
教師教育レベル
多様な歴史観を使った歴史教育
歴史的思考力の育成
参与観察・インタビュー：歴史教育コース教授 2 名
サーベイ調査対象者：教育実習生（30 名），
大学指導教官 12 名

教員養成のレベルにおいてはディシプリン・ギャップが起こっていないにもかかわらず、歴史教育の実践レベルにおいて実習生は、教科書に準拠する歴史教育の方法や歴史観を用いるといったように、認識論的な歴史観に回帰するといった現象であった。本章において調査を行った教育実習生のインタビューやサーベイ調査から、ディシプリン・ギャップが起こっていることとその生起要因について明らかにすることができた。

近年、第一次資料を使った授業や生徒の批判的思考能力の育成を奨励する動きは広まりつつあり、一部の社会科教師の自由な裁量のもとに選択コースの中に組み込まれ、生徒の選択の範囲で行われるようになった。被験者ブライアンはそこで教師の豊富な知識量に触れるだけでなく、選択コースで教科書とは異なる歴史観を知り触発され、グレゴリーも同じように選択コースで異なる視点を知ることに興味を抱くことになった。異なる歴史観を持ち歴史的な思考を促す教育を受けた経験は彼らに新しい歴史教育の持つ意義を認識させ、教育実習での実践をイメージさせるほどのインパクトを残している。こうした体験や大学における歴史教育の変革が進む現在、大学とK-12レベルの歴史教育にあるディシプリン・ギャップは、より一層目につきやすいものになりつつある。特に、近年多くの教師や教育実習生が歴史的思考を用いた歴史教育の必要性を認識するようになり、その実践において不安感を抱え葛藤している。ディシプリン・ギャップを解消するには、大学の教職課程において教育実習校や学校区との情報を共有し、実習先の協力教師や大学の指導教官と連携することで、実習生が様々な歴史観を持ち込めるような学問的自由が保障される環境を確立することが鍵となる。

次の第5章では、そのような環境について条件や可能性を探る。前ページにある図10にも見られるとおり、歴史教育におけるディシプリン・ギャップが見られない、つまり教育実習生が様々な歴史観や歴史教育の方法を使って、大学において学んだ歴史教育のレッスンプランを行うには、どのような環境が必要であるのかを考察する。

［注］

1　実習生へのインタビューの質問項目は以下のとおりである。

1. What do you remember about the way social studies was taught to you when you were in school?（学校では社会科で教えられたことについて思い出すことは何ですか）
2. Where did her/his lessons come from?（その教師の指導方法は何に由来するものですか）
3. Please describe social studies home work in high school.（学校での社会科の宿題はどんなものでしたか）
4. What is the big difference between history which you've leaned high school and that in college?（高校と大学とで学んだ歴史で大きく違うことは何ですか）
5. How will you develop a teaching plan and teach history for pre-service teaching?（教育実習において授業計画や歴史の授業をどう発展させますか）
6. What is your idealistic instruction for history education? Please give me an example of your instruction.（あなたにとって歴史教育における理想的な指導法は何ですか。例を挙げてください。）
7. When you have your own classroom, what will help you become a better teacher?（自分のクラスを持ったときに、どんなことがいい先生になるのに役立つと思いますか）
8. Please describe what and how you will teach social studies when you have your own classroom.（自分のクラスを持ったときに、社会科にどんなことをどのように教えると思いますか）
9. How do you address the new historical perspective in the classroom?（新しい歴史観を教室でどう扱いますか）
10. How do you think academic freedom on pre-service teaching in high school?（高校における教育実習における学問的自由をどう思いますか）
11. How do you think to teach about controversial issue or topic for high school student?（高校生に論争上の問題やトピックを教えることをどう思いますか）

2　協力教師へのインタビューの質問項目は以下のとおりである。

1. What do you remember about the way social studies was taught to you when you were college student?（大学生のときに教えられた社会科教授法で覚えていることは何ですか）
2. What is the big difference between history which you've leaned high school and that in college?（高校と大学で学んだ歴史で大きく違う

ことは何ですか）

3. Once you are teaching full time, what would be the advantage of your implementing teaching pedagogy taught in college course in your classroom?（フルタイムの教師になって、大学で教えられた教授法を教室で活用する中で役立ったことは何ですか）

4. What is the element to distort your implementing teaching pedagogy in classroom?（あなたの教授法を教室で実践する上で障害になっていることは何ですか）

5. How will you develop a teaching plan and teach history for pre-service teachers?（教育実習生の授業計画や歴史の授業をどう高めていますか）

6. When you have your own classroom, what will help you become a better teacher?（自分のクラスを持ったとき、いい教師になるために役に立つことは何ですか）

7. How do you think academic freedom on pre-service teaching in high school?（高校の教育実習活動における学問的自由についてどう思いますか）

8. How do you think to teach about controversial issue or topic for high school student?（高校生に論争上の問題やトピックについて教えることをどう思いますか）

3　日本語版　猿谷要監修・富田寅男・平野孝・油井大三郎訳『民衆のアメリカ史　一四九二年から現代まで（上巻・下巻）』明石書店

4　AP（Advanced Placement）のコースとは、大学レベルのコースを高校段階で受講できる高校の選択コースの一つ。高校によって内容は異なるが、試験にある自由記述問題に対応するために、例えばAP対応の合衆国史のクラスでは第一次資料を分析する能力の育成が図られ、授業では教科書以外に学術雑誌に掲載された論文なども用いることがある。コース修了時には試験を受けるが、その結果が良好な場合は大学における習得単位として認定される。なお、アメリカでは、公立大学などにおける授業料は履修単位数に応じて決められるため、高校生の段階で大学レベルの単位を習得することで時間や費用を節約することができるという利点がある。このAPプログラムを設置しているのは、大学進学適性試験（Scholastic Assessment Test：SAT）の運営団体として知られるカレッジ・ボード（The College Board）という民間団体である。

第5章　教育実習生支援とネットワークの構築

第3章での検討結果が示すように、イリノイ州の歴史カリキュラムが歴史的思考力の育成を重視しており、それによって歴史的史料などから解釈するスキルや能力を伸ばすための評価基準やフレームワークが作成され、教師のための指針としてイリノイ州教育委員会から発行されてきたことが分かった。しかし、同時に歴史教育の現場では、ワインバーグの主張する歴史的思考力の育成と切り離すことのできない存在論的な歴史学の観点、つまり伝統的なWASP中心の合衆国史観に対して異なる視点を用いて批判的に歴史学習を展開するには、歴史科教師や実習生の側に、保護者からの批判に耐えうる十分な理解や教育理念の準備が不足しているということ、また学校管理者と大学との間でも歴史教育の考え方についての十分な共有がなされていないという状況があることも分かってきた。一人の教育実習生、新任教師だけでは新しい歴史観を用いた歴史教育を実践するには、学校現場の情報や彼らへの支援が不足しており、不安を抱えながら実践を行うか、現実的には論争中のトピックを回避し従来通りの伝統的な歴史教育や、教科書の歴史観に依拠することで、保護者や学校管理者からの批判を回避する方策を取らざるを得ない現状があった。

本章では、こうした孤立しがちな教育実習生の環境を改善すべく、イリノイ州B大学の教員養成課程において新たに行われた「協働的教育実習活動（Collaborative Student Teaching）」のプロジェクトとネットワーク構築について、その意義や可能性について考察を行う。この活動は、歴史学を担当するエレーナ教授と大学指導教官（university supervisor）を務めるラニング教官によって二〇〇九年一二月より開始されたものであり、そのプロジェクトの目的は「教育実習活動期間において教育実習生同士にあらかじめ設定された相互のやり取りをさせることで互いに学び合うこと」[1]にある。また、歴史的思考力の育成を目指すにあたり、大学による教育実習生の支援と実習生同士や教師同士のネットワークづくりが果たす役割についても考察を行う。

第*1*節　教育実習生支援システムの概要

1　調査の目的および方法

イリノイ州の教員養成校であるB大学では、先述のとおり二〇一〇年度より教育実習生をネットワーク化するプロジェクトが始まっている。エレーナ教授によると、これは、教育実習活動が孤立しがちなもの、もしくは実習先の教室という孤立した空間で行われていることから、実習生の連携に対する意識を高めることで孤立感を減らし連帯感を持って実習を行えるようにという意味も持っているという。日本において、教師は職員室において同じ教科だけでなく、学年や業務といった様々な共同作業にあたっている。しかし、アメリカの中等教育機関では、教室は教科ごとに分けられ、それぞれの教科教室に一人の教員が割り当てられている。教室には、教科の教材や教具が並べられ、壁には生徒の作品や教師が作成した資料やポスターが張られ、教師専用の机には家族の写真などが並べられていることが多い。つまり、アメリカの場合、教師は割り当てられた教室にひとたび入ってしまうと、ほかの教師と話すこともなく勤務を終えるような環境にある。

B大学では協働的教育実習活動のプロジェクトの他に、教師教育改革の取り組みのひとつとしてインターネットによるポートフォリオの電子化がある。従来、教職課程のコースでは、紙媒体による教師からの課題の提示、そして学生からの課題提出が行われてきた。しかし教職課程においては、ポートフォリオの作成を重視するコースが多く、すべてのコースを取り終えるころには、多くのポートフォリオ（ファイル）が棚を占拠することも少なくない。当然ながら、これらすべてのポートフォリオを抱えて教育実習先に行くことはほとんど不可能である。ポートフォリオの電子化は、課題の史料や調べた資料など、テキスト・画像・動画などをすべて一ヵ所に保存することができ、さらにインターネットさえあればどこででも見たり活用したりすることを可能にする。また、大学から離れた実習先の学生に対して課題を出したり提出させたりすることもできる。

第４章では新しい歴史教育に躊躇する学生の姿を追ってきたが、本章では、彼らとは反対に教科書に依拠しないで様々な資料を活用しながら教育実習を行うことのできた元教育実習生の二人にも着目した。二〇一〇年の調査段階においては、すでに大学を卒業し教師になったばかりの二人の新任教師であったが、彼らに実習先での体験や環境についてインタビューを行い、協力教師・同じコースを取っている友人との関係や、実習校の特徴などに共通点を見いだすことができた。

Ｂ大学の教職課程におけるポートフォリオの電子化、プロジェクトを通じた実習生同士のネットワーク化という動向から、歴史的思考力を育成するための歴史教育の実践に必要な環境とは何かについて次の三点から明らかにする。

（１）ディシプリン・ギャップを体験しなかった元教育実習生にはどのような環境が備わっていたのか
（２）ディシプリン・ギャップを解消するための大学側の取り組み、「協働的教育実習活動」はどのように実施され、どのような効果があるのか

表 23　教育実習生支援についての調査対象

	調査対象	調査時期	調査方法
1	元教育実習生 アンディ，ブレンダ	2011 年 3 月	教育実習についてのインタビュー調査
2	大学指導教官クライブと実習生（エマ）指導	2011 年 3 月	教育実習活動における大学指導教官の役割についてのインタビュー調査と指導観察。
3	エレーナ教授	2008 年 10 月– 2011 年 3 月	歴史教育のコースについて参与観察。また，コースやプロジェクトに関するインタビュー調査。
4	協働プロジェクトに参加した実習生	2010 年 8 月– 2010 年 12 月	サーベイ調査および自由記述調査（エレーナ教授によって実施された）
5	E–ポートフォリオを使用した学生・教師	2010 年 1 月– 2010 年 3 月	サーベイ調査およびインタビュー調査

（3）大学での歴史教育を実習校で実践反映させるために必要な支援環境とは何か

この三点を明らかにするために、本章では**表 23**のとおり調査を行っている。調査対象となっている人物の名前は仮名である。

まず、大学において学んだ歴史教育の方法を実践することができた教育実習生に関する調査は二〇一一年三月に、教育実習を終えたばかりの新任教諭のアンディとブレンダに対して行った。二人は、大学において歴史教育を指導したエレーナ教授から紹介を受け、二人に連絡を取って授業を参観したのちにインタビューをそれぞれ三〇分から四〇分間行った。両者それぞれ同学年であり、アンディの作った教師のネットワークに所属している。そして、二人は現在シカゴ市内の貧困地区にある高等学校において教育活動を行っていた。両者の指導方法や内容は、教科書に準じたものではなく、教科書の歴史観とは異なる様々な資料を駆使したものであった。伝統的な歴史教育とは異なり、生徒に様々な解釈を行わせ思考させる授業に取り組んでいた。

その他に、大学の教職コースを担当するエレーナ教授、大学と教育実習校間を調整する大学指導教官クライブに協力を得て、教育実習活動中の学生エマの実習を観察した後に、授業後の指導に同席し指導の様子もまた観察した。また、三人にはインフォーマルな形でインタビューも行った。

また、二〇一〇年八月から一二月にかけてエレーナ教授の主導のもとに行われた「協働的教育実習活動（Collaborative Student Teaching）」プロジェクトにおいて実施されたサーベイ調査で得られたデータも用いている。データは履修生五〇人のうち、教育実習生三一人から有効回答を得られている。また、二〇一〇年一月から五月にかけて行った電子化されたポートフォリオ（以下、E-ポートフォリオ）の実践に関する調査も行っている。これに関しては、E-ポートフォリオに関わる教員、学生、スタッフにその効果や課題についてインタビューやサーベイ調査を行った。

2 大学指導教官によるサポート

教育実習活動を行うにあたって、B大学に限らずアメリカでは大学と実習校の間で円滑に実習が行えるように大学指導教官が雇用されている。それぞれのB大学の大学指導教員に話を聞いたところ、ほとんどの大学指導教官は、長年の教師経験を持つ、いわば学校区におけるベテラン教師であった。実習校の教師とも顔見知りであり、また歴史の教師としての経験から実習生に有効な指示や注意を与えたり、また実習校における実習生の活動を後押ししたりする役割も担っている。大学指導教官は、（一五週間）にも及ぶ教育実習期間中、最初の週に加えてその後二週間ごとに実習生を訪問し、実際に指導の様子を見たり、その後アドバイスや成績評価を行ったりといった教育実習生の指導にあたる。その際、教育実習先の協力教師（cooperating teacher）のもとを訪れ、実習生との間の仲介者としてサポートも行っている。日本においては、学習指導案の作成や実践前の指導はすべて実習校先の教科担当となっているが、実習生は大学指導教官に定期的に見せることで、実践したことやこれからの予定などを報告し、具体的なアドバイスを受けたり質問をしたりすることができる。

B大学における大学指導教官が課せられている主な事柄は次のとおりである。

- 実習生及び実習先の担任教師とともにセメスター中の実習計画を立てること
- 実習にあたり履修要件と指導上のスタンダードについて説明を行うこと
- おおよそ二週間に一度は実習生を観察すること
- 訪問にあたって事前指導、観察、事後指導を行うこと
- 中間もしくは期末の実習評価を担任教師と協働して行うこと
- 起こりうる問題に対して最善の解決法で調停すること
- ライブテキスト（LiveText）[2]に期末ＲＤＩ（大学における倫理規定）評価をアップロードすること
- マーク式のフォームに最後の評価を記し、所定（略）の場所に提出すること

大学指導教官は、実習校にとっても顔見知りの教員が大学との連絡役にもなっていることで話しやすい存在になっている。また大学において、大学指導教官は定期的に教職コースの大学教授と研修を行うことで大学におけるカリキュラムについても理解を深め、共通した指導基準を持って各実習校を訪問して回り、様々な環境にある実習生の活動やそれに対する指導及び評価に一定の基準を担保する役割も果たしている。

しかし、その指導の場面は大学内ではなく、実習先で行われるため、大学指導教官は実習生からだけでなく、実

習生の指導を担当している実習先の協力教師からの評価も受けることになる。実習生からの評価項目は、「訪問回数」「指導の効果」「援助の受けやすさ」「指導改善につながる資料の提示」「実習に役立つ活動事例などの提示」「ポートフォリオ作成についてのガイド」「ed-TPAや指導方針（Realizing the Democratic Ideal）を使った評価とその公正性」などであり、また実習先の協力教員からの評価項目は「訪問回数」「指導への満足度」「大学指導教官への連絡の取りやすさ」「期待との差異」「実習生へのフィードバックや実習活動分析の妥当性」「大学指導教官の優秀性」などからなっている。

このように、大学指導教官の存在は実習生にだけでなく、実習先の協力教員からも認知され、その負担を減らすだけでなく、教育実習生への評価や指導にも連携を伴った形で公正性を持たせることが可能となっている。

3　インターネットを使った実習生評価システム

近年、大学における教師教育における学生への評価システムが、紙媒体によるポートフォリオの提出から電子媒体によるE-ポートフォリオによる課題の提出へと変化している（Johnson-Leslie 2008–2009, p. 395）。E-ポートフォリオを採用する利点として考えられているのが、教師が様々なタイプのカリキュラムを用意したり、それらをシステムの中に保存できることや、また学生も様々なメディア（音源、映像、グラフィックスなど）を使った課題を提出できるようになることである（Everhart & Hogarty 2009, p. 402; Johnson-Leslie 2008–2009, p. 387）。そしてポートフォリオの電子化は、学習成果の整理のしやすさ、それに伴う効果の可視化、ネットワークを通じて教師学生間のコミュニケーションが容易になること、また実習中の学生や物理的空間を越えて学生同士の協働が可能になるという点から、学生に対して学生自身が自分の学びを計画したり評価したり、またそれらのプロセスから自分自身を振り返ることを可能にし、学生を主体とした学びを創造することが可能になるとされている（Loughran & Corrigan 1995;

Ntuli, Keenawe and Kyei-Blankson 2009, p. 126)。

B大学では、教師や学生に向けてE-ポートフォリオについてのワークショップが毎週開催され、その使い方の基本、作成、応用まで学ぶことができる。特に教師教育に関するコースでは、E-ポートフォリオの使用が義務化されており、コースの課題の提出だけでなく、指導案の作成、実習校における指導案の実践、そして同じコースを取る実習生や、大学の教師や協力教師からのコメントや評価を随時受けることができる。実習校と大学といった物理的距離があったとしても、大学の教師や同じコースを履修する学生からのコメントや評価を受け取ることができ、実習中に作成した指導案などの課題を他者の視点を通じてふり返ったり、改善したりすることができる。また、教職の単位で履修したすべてのコースを一度に並べて見ることができ、教員採用の面接などにおいてタブレットやパソコンを持ち込み、自らの学習や指導の結果などをE-ポートフォリオをもって説明することもできる。

E-ポートフォリオの効果やその可能性について明らかにするために行ったサーベイ調査およびインタビュー調査の結果、三つのことが分かった。まず、E-ポートフォリオを運営するにあたって大学は教員に対して手厚いサポートを行っており、教員はほぼ問題なく利用ができているという点である。

表24は、B大学において教職コースを担当する一二名の大学教員にE-ポートフォリオについてオンラインによるサーベイ調査を行った結果であるが、多くの教員がスタッフのサポートに助けられ、またワークショップにも参加していることが分かる。しかし、一方で不満があることも「Well-organized（よく構成されている）」に関して、約四〇パーセントの教員が「Neutral（どちらでもない）」を選択していることから窺える。自由記述の回答からは、次のような意見が聞かれた。

表 24　ライブテキスト（E-ポートフォリオ）のワークショップおよび運営

項目	回答比				
	強くそう思う	そう思う	どちらでもない	そう思わない	全くそう思わない
ワークショップやスタッフが役立つ	58.3%（7）	25%（3）	16.7%（2）	0%（0）	0%（0）
技能や知識が十分である	58.3%（7）	16.7%（2）	25%（3）	0%（0）	0%（0）
ワークショップはよく構成されている	33.3%（4）	25%（3）	41.7%（5）	0%（0）	0%（0）
役立つ	41.7%（5）	33.3%（4）	16.7%（2）	0%（0）	8.3%（1）
参加経験無し	9.1%（1）	27.3%（3）	0%（0）	18.2%（2）	45.5%（5）
尋ねたことなし	0%（0）	18.2%（2）	0%（0）	45.5%（5）	36.4%（4）

表中にある（　）内の数字は回答者数を示している

〈大学教員からのコメント〉

・ラボではいつ質問に行っても一人につき一人ずつ答えてくれるか、ただメリッサ[3]に電話かメールをすれば彼女はすぐさま質問に答えてくれる。

・私はプログラムを使う他の教授にサポートをもらっている。それで十分のようだ。

・今年はワークショップには出席しなかったけれども、ライブテキストのオフィスに電話すれば助けてくれる。私はライブテキストを実習生のポートフォリオ〈倫理規定とその他の実習生への履修要件〉に使っている。

・各ステップごとの手続きを示した紙のマニュアルを配布してほしい。

・私のペースにあった各ステップごとのマニュアルが必要。時にプログラムはユーザー本位で作られていない部分がある。ヘルプのアイコンがもっと何をすればどうなるといった指示が書いてあればいいのにと思う。

次に、調査から見えてきた結果は、E-ポートフォリオ（「ライブテキスト」に限定）が学生や教師の視点から使いづらい点が多いという課題であった。電子化されたポートフォリオの利点についてのサーベイ調査の回答結果を示した表25を概観すると、課題を提出させたり、成績評価を行ったりする利点については同意する回答者が多かったが、共同作業や様々な種類のデータの蓄積に関しては、その利点に疑問を抱く回答者が多いことが分かる。

B大学においては、一般業者が開発したソフト「ライブテキスト」を使用しているが、このソフトのデザインやシステムが複雑であるためアップロードやダウンロードに時間がかかったりするなど、様々な機能が備わっているにもかかわらず、サーベイ調査の自由記述回答や「ライブテキスト」を使用する学生や教師への観察やインフォーマルなインタビューから、使いづらさを訴える大学の教員や学生の声が多く聞かれた。

〈大学教員からのコメント〉

- ライブテキストにすべてを書き込むよりも紙媒体へのフィードバックの書き込みの方がずっと簡単で、効果的、そして早い。
- 使っていない。私の持っているコースへのもっとよい導入方法があるのは分かるが、それをする時間がない。

ライブテキストは（表25の項目）すべてのことはできる、けれども私たちの大学で使われているやり方において、大学教員は学生にそのアイデアを友人たちにシェアさせようとしていないし、ほとんどの学生はドキュメントを保存するように言われない限り、そこに保存しようとはしない。

- 学生に早いフィードバックを提供することができるが、彼らはたいてい私が送ったものをどうやって見るのかを知らないことがある。ドキュメントの中のコメントは見るのが簡単ではない。学生はフィードバックのためにライブテキストのアカウントをチェックしているとは思えない。

表 25　E-ポートフォリオを使う利点

項目	回答比				
	強くそう思う	そう思う	どちらでもない	そう思わない	全くそう思わない
学生への早いフィードバック	15.4%（2）	38.5%（5）	23.1%（3）	23.1%（3）	0%（0）
学生とコミュニケーションを取りやすい	0%（0）	30.8%（4）	15.4%（2）	53.9%（7）	0%（0）
学生がクラスメートと連絡を取りやすい	0%（0）	9.1%（1）	63.6%（7）	27.3%（3）	0%（0）
学生がドキュメントを保存しやすい	16.67%（2）	33.3%（4）	33.3%（4）	16.67%（2）	0%（0）
学生の課題をチェックしやすい	25%（3）	41.7%（5）	16.7%（2）	8.3%（1）	8.3%（1）
学生が就職活動に活用できる	0%（0）	0%（0）	50%（6）	8.3%（1）	41.7%（5）
学生が様々な種類のドキュメントを保存しやすい	8.3%（1）	25%（3）	41.7%（5）	25%（3）	0%（0）
学生が各コースのドキュメントを整理しやすい	16.7%（2）	16.7%（2）	41.7%（5）	25%（3）	0%（0）
プリントにかかる紙やコストを抑えられる	16.7%（2）	33.3%（4）	16.7%（2）	25%（3）	8.3%（1）
コースでの学生の課題を評価しやすい	8.4%（1）	33.3%（4）	33.3%（4）	8.3%（1）	16.7%（2）

表中にある（　）内の数字は回答者数を示している

〈学生からのコメント〉

・教師からのフィードバックは従来の課題では、紙媒体での提出が早いだろう。私はライブテキストで友人たちとどのようにコミュニケーションを取るのか分からない。ライブテキストへのドキュメントの保存方法は本当に使いづらい（フラッシュドライバーやメールでのやり取りの方が早い）。就職活動に使う必要がないことを希望する。ほとんどの地区が雇用情報を掲載するウェブサイトがあったと思っていたけれど。また、ほとんどの教員は課題の紙媒体での提出を要求するので、それは絶対にペーパーレスではない。とにかく、単純にメールでの課題提出のほうが紙をセーブするのに役立つだろう。

最後に、E-ポートフォリオについての調査を行ったが、B大学において採用されているライブテキストに多くの回答は依拠し、その使いづらさを回答するものが多数を占めているものの、インターネットツールやその可能性を否定するものではない。デザインなど工夫次第では、教師教育に役立つ可能性を見いだす教員からのコメントもあった。

B大学においては、教職課程においては特にライブテキストを共通のソフトウェアとして導入しているが、大学全体の課題提出においては他の業者が開発した「ブラックボード（Blackboard）」のソフトウェアを使用している。また、一部の教員はコメントにもあるように、ほかのツールを学生との間のコミュニケーションや課題の提出およびフィードバックに使っていることがあった。ただこうした様々なインターネットを通じた改革が多方面で行われ、また学生や教員の側でインターネットデバイスに関するレディネスの違いから、指導のばらつきが引き起こされ学生に少なからず混乱を引き起こしていた。

〈大学教員からのコメント〉

- 私は別の大学で「チョーク＆ワイアー」という違うシステムを使っていたけれど、その方がもっと使いやすいことが分かった。私たちがデザインしたルーブリックは重くて使いづらい。
- ライブテキストの代わりにむしろ使いたい他のテクノロジーツールがある。もっと使いやすく親しみやすいコミュニケーションツールもある。けれども、もし教員が同じツールを使わなかったら教育学部は単位認定のための共通のデータを持てないかもしれない。
- ある種のデータシステムは教師教育に必要である。
- それは教師のように、学生に対して彼らがどう成長したかを学習したり振り返ったりするプロセスを手助けするようにデザインされてはいない。大事であることは分かっているが、まるでレポートをシステム上の活動として提供するようにデザインされているだけのようだ。しかし学生の作業をもっとより良いものにするために変えることもできるだろう。

インターネットを使用した教師教育の可能性は課題が多く散見されたが、依然として実習校と大学間をつなぐもの、また実習生と担当教師、そして大学の教員および大学指導教官を結びつけるツールとしての有効性を持っていることは確かである。ただし、B大学が積極的にそれを導入し教師教育に役立てようと多くの費用を投じ、教員に浸透を図ろうとしているものの、ソフトの複雑性や機器類の操作性の悪さなど多くの課題を抱えていることが分かった。

4　実習校の環境と協力教師や同僚との関係

Ｂ大学における教育実習生を取り巻く環境の一つに、実習生によるネットワークづくりがある。こうしたネットワークは大学側の意図したところではなく、その時の学生の志向や行動力に依拠するところが大きい。実習先の担当教師や実習校の考え方が、実習生や大学における教師教育の方向性と一致した場合、実習生が担当教師やネットワークに支えられ、カリキュラムを一緒に作りながら授業を行うこともある。二〇一一年のインタビュー調査から見えてきた事例をここでは分析する。

教育実習先において、様々な歴史資料などを使って授業を行うことのできた新任教師の二人にインタビューを行ったところ、次のような共通性が浮かび上がった。

- 実習校が貧困地区にあり、大半の子どもたちがマイノリティであった
- 実習先の担当教師や学校が、特定の使命やカリキュラムを持っていた
- 実習生同士のネットワークを作っていた
- 実習生自身が様々な資料を使った新しい歴史教育を作り出そうという意欲を持ち合わせていた

まず、実習先のクラス担任が、新しい授業方法や内容を実践することを奨励していたという点である。実習先はインナーシティの学校であったことから、教科書をカバーするような授業でなく、逆に教科書にはない歴史的視点やトピックがその学校独自の学習項目として挙げられていたということであった。

〈新任教師：ブレンダ先生〉

（実習生の時は教科書を使って授業していましたか？）担当の教師は私に、ある種、教科書から離れるように伝えていたわ。だから教えている時は本当に全く使わなかったわね。しかし、彼は私を助けてくれ、事前に様々なアイデアを教えてくれたのよ。知っているかどうか分からないけど、大学に「ヒストリー・アライブ・プログラム（History Alive Program）というのがあって、それが始まりかな。「ヒストリー・アライブ（History Alive）」というテキスト、といっても教科書じゃないけれど、それ以上のもので、戦争犯罪の相違点、異なる歴史上の人物たちの置かれた状況、これが異なることを学んだの。対話型の学びだったわ。

（実習生の時はどんな学校で教えましたか？）私が教えたのは、公民権運動という名前の付いた学校だったわ。シカゴ南部にあり、多様な生徒が通う学校で、低所得層の住む地域にあって、だけど言ったとおり、私は保護者の支援も得られたし、だから、今のこの学校とほとんど同じということ。なんでも教えたいことを教えられるし、心理的な境界線はなし、数学のように教科書から教えたりはしなかったわ。

（担当教師について、あなたが実習をしていた時、教師はよく助けてくれましたか）とても助けてくれたわ。（違うやり方で教えるときにも？）はい。（異なる指導方法を使ってみた？）そう思うわ。彼は長い時間働いていて、とても尊敬されていたわ。その先生をどちらかというと信頼していたし、彼ならどうするかモデルまで見せてくれて。だから、私はできるだけ私自身のモデルを作ったり変えたり、ひねったりと、結局私は彼から学んだのだと思うわ。

（彼はいつも教科書を追いながら授業をするような教師でしたか、それとも追わない？）いいえ、まったく。彼は一度も追ったりしない、むしろ彼は教科書を作るタイプでした。

＊（　）内は質問者の言葉、以下同じ。

ブレンダ先生へのインタビューからは、実習先の協力教師から教科書に依拠しない授業を創造するように奨励していたことがうかがえる。そして、教科書とは異なる視点についても大学のプログラムや、協力教師からの助言や支援のおかげで実践する環境を与えられていたことが分かった。彼女の教育実習での経験は、教師となってもその実践に影響を与え、生徒にとっては必要なことであれば、論争上のトピックでも教室に持ち込み授業をしていることを語っている。実際に参観したブレンダ先生の世界地理の授業では、ニューヨーク市において建設予定のムスリムのためのコミュニティセンター「Park 51」が世界貿易センタービル跡地から二ブロックしか離れていない場所に建設されることの是非を問うものであった。信仰の自由か、建設の差し止めか、これについて生徒にそれぞれの立場に立たせるために自分の考えを整理させ、どちらかの立場に立って討論を行うというものである。そのためにニューヨーク市のマンハッタン南部の地図や、過剰に反応する世論に対して疑問を投げかける風刺漫画、建設反対を呼びかけるチラシなどが掲載された配布物が準備されていた。資料が掲載された配布物には、それぞれの資料を読み取るための課題（問い）が付され、よく練られて作られていることが分かる。その他にも参観した合衆国史の授業では、人種隔離と公民権運動についてのもので、有色人種用の水飲み場で水を飲む黒人女性や「ニグロとは学校に行かない」などと書かれたプラカードを持った白人の若者などが映った写真など、合計七枚の写真から分かることをそれぞれ記述し、既存の知識や感じたことについて説明をさせるといった授業であった。

保護者からのクレームについて聞くと、着任して一年の間に保護者から二回連絡が来たが、学校でちゃんと学習しているかといった子どもの学習状況などを聞く連絡だったという。教育実習中もそうだが、初任校として赴任した学校もまた貧困地区に位置する学校であり、保護者からは支援を受けて子どもに必要と思われる教育や教材を作ってきたことが分かる。シカゴ市内の貧困地区には様々な問題を抱えた生徒が通っており、学校には子どもの学びを支えるための教師向けの規則もあり、こうした規則が教師に対して様々な教材を使うことを後押ししている。

ただブレンダ先生は、様々な史料を使って授業をする上で障害となっていることとして、生徒の識字能力の低さ、そして教具の不足を指摘している。まず生徒が史料を読み込んだりする際に、読解力が十分に備わっていないため誤読をしていたり、また説明の際にも教師が繰り返し説明したりする必要があることを訴えている。彼女の用意する教材には二つの機能が見られた。一つには、人種的マイノリティ、文化的マイノリティさらに低所得に関わる問題について対立する観点を知るというもの、そして資料を通じて読んだり、解釈したり、説明したり、議論したりするというリテラシーを養成しようとする機能である。世界地理の単元で使用された教材には、社会保険制度という論争中のトピックを扱った文章が収められ、正確に文章を読んだかどうかの質問が最後につけられている。このような努力を重ねるブレンダ先生にとって、もう一つの障害は教具の乏しさである。教室にはテレビしかなく、パソコンやプロジェクターが各教室に備えられていないため、生徒の理解を深めるためにインターネット上の画像や動画を見せたいが見せられないということだった。こうした教具を揃えたり教師を雇用したりするための学校予算は、その学校区の固定資産税から支給されており、当然ながら貧困地区の土地や建物は価格が低いために学校予算も潤沢ではない。このようなマイナス要因は、多くの教師が貧困地区への赴任を嫌がる要因にもなっている。

次に、もう一人の新任教師アンディ先生のケースを見ていく。

〈新任教師：アンディ先生〉

（高校生の時の歴史の授業では教科書は使っていましたか？）高校では、とてもいい歴史の教師がいたよ。覚えているのは最近の出来事について扱ったコースで、毎週「ニューズウィーク」を使っていたよ。今週は何が起こっているかな、科学技術、中東での紛争、今ここで起こっている問題などかな。（それは歴史の授業？）

そうだよ、歴史のクラス。だから高校生の時は、中東で今日起こっている紛争を調べたり、何がアフガニスタンで起こっているのか、「ニューズウィーク」のアフガニスタンで起こっていることを書いた記事を読んだりしたよ。アフガニスタン、中東の紛争、中東の歴史について話したりしたね。（すみません、それは必修の歴史のクラスなのですか？）そうですよ。私のは、そうです。（選択のクラスではないんですね？）はい。あぁ、でもその授業を取った後の授業は、必修の世界史を取るか、続きの歴史のコース、これは選択だけど、それを選択することはできたよ。

（では、教科書に従っていないのですね？）はい、全く教科書は使いません。すべては教師が持ち込んだ雑誌を使いました。合衆国史の授業でも、正直言ってほとんど使っていません。教師はたくさんのビデオ、インターネットで教えて、すべては教科書というわけではなかった。だから彼が言うならば「第一章から第六章にかけて質問するから、教科書をチェックしておいて」かな。でも、私たちはクラスで全く教科書は使わなかった。宿題だったかな。だから授業中は討論をしたり、教師のパワーポイントをノートに取ったり、あとはたくさんの写真や文書だね。（第一次資料？）そう、第一次資料、それもたくさん。思うにあれが、僕が多様な授業方法をとるようになったきっかけかもしれない、そう感じる。彼はまったく教科書を使わなかったし、すごい写真や文書を使って、本当に意味のあるものだったよ。そして、彼は一九五〇年代や一九六〇年代のたくさんの資料を持ち込んだり、たとえば、レコードを持ち込んでかけたりと、それを選べるんだ。僕にとって本当に楽しんだ授業だったよ。

（実習中に学問の自由についてどう感じましたか？）一度だけ、教育実習生だった時に少し境界線を超えたんじゃないかなと思うことがあったよ。中国でのオリンピックのことを話した、中国政府はどう実際に家や人々を移動させ、オリンピックスタジアムのためのスペースを確保したのかについてね。それは少し論争中のトピックで、社会的公正という面で、だから生徒にとっては間違いなく一線を超えたものだった。なぜなら協力教師だったらそんなことはしないからね。（中略）つまり学問の自由は論争中のトピック、もしくはあらかじめ受け入れられないような問題を教室に持ち込むことにあると思う。特にアフリカ系アメリカ人の子どもに、本当に批判的思考の能力をつけさせたり、歴史に対する情熱に火をつけたりすることだと思う。

（あなたが実習生だったとき、教科書に従う必要があるという限界を感じたことはありますか？）うーん、私の担当だった二人の教師は、教科書を全般的ではないが使っていると言っていたし、実際教科書を使っていた、でも一度もそれを強要されたことはないよ。彼らは教科書を使わないといけないと言ったことも一度もないし、教科書を使うよう指導した大学の教員もいなかった。実際に使わないことも許可してもらった。つまり、教科書は一ヵ月に一度使った。教科書に載っていた写真がとてもよかったからね。

アンディの回答から、教科書に依拠しない授業を行う原動力が高校生の時に受けた歴史の授業だったことが分かる。その回答から、その授業において様々な立場からアフガニスタンなど中東の紛争について学習が進められたかどうかは分からない。学習教材として用いられた資料が「ニューズウィーク」だったことからも、歴史的思考力が養われたというよりも、教科書には登場しない今現在起こっている世界各地の状況を学習するということだったのではないかと考えられる。それは、論争上のトピックを扱った授業が北京オリンピックの用地接収の問題についての理解であり、様々な資料を使った授業にはなっていないからである。しかし一方で、授業ではコミュニティにおける薬物犯罪などのギャング抗争などを、冷戦の対立構造から考えたりもしており、アンディがこれまで高校や実習先で体験してきた教育環境、そして着任校での環境は、教科書に縛られることなく、生徒や学校の状況に合わせて内容を変更したり、創り出したりすることが可能なことが分かる。アンディにローウェンの本（*Lies My Teacher*

Told Me）にあるような、合衆国史の教科書には出てこないようなことを扱うことや、扱うことで教育機関から問題教師としての扱いを受けるかどうかあらためて尋ねたところ、教育委員会も学校の管理者も扱わないよう介入したりすることはありえないと回答した。その理由は、生徒の歴史学習を深めることに必要不可欠であり、そのような介入を行う意味はないと断言している。自信ある回答にその理由を聞くと、実習前に行ったコミュニティでの指導経験を挙げ、経済的にも家庭的にも多くの問題を抱える貧困地区の子どもたちとの出会い、そして彼らへの思いを語った。高校でよく学び大学進学し快適な居住地に引っ越すか、このコミュニティを改善するために戻ってくるか、そんな自分の人生について決断させる必要があること、そのためにも子どもに自立心（self-reliance）を養わせたい、そんな使命感が返ってきた。

また、アンディは大学在学中に友人らと一緒に孤立しがちな実習生をつなぐネットワークを作り実習時間外で集まり、情報を持ちあう場を作っている。その組織では、貧困地区の学校に対するステレオタイプからそうした地区での実習を敬遠したりする学生に対して啓蒙活動を行ったり、また実習前に貧困地区の学校を訪問して指導方法や授業資料づくりなどをワークショップ形式で支援・指導したりしているという。また、就職しても五年以内に多くの教師が辞めていく現実に、新任教師間でのネットワークも一緒に作っているという。

こうしたアンディらのネットワークだけでなく、シカゴ市内の公立学校で実習をしたり働いたり教師の存在を影で支えているプログラムがB大学にはある。二〇〇三年からシカゴ市内の公立学校と連携をはかり、多様な教育環境での実習ができていないことへの改善から教育実習生が母校で実習を行うプログラムが始められているのである。このプログラムは、翌年には大学や企業、そしてシカゴ市内の公立学校からの援助や協力のもと進められることになった。すべての公立学校で進めることは困難であるため、その時の公立学校の選択基準が下記のとおりである。

• 良いリーダーシップを持った、安定した改善が可能な学校
• 保護者も関われる多様で安定した地域にある学校
• 住まいや人間関係について喜んでコーディネートや支援をしてくれるような協力が期待できる強いコミュニティが存在する学校
• 公共交通機関に恵まれた地域
• シカゴ公立学校機関からの強い関与とサポート

こうした連携には、将来このプログラムで実習を行った学生がこの地域で教員になりたいと望むようになることも目指されている。当初、全米でもこのような連携が行われている事例がなく、全米における大学と学校との連携のモデル事業としても認識されている。

プログラムでは、シカゴ市内にある三つの地区から派遣校が決まるが、地区のほとんどはラティーノ（ヒスパニック）系住民が多く住む地域やアフリカ系アメリカ人の住民が多く住む地域になっている。もともと教員志望の学生のほとんどは白人系であり、こうした地区で実習活動を行う以前には、シカゴ市内の貧困地区に行ったことがない、公共交通機関を利用したことがないといった参加者が多い。そうした学生のほとんどは、見知らぬシカゴ市内の貧困地区やラティーノやアフリカ系が多く住む地域に対して偏見を持っており、つながりがないままではシカゴ市内の公立学校に就職を希望することはないのである。また、このプログラムでは、シカゴ市内の公立学校に就職を決めた新卒の教員への支援も同時に行われている。ブレンダやアンディは大学在学中にこのプログラムに参加したことが、シカゴ市内の公立学校での教員を目指すきっかけとなった。そして、アンディはこのときの経験から特に学校改革の必要性を痛感し、新任教師同士のネットワークを立ち上げることになった。現在もネットワークは

存続し、新任教員や実習生らが集まり授業改善のためのグループワークを定期的に行っている。

5　大学指導教官による支援

次に、大学指導教官からの教育実習生への支援や、教育実習生が使用する多様な教材についてどのように考えているのかについて述べる。先述のように、教育実習中の学生の実践指導や評価は実習先の協力教師に委ねられているわけではなく、大学が派遣する大学指導教官によって行われ、各学校へ派遣される実習生がその環境の差異からバラバラな指導を受けるのではなく、ある一定の質が保障された指導や評価を受けることができる仕組みになっている。

観察することができた実習生は合衆国史を担当し、独立戦争後の統治や憲法について学習する単元の一つを指導していた。この実習生は事前に大学指導教官に指導プランや教材をメールで送付し、助言を得ていた。指導教官からの助言には、授業の目的と指導内容のズレを指摘するものや、導入における問いの適切性や、より適切な問いの提言などが挙げられていた。指導教官はこのメールを返信した次の日には、実習先を訪問しこの授業を参観することになる。クライブ教官に、どのように授業後にどのような助言を与えるのか尋ねると、次の指針を示してくれた。①授業の印象を共有すること、②効果的だった点を指摘すること、③授業から学べること、④改良点とその理由、⑤授業の目的をどの程度まで達成できていたか、⑥授業の目的にどう合っていたか、⑦学習の評価がどの程度できていたか、⑧もう一度するなら変更しないところと変更するところはどこか、⑨生徒の理解を深めるために改良する点、⑩次の授業参観でもう一度確認したいところがあるか、以上の一〇項目である。

また授業観察後、実習生に尋ねる基本的な質問項目は次の通りである。

1. この授業プランは、どのように生徒に動機づけを与え、挑戦させるものだったか
2. 生徒に既存の知識と新しい知識を関連付けさせる場面はどこだったのか
3. この授業プランを作成するにあたって、多文化でグローバルな視点を考えたか
4. この授業プランは、どのように現実生活の状況につなげようとしたか
5. 首尾一貫したルールや公正なマナーを重視したか
6. 授業を妨害するようなふるまいをすぐにやめさせたか
7. あなたの指導は問題を中心にしたものか（オープンエンドか、探求型の問いか）
8. 生徒に振り返らせるような高いレベルの問いを投げかけたか
9. 様々な教授法を使用しているか
10. 生徒に概念や考えを理解させるために用意された質問は適切なものか
11. 生徒に思慮深い回答をさせるために十分な時間を与えているか
12. 授業中に使った重要な問いについて例を出しているか
13. 授業に生徒を集中させるために使った合図はなんですか
14. 授業中の活動や作業、宿題を出す上で明確な指示をだしたか
15. 生徒にどんなフィードバックを返すか

これらの質問項目から分かることは、大学教官からの助言や指導が、実習生の授業方法についてだけでなく、授業プランが生徒にもたらす効果や、そのための方法までかなり具体的な方向性を持ったものであることが分かる。

さらに、大学指導教官にとして教育実習生が、論争中の問題（controversial issues）や学問の自由（academic freedom）

を教材として使用することについてどう考えているのか、また実際にどんなトラブルがあるのかについて尋ねた。

〈大学指導教官：クライブ教官〉

（論争中の問題を実習生が扱った際のトラブルなどどんなものがありますか？）シカゴ市内で推薦された教師に起こった話をしよう。彼女は「奴隷制」についての授業をしようとしていた。四年生の担当だったのだが、それを教えるのに映画を持ち込んで教えようと考えたんだ。けれども、映画にはたくさんの裸のシーンやレイプされるシーンがあった。多くの保護者が怒ったり動揺したり、これは不適切だと言ったんだよ。そこで学校は新しいルールを作り、「校長に許可を得ずして映画を見せてはいけない」というようにね。分かるかな、多くの教師はこれがしたいというんだけど、バランスを保つ必要があるんだ。良い判断をしなくてはいけない。例えば一六歳に適切なものは何か、じゃあ一〇歳は、というようにね。

（もし実習生がたくさんの資料を持ち込むような指導案を作り、協力教師とトラブルにあったりした場合はどうしますか？）時々起こるよ、実習生と協力教師は違うスタイルの授業をしていたりする。多くの協力教師は決まった通りの授業をしようとする。「私が教えてきた中でこのシステムが一番効果的だ、生徒には三〇回言わないと伝わらない」といったようにね。そこで私の役割は教師を監督し（supervise）、実習生が様々な種類の教育方法に挑戦し、自分自身の授業スタイルを作り上げていくような雰囲気を後押しすることなのです。私が実習生に対して努めて言っていることは、「協力教師が良かろうとそうでなかろうと、あなたがその人になることではない、あなたはあなた自身でないとだめなんだ、自分自身の授業スタイルを作り上げていくしかない。そこにたどり着く唯一の方法は、異なる種類のことに挑戦することなんだ。だから外に出て、言うなればゾーンから出て、やったことのないことをやってみる、いやたぶんあなたならできるよ」ということなんだ。

そして（大学の指導教官として）私の役割、つまり協力教師に対して実習生を擁護するために時々やらなければならないことは、「分かるとおりあなたはとても良い教師だし、実習生に良いアドバイスもしているし、どうか実習生に異なることさせてそれがうまくいくかどうか見てくれないか」と協力教師に対して言うことなんだ。だってね、教育実習期間がいったん終わると、その実習生は自分自身の足でやっていかなければならないんだ。誰もバックグラウンドがないのに、こんな風にしますなんて言えない。たとえ実習生を助けたつもりでも、彼らのためにやるのでなければそれは助けたことにはならない。私たちは自習生に対して違うことに挑戦してほしいということ、それはたまに成功することもあるし、失敗することもある。私たちは成功から学ぶことと同様に、失敗から学ぶこともある。

（協力教師にそう依頼することはあるのですか？）ああ、よくあるよ。私たちは協力教師を評価するカードを持っているから、もし嫌な経験などがあれば次回からはその人物をプログラムから除外し、同じ人に何度も依頼することになる。良い関係ができた実習校などもあって、そうした学校は私たちの求めていることをよく理解してくれて、私たちも彼らと実習生のことを信頼することができる。まぁ、よくあることだよ。

大学指導教官として、同性愛、ポルノ、新興宗教などといった論争中の問題については扱ってはいけないとは言わないが、学校や年齢という環境にとって何が適切か、慎重に考える必要があると述べている。また、ローウェンの本に出てくるような異なる歴史観についても、インタビューの中で、次のように述べている。

（ローウェンの本に出てくるトピックを扱うとブラックリストに載るという話についてどう思いますか）それは現実的だと思うよ。あるトピックはこのコミュニティ環境にとって、とても敏感のものだった場合、つまりある地区は保守的だったり、ある地区は進歩的だったりする。もしとても保守的な地域で教えることになったら、ある種のトピックは避けて話をする必要がある。そのコミュニティが地区について学び、人々がどう反応するのか適切に判断する必要がある。私は実習生に、論争中の問題は、生徒にとって学習意欲を喚起するものになるし、とても面白いと言っている。それが、もしあなたが生徒のことをよく理解し、もしなぜ人々が同意できないか十分に指摘することができるのならね。でもあなたは教師だから、両方の見方を示す必要がある。そして生徒に結論を形成できるように導かなければならない。（中略）論争中の問題を教室に持ってくるのはいいけれど、モラル・スタンダードも必要。つまり、双方の視点も必要だし、そのバランスも必要なんだ。いつも実習生に言っていることは、（モラル・スタンダードとのバランスをどう取るか）もしそう言われたらどう思うか推察しなさい。これには答えは言わない。それは実習生自身が考えることだから。

第4章でも述べたが、論争中の問題についてはコミュニティにどんな人々が住んでいるのかということに敏感になる必要があるという。ローウェンの本の具体的な内容からではないが、第二次世界大戦中のヒトラーについてや、日系移民の強制移住を例に取りながら、どちらか一方の視点だけでなく、十分な知識を持って双方の視点から対立点を明確に示し、学習を進めることや、ヒトラーを擁護するようなことにならないようモラル・スタンダード（規範）を持つことも指摘している。大学指導教官として、論争中の問題を取り上げる教育的効果や意義は理解しながらも、十分な知識や生徒理解をもって初めて教室に持ち込めることが述べられていた。

またクライブ教官は、大学指導教官として実習生に様々な授業方法に挑戦させることの意味を強調し、実習先の協力教師の真似をすることに終始しないように指導を行っていることを語っている。新しい指導方法を用いた授業を実践するために、実習先の協力教師と実習生との折り合いがつかないときは、大学を代表し教師に対して説得することもあった。クライブ教官は、インタビューの中で、次のように大学指導教官と実習校の協力教師が、実習生について儀礼的な説明を互いにしあうことの無意味さを説明している。例えば、あまり良くない授業をしている実習生を指導しながら「これは彼（協力教師）のせいだな」と思いつつ、協力教師には「実習生にはこんな欠点があるから」と伝えたり、また協力教師も「いやいや、実習生はとてもいいですよ、すべてうまくいっています」と答えたりするような場面だ。彼は、こんな関係は全く無意味であること、正直に実習生の能力や実践について話し合うことの重要性や、指導教官という大学を代表し、その役割は教育実習生の教育を実習校とともに行うといった協同性にあると語った。

クライブ教官は、このインタビューの前年に起こった協力教師と実習生との間に実際に起こったトラブルについて語ってくれた。教育実習中はとても良好な関係であり、学生が教員採用に必要な履歴書の書き方について協力教師にアドバイスを求めたところ快く承知してくれたが、学生がその教師の履歴書をモデルに作成したものを見てもらうために協力教師に送ったところ、内容が盗作だと激怒し、その実習生にもう二度と学校に来ないように出入り禁止の忠告を受ける事態にまで発展したという。大学指導教官はこの時両者の仲裁に入ったという。日本では、指導方法の違いから、叱責を受けて帰って来る実習生、手厚い指導を受けて帰って来る実習生、ほとんど放任状態だったという実習生といったように、同じ教育実習活動でも実習校によって大きな格差がある。もちろん意思疎通がうまくいかないこともよくある。このような存在の指導員が日本にもいたらどうだろうと思いながらのインタビューであった。

大学の指導教官という立場ではあるが、学校現場において長年教育に従事し協力教師を上回るような経験を持っていながら、大学の教員育成指標についても熟知している。そんな大学指導教官だからこそ、実習生に対して様々な教材を持ち込ませたり、新しい指導方法を使って授業実践をさせたりすることが可能になっている。

新任の教師が多様な歴史観を使って授業を行う上で、その後押しとなっていたのは、実習活動を通じての教員としての使命感や、新しい教育方法へチャレンジしようとする気持ち、さらには豊かな同僚とのネットワークの形成にあった。そして、実習生にそのような新しい教育方法への挑戦の場を保証していたのは、大学と実習校を結ぶ大学指導教育の働きかけであることがあることが分かった。

第2節　協働的教育実習活動プロジェクト

1　プロジェクトの目的と概要

二〇一〇年八月から二〇一〇年一二月にかけて、B大学では協働的教育実習活動のプロジェクトが行われた。歴史教育コースを選択した学生は、春もしくは秋セメスターにおいて実習前の準備を行っている。その後、次のセメスターにおいて約三ヵ月の間、教育実習を行うことになる。このプロジェクトは、教育実習中に実習先において実習生が一人もしくは二人といった孤立した環境に置かれてしまうことから、実習生同士が協働するプロジェクトを企画したものである。そのプロジェクトの目的や方針は以下のとおりである。

- 生徒や実習生に教育の豊かな可能性に気づかせ、長く教師を務める糧となるようにする
- 教育者（大学関係者、学校行政官、教師、実習生、大学指導教官）のネットワークを拡げることで、教育のコミュニティを拡げ、教育の革新に関わろうとする意欲を増進させる
- 生徒は実習期間中、授業内における構造化された相互交流を通して互いに学び合わなければならない

- 共有化された経験は、ベストな実践を促すように教師の孤立を打ち破るものである
- 協働は専門的なコミュニティの感覚や、実習生や大学指導教官、担任教師、その他の教師や管理職の教師からなる仲間の協働から生まれる力を育てる
- アイデアの共有や非公式のアドバイスは生徒に、指導における専門的なスキルを改善していく

このプロジェクトに参加する実習校は一五校であり、それぞれに協力してくれる担任の教師を二名ずつ配し、さらに大学指導教官も一名ずつ派遣されている。プロジェクトにおいて、学生は三人ほどのグループを作り、実習先が違っていても連絡を取りながら次の活動内容を行っていく。これらの様々な活動を通して、実習における指導や教材の発掘といった作業だけでなく、教師としての役割意識などを育てるために、学内だけにとどまらず学外においても協働作業を進めることが要求されている。本調査は、そのコースの指導を行っているエレーナ教授の指揮のもと行われたものである。学生はプロジェクトの効果を実証するために、歴史教育コースは従来のプロジェクトを行わないクラスと、プロジェクトを行う二つのグループに分けられることとなった。サーベイ調査の結果得られたデータをグラフ化したものを**図11**と**図12**で示しているが、そこで協働的教育実習のプロジェクトに参加していない回答者を単独作業者と表記し、そのプロジェクトに参加した回答者を協働作業者と表記している。

協働的教育実習のプロジェクトの活動内容は以下の通りである。

〈活動内容〉

1. 共通の指導案を作成する。それぞれ指導案を実践し、反省しながら協働で改善する
2. 同僚と同じ教室でチームティーチングや支援を行う

3. 協働で行う課題、フィールドトリップ、シミュレーション、ゲストスピーカーなど一緒に授業に持ち込む計画を共有する
4. あなたのパートナーのクラスで得意とする分野の「ゲストティーチャー」となる
5. あなたのパートナーの指導を観察しフィードバックや助言を行う
6. クラスの運営技術を共有する
7. 評価を展開し共有する
8. 指導方法（探求、ソクラテスの対話法、協力しあう学び、様々な活動）を共有する
9. 指導やその他の専門性を発展させる機会（例：話し合いやワークショップ）に関する記事などを共有し、確認する
10. イリノイ社会科評議会（Illinois Council for the Social Studies Conference）といった地域や学校や学区において運営されている専門的な会議においてあなたが協働で行った経験を共有する
11. 学校、歴史・社会科クラブ、シミュレーション、模擬裁判、グループでの対話型の指導など、課外においても協働の場を広げる
12. サービスラーニングもしくは地域の歴史に焦点化した授業を行うといった、その地域に生徒を引き込む手段についてプロジェクトを展開する
13. 毎日の指導における挑戦についての正直な反省点を共有する
14. 毎日の基本として互いにランチやコーヒーを取る時間を共有する
15. 互いの指導をビデオに撮影し、そのビデオをともに見ながら議論を行う
16. 一緒に学校行事に参加する：演劇、コンサート、スポーツ行事、ミュージカル、その他の課外活動

17. 学校の管理職、ガイダンス、カウンセリング、人事サポート係の人々と会い、学校や専門性について学ぶ

活動内容の中には、歴史教育における教育実習であるにもかかわらず、その指導方法や指導技術だけでなく、教師の専門性について探求する活動を行い、その知見を得ることができるようなものも含まれていることが分かる。例えば、地区で行われている教師のための研究会への参加や、地域の教材の開発、また学内において教科教育以外の職に就いている人々との交流がその項目に入っている。こうした活動は、B大学の歴史教育コースの中にも取り入れられている。学生として実習活動に臨むのではなく、教師として教師の専門性や課題意識を持つことを要求することにつながっていることを意味している。こうした考えは、教育実習生という言葉が英語表記では、採用され教職についている教師のことをIn-service Teacher（教職従事中の教師）と呼ぶのに対してPre-service Teacher（教職従事前の教師）という表記を用いられていることからもうかがえる。

2　プロジェクトの効果

協働的教育実習のプロジェクトの効果について、そのデータの分析を行った[4]。データは一月と三月に取られている。学生は一月より実習活動に入るため、実習活動の初めと終わりにデータを収集したことになる。プロジェクトに参加した学生と参加しなかった学生からの回答を比較すると、二つの質問事項で強い傾向が見られた。図11および図12にある単独作業者は、協働的教育実習活動のプロジェクトに参加しなかった実習生を指し、また協働作業者はそのプロジェクトに参加した実習生を示している。

まず、実習生にアドバイスをもらうことに対してどの程度容易な環境にあったかどうかを質問した項目では、図12にあるとおり、プロジェクトに参加した学生は、多くの場合、実習を振り返った三月にアドバイスをもらいやす

図 11　アドバイスの求めやすさ

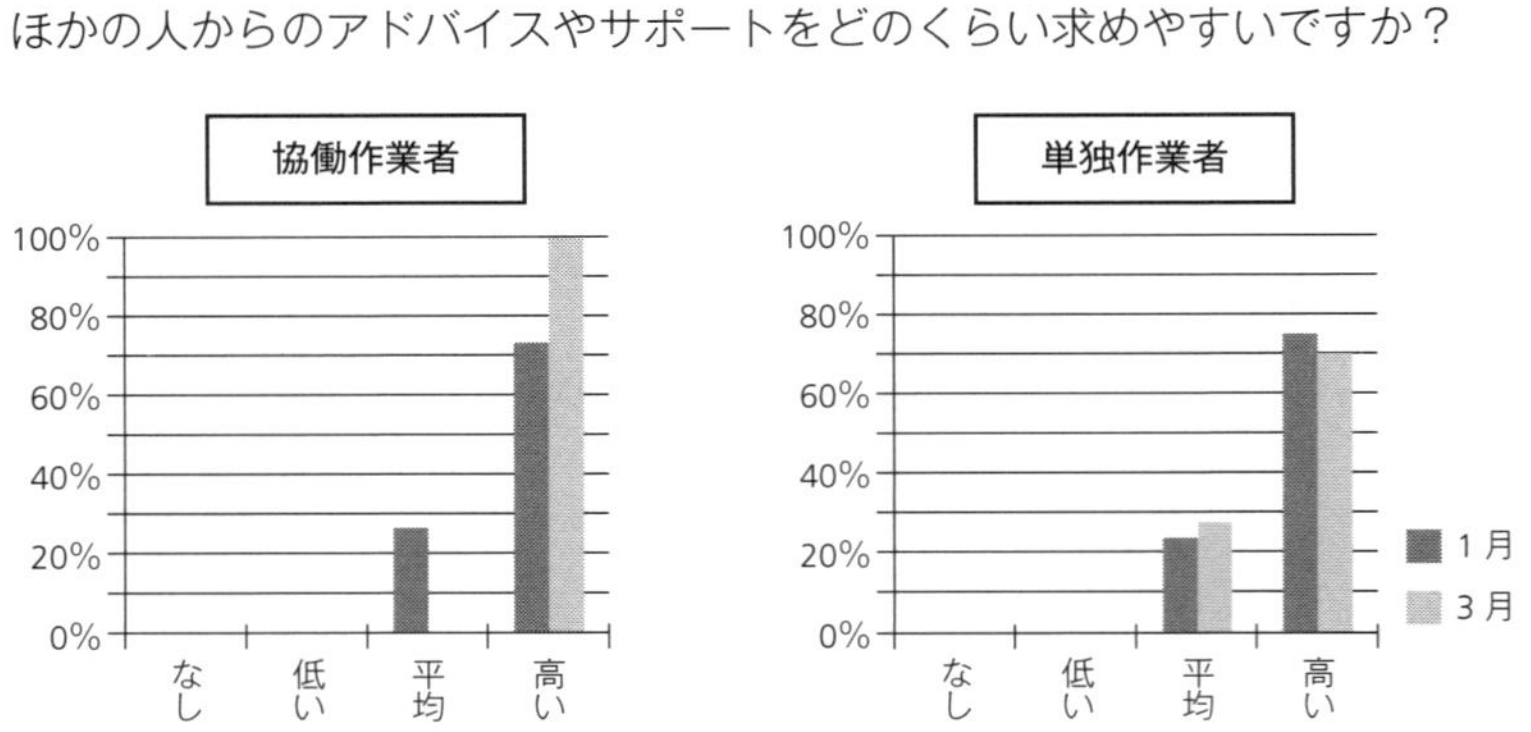

い環境にあったと回答したことが分かる。その理由として、コメントにもあるとおり、同じコースを取っている学生同士の方が、実習先の教師や大学の教員からよりもアドバイスを聞きやすい相手であったと考えられる。実際に今回のプロジェクトに参加していない学生でも、友人やクラスメートに相談をするという機会はあるものの、実習を継続する中で同じ実習生という立場のパートナーとのやりとりがあるかないかは、アドバイスが得られるかどうかといった環境に大きな影響を与えていることが分かる。

〈プロジェクトに参加した学生からの自由記述の回答（良かった点）〉

- 考えを共有できる相談相手がいたことにとても助けられた
- 専門的な場（職場）において同僚とどう協働するかを学んだことは有意義だった
- 同僚からのフィードバックやアドバイスを受けることはベテランの教師からのフィードバックより怖くないし、ある意味もっと助けになった
- 全般的に、とても協働体験を楽しんでいた。

さらには図12の結果から、プロジェクトに参加した学生にとって、

図 12　専門的な能力が向上への期待

教師として成長することについて、あなた自身職業的な成長はどのくらいだと予想できますか？

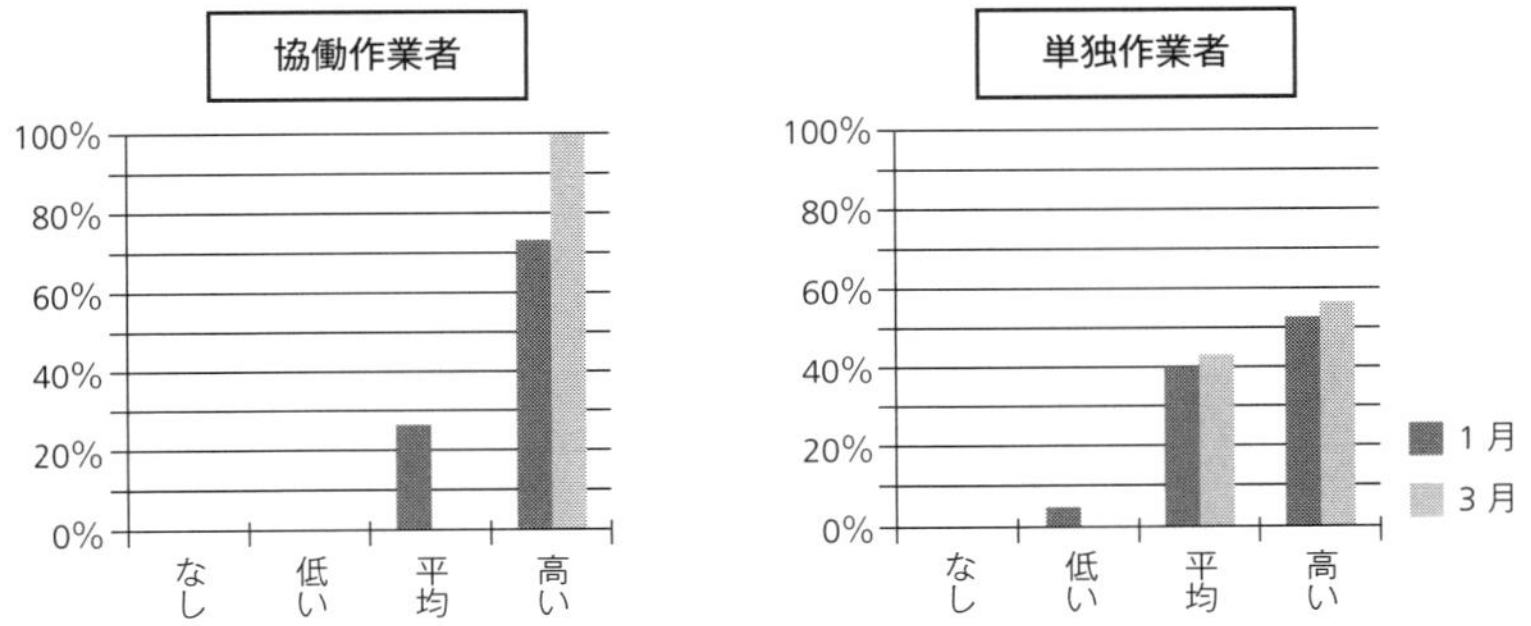

教育実習への準備意識や専門的な能力の向上への期待が高まっていることが分かった。教育実習開始当初の一月のデータでは、プロジェクトに参加した学生にもそれほど能力向上に期待を抱いていない者もあったが、実習開始後の環境において協働者がいるということは協力関係も成り立ちやすく、処遇や実習環境における意見表明において他者からの受容が容易に行われやすいとも言える。自由回答のコメントにも「相談相手がいたことにとても助けられた」とあるように、実習先の環境における閉塞感や孤立感をふせぎ、肯定的な教師としての自己の将来像を抱きやすくなっているのではないかと考えられる。

一方で、次のプロジェクトに参加した学生からのコメントにもあるように、協働的教育実習活動のプロジェクトが抱える問題を考慮しなければならないだろう。アメリカの教育実習は約三ヵ月にもわたる長期のインターンシップでもあり、実際の教員の仕事に近い労務が待っている。実習校における実践や生徒指導は朝から夕方まで続き、また実習校も大学のある自宅から遠い場合が多く、中には片道六〇マイル（約一〇〇キロメートル）離れた場所にある学校に通う学生もいる。そういった学生の場合、このプロジェクトは大変な負担となる。また、作業においての不均衡から、人間関係上のトラブルになってしまう場合もある。下記のコメントはそうした実態を表している。

〈プロジェクトに参加した学生からの自由記述の回答（改善すべき点）〉

- 特に課外などでスケジュール合わせが大変で会って話し合いをする時間を見つけるのが難しかった
- 個人的な不満やぶつかり
- 同じクラスで教えていればもっと役に立ったのかもしれない
- 協働しての努力というよりも競争的なものになったかもしれない
- 二人の実習生が授業を共有する作業において、一部努力が不均衡になっていた

時間や距離といった物理的な障害を埋め合わせるものとして期待されるのは、インターネットを使った交流となるだろう。これに関しては、B大学が積極的に推進しているE-ポートフォリオの運用、もしくはフェイスブックなどのソーシャル・ネットワーク・システム（SNS）といった使いやすい交流ウェブシステムがその実習生同士のネットワークを効率的に援助するものになっていくだろう。

また、実習生の実態や要請に合わせたプログラムの実施も検討されなくてはならない。未経験という不安や知識・能力の不足は、実習活動の多忙なものにする。実習生が不足していると感じるテーマが実習生自身から提起され、自主的に授業開発のための意見交換が行われ、アンディ先生らが組織したネットワークが運営するワークショップにも出かけられるような時間や場が確保されなければならない。多忙感は新しい教授法を使ってみようとする気持ちを実習生から奪いかねない。

しかし、実習先で単独で実習活動を行うよりも複数人で互いの授業を見てアドバイスをしあったり、一緒に有効

な教材や授業プランを立てたりと、互いに切磋琢磨できる実習生がいることの有効性は明らかだ。プロジェクトが目的とする実習生同士の協働やネットワーク化は、実習生にとってその準備や実践を快適に進める上での大きな要素となる。

第3節　教育実習生支援とネットワークの可能性と課題

1　イリノイ州の教育実習生支援

協働プロジェクトが果たす役割について調査分析した結果、プロジェクトが実習生にとって自己の教師になるための準備への自信を高めることに寄与し、また他者からの支援やアドバイスを求めやすい環境を用意していることが分かった。しかし、プロジェクトやインターネットにおけるネットワーク化については、課題も多く、実習生の多忙さに追い打ちをかけるものとなっていたり、インターネットによるポートフォリオの提出や実習生同士の協働作業についても、その複雑なシステムから十分に利用されずにいたりと、実習生にとって十分な支援環境を作り出しているという段階にはないことが分かった。

歴史教育において歴史的思考力の育成の必要性はナショナル・スタンダードから州スタンダードのレベルでは広く認識されている。また一九九〇年代以降、大学の歴史教育において様々な研究が進む中で、二〇〇〇年代には歴史教育の実践現場において「歴史的思考力」という言葉は歴史科教師の間に広く普及した。第4章でインタビューを行ったグレゴリーやブライアンのように、教科書の記述とは異なる歴史観を持った歴史の授業を受けてきた学生が存在し、その意義を理解した上で実践に臨もうとしている。歴史教育におけるディシプリン・ギャップの解消ににおいて、教育委員会や教員を養成する大学の果たす役割は大きく、イリノイ州の教育委員会発行のパフォーマンス評価基準やフレームワークといったカリキュラムや、B大学のように実習生の環境を改善する試みはディシプリン・ギャップの解消、つまり歴史的思考力育成に必要なことは何かを提示している。

本章における実習生協働のプロジェクト実施や支援システムの構築についてのインタビュー・サーベイ調査から、ディシプリン・ギャップ解消の手立てとして必要なことは次の三つのことであった。まず、一つが実習校の学校管理者や教科担任と大学との間で新しい歴史教育についての考えを共有すること、そして元教員という経歴を生かした大学と実習校との間に立てる大学指導教官のような仲介者の存在、最後に同じ目線や立場からのアドバイスや協力をくれる同僚のような横のつながりが存在すること、つまり実習生の間のネットワークをいかに作っていくかにかかっているということである。

2 ニューヨーク市の教師教育はどうなっているのか

第2章で概観してきたように、ニューヨーク州ではハイステークスな標準テストが実施されているために、多くの歴史教育の現場がテスト対策型の授業となっている。ニューヨーク市の社会科教員を養成する公立大学においてどのような教師教育が行われているのか、二〇一一年にニューヨーク市立ハンターカレッジを訪問し、社会科教育のコースを担当するテリー・エプスタイン（Terrie Epstein）教授に話をうかがった。ハンターカレッジでも社会科教育の指導法に関するコースが二つあり、一つは指導法や評価（標準テスト）に関するものであり、もう一つは模擬授業などを行うものだという。ローウェンといった思想的な本はこのコースでは使わないという。

しかし、インタビューの中でニューヨーク市における学校の多様性を考えると、アフリカ系アメリカ系やヒスパニック系の生徒、そして低所得層の生徒たちがどのような視点で教師の話を聞いているのか、常に教師は理解する必要があると述べている。伝統的な歴史観には白人しか登場しないことも多く、常にその時代、他の人種の人々は何をしていたのか、誰が権利を持ち誰が持っていないのか、これらを考えることだと語ってくれた。エスニシティごとに異なる歴史観を持つことを研究しているエプスタイン教授にとって、歴史教育を考える上で非常に重要な要素である。しかし、こうしたことを指導法のなかで教えているのかどうかを尋ねると、苦笑しながらその時間が持てないことを話してくれた。シラバスを見ても、授業プランの作成や標準テストについての項目が目立ち、二コースで合計二八時間あるコースのうち、多様な視点などに触れているのは二回である。一つは「論争中の問題についての指導」、もう一時間は「多様な生徒のための指導」となっている。インタビューでもこのような問題を扱うには一時間は短すぎると話している。

イリノイ州でもそうだが、中等教育機関の社会科教員養成のコースはほとんど白人の学生に占められている。エプスタイン教授も、理由は分からないが、初等学校よりも中等学校になるとマイノリティの学生が減って白人の学生ばかりになってしまうと語っている。二〇人いるクラスのなかで、マイノリティはヒスパニック系の学生一人だという。公民権運動はともかく、奴隷制などアフリカ系アメリカ人の生徒が敏感になるトピックをどう教えているのか、これについては疑問だという。ただ、多様な歴史観を持った授業を行う教師は多く、実習生にも独立戦争について白人の視点、黒人奴隷の視点、南部白人の視点から資料を提示し、生徒に思考させる授業をした例を紹介してくれた。しかし、奴隷制については白人教師が教えるとアフリカ系アメリカ人の生徒から攻撃されたりすることもあり、実習生にはその指導について生徒から信頼される必要があると助言しているという。

また、教育実習先の協力教師についても様々で実習生に自由にさせるところもあれば、自分の用意した授業プランを実習生にさせているところもあるという。これにはエプスタイン教授も驚いたという。彼らが合衆国史の土台となるストーリーとは異なるような歴史観を用いることはなく、歴史を再解釈するようなことは決してないという。しかし、こうした協力教師や大学指導教官について、自由にさせないなどの問題があったとしても、実習校を確保するためにはそうした教師に依頼するしかないという事情があった。ローウェンの本については、大学院生のレベルで読むことはあるかもしれないが、彼らが授業で使うことは考えられず、大学の社会科教育コースでもスキル中心の授業に傾倒してしまっていて、理念といったことに比重が置かれていないという。協力教師や大学指導教官との間に、実習生の行う授業実践について同意がなされているのか聞くと、大学がスキル中心の授業となっているため授業構成やどういった第一次資料を使うかについては実習校との間に齟齬はないだろうとの回答だった。

ニューヨーク市の社会科教育コースがなぜスキル中心になったのか、その背景にはハイステークスな標準テストの存在がある。これは、日本も同じである。大学受験に合格できるような授業が生徒から求められ、教師もどうしたら生徒に合格点を取らせることができるのか、こうしたスキルの習得に実習生の関心が向くのは当然のなりゆきかもしれない。こうしたインタビューを通じた対話の中で、エプスタイン教授と筆者はなぜニューヨーク州の歴史教育はローウェンの本のような理念から遠ざかってしまったのか、ローウェンの本からニューヨーク州の社会科教育（歴史教育）の発展の可能性はあるかについて語り合うことになった。

［注］

1　プロジェクトの報告書より抜粋。

2　B大学が採用しているE-ポートフォリオ。学生は課題を「ライブテキスト」上にすべて提出し、教員はインターネット上で評価を行う。同じコースを履修する者同士は、互いに連絡を取り合ったり、課題を共同で提出したりすることもできる。最後に、それぞれの課題についての振り返りが要求されるなど、ポートフォリオとして使用されている場合が多い。教育実習中の学生は大学に来ることができないため、「ライブテキスト」上で指導案を提出したり、実習上の課題を行ったりすることになる。「ライブテキスト」は業者が作成運営しており、使用料が学生にも大学にも課せられる。

3　ソフトウェア「ライブテキスト」開発会社から派遣されているスタッフ。
4　ここで集めたサーベイ調査における質問項目は以下のとおりである。

A. How would you assess your student teaching readiness?（あなたは自分自身の教育実習への準備はどのくらいだと評価しますか?）

B. How willing are you to interact with other student teachers, teachers, and administrators at your site?（実習校において、他の実習生、教師、学校管理者と交流することにどの程度賛成ですか）

C. How much opportunity do you perceive having to collaborate with others in your building?（どのくらいあなたの建物では他の人と協働する機会がありますか）

D. How adequately has the ISU History-Social Sciences Education program prepared you for student teaching?（実習において大学の歴史社会科教育プログラムで準備したことが適切でしたか）

E. To what degree do you foresee having a collegial atmosphere during student teaching?（実習期間中、大学の雰囲気を持つことをどの程度予想していますか）

F. How much interaction have you had with others as you begin planning for classroom instruction at your site?（実習校で授業の指導方法について計画を立てるなど、どのくらいほかの人との交流がありますか）

G. As a teacher, to what degree have you been able to have collaborative teaching experiences in the classroom?（教師として、どの程度、授業において共同で教える経験をすることができていますか）

H. How much advice have you had regarding classroom management techniques?（クラス運営の技術についてどの程度アドバイスをもらいましたか）

I. How familiar are you with classroom assessment strategies?（クラスの評価方法についてどの程度知っていますか）

J. How comfortable are you in seeking assistance or advice from others?（ほかの人からのアドバイスやサポートをどのくらい求めやすいですか）

K. What impact do you foresee professional development having in your growth as a teacher?（教師として成長することについて、あなた自身職業的な成長はどのくらいだと予想できますか）

L. What is your perceived level of comfort at your student teaching site?（実習校先でどの程度快適に過ごせていますか）

M. To what degree do you identify with and feel connected to your school culture?(student teaching site)（実習校の学校文化についてあなた自身どの程度認識し、その学校文化とのつながりを感じていますか）

N. How important do you perceive the interaction and communication between university supervisors, student teachers, cooperating teachers and school administrators?（大学指導教官、実習生、担当教師、そして学校の管理者の間の交流やコミュニケーションについてあなた自身どの程度重要だと感じていますか）

O. How important do you perceive peer interaction, group mentoring or collaboration in helping you grow as a professional?（あなた自身、専門性を高める上で、同僚との交流、グループでの相談や協働がどのくらい重要だと感じていますか）

終章　アメリカ歴史教育からの示唆

第*1*節　暗記型か、思考型か、揺れる歴史教育

本書では、歴史的思考力を育成するアメリカの歴史教育実践を考察するにあたって、特に中等教育段階の歴史教育と大学における歴史学との間に生起する学問上のディシプリン・ギャップについて検討してきた。その結果、ディシプリン・ギャップは大学における歴史学と中等教育段階の歴史教育との間だけでなく、州スタンダードに見られる歴史観と、同じ州の教育庁や教育委員会によって発行されるカリキュラム・標準テストとの間にも存在していることが分かった。

国民史による歴史教育は、近代におけるナショナリズムの勃興とともに始まり、歴史教育の使命には国民共通の文化や価値観の共有化が求められてきた。アメリカにおけるＷＡＳＰ中心の合衆国史観などはそれを代表するものであった。しかし、移民の流入は多様な価値観との共生か排除かという状況を作り出すこととなり、ＷＡＳＰ社会への同化主義は次第にＷＡＳＰ文化を中心として多様な価値を認めていく文化多元主義社会の創造が一九二〇年代を境に模索されていく。ところが、一九六〇年代の公民権運動の高まりは、そうした文化多元主義の考え方を根本から覆す本質主義（Essensialism）の台頭を促し、デュボイス（W.E.B. DuBois）らによって黒人文化を中心とした文

学や歴史観などが発表されていった。序章で述べたとおり、一九六〇年代は統計学の進歩により人口動態を中心とした社会階層の変動などの研究が歴史学において進み、大学においてニューヒストリーや修正主義歴史学が盛んとなり、それまでの客観主義的歴史観は衰退していった時期でもある（Novick 1988）。こうしたニューヒストリーや修正主義歴史観の隆盛は、民衆やマイノリティを中心とした歴史記述という特性上、公民権運動や反ベトナム戦争といった左派の思想とも親和性を持ち、WASPを中心とした歴史観を正統とする白人優越主義の流れを汲む保守主義と対抗する構図を作り出してしまった（Saixas 1993）。ニューヒストリーといった存在論的な歴史学の進展と、WASP中心の歴史観を客観的な歴史として認める高校教育までの認識論的な歴史教育との間には、そうしたマイノリティや被抑圧者からの抵抗と、それに対抗する保守派の教育関係者や政策決定者という、一九六〇年代以降に形成されていった対立軸が背景にあった。こうした歴史学と歴史教育との間にある対立軸は、一九九〇年代のナショナル・スタンダード策定をきっかけに歴史スタンダード論争という目に見える形となって現れた。

第1章では、一九六〇年代から一九九〇年代までのアメリカにおける歴史教育改革の流れと、スタンダード改革によって始まった暗記型か思考型かに揺れる歴史教育の現状を州スタンダードや標準テスト（Standardized Tests）の内容やその実施状況から追った。アメリカの教育改革は、一九六〇年代からのレリバンス運動からマイノリティの文化に寄り添った形の教育が各地で推進されるようになった。歴史教育もそれに伴い、一九八〇年代に至るまで、各学校ではそれぞれの教育環境に応じて異なる歴史観がその教材として用いられていた。しかし、一九九〇年代のナショナル・スタンダード論争から、歴史科ナショナル・スタンダードは改訂され、改訂版の基本的な枠組みは各州におけるスタンダードの導入に大きな影響を与えた。歴史科ナショナル・スタンダードや州スタンダードに示されたものは、学習すべき内容というよりも歴史的思考力といったスキルや能力であった。一方で、学習内容は同時に導入された標準テストによって規定されることになり、スタンダード導入による教育改革は標準テストの実施によって歴史教育の実践に大きな影響を与えていった。

第2章では、歴史的思考力の育成において必要とされる、様々なエスニック集団や社会階層から見た歴史観を歴史教育の教材や史料として導入する上で、妨げとなっている教育行政が掲げる教育目標に着目した。ヴァンズレッドライトが、その研究（Vansledright 1996）においてディシプリン・ギャップの大きな要因として挙げた教育委員会や学校区における歴史教育目標にあたる、NY州スタンダード、コアカリキュラム、標準テストの内容を分析し、さらに、学校教育においてそれらのカリキュラムやテストの果たす役割を検証するため、実践レベルでの調査も実施しその影響についても考察を行った。ニューヨーク州は、社会科カリキュラムをめぐる論争が起こった場所でもあり、ラヴィッチといった歴史スタンダード論争の論客が教育庁の顧問も務めている州でもある。標準テストやカリキュラムの内容分析の結果、歴史的思考力の育成を目指す州の歴史スタンダードと、標準テストが示す歴史認識や解釈との間にディシプリン・ギャップがあった。学校評価や生徒の学力評価として導入されたハイステークスな標準テストは、歴史的思考力の育成に見られるような政治的・文化的な多様性を志向するものではなく、逆にアメリカ民主主義の成立と発展という従来の歴史観を踏襲するような政党やアメリカ政府の立場から歴史的な理解を求めるものであり、歴史の学習内容は画一化され、歴史教育の実践そのものがテストのための暗記型教育に傾倒していたのである。

第3章では、イリノイ州の歴史教育カリキュラムに焦点をあてた。イリノイ州では二〇〇五年からハイステークスな標準テスト（Illinois Standards Achievement Test）から社会科のテストが除外された。また、イリノイ州にはニューヨーク州教育庁発行のコアカリキュラムのような具体的な理解すべき内容を記したものも存在しない。イリノイ州の歴史スタンダードを分析したが、州スタンダードには歴史的思考力の育成の枠組みが示されるにとどめられ、取り扱うべき内容や歴史的資料の提示はなかった。さらに、社会科パフォーマンス評価基準（Social Science

Performance Descriptors）や社会科評価フレームワーク（Illinois Social Science Assessment Framework）には、ナショナル・スタンダードやワインバーグが示すような歴史的思考力、つまり異なる歴史観や教材などを調査分析し、歴史解釈を生徒自身によって行うといったパフォーマンスの到達基準が示されていた。ヴァンズレッドライトは、教育委員会や学校区の教育目標が、歴史的思考力の育成をめざす歴史教育の妨げであるとしたが、イリノイ州の目指す歴史教育の目標はこの先行研究を覆すものであり、イリノイ州では大学における歴史学を中等教育段階における歴史教育に運用するにあたって妨げとなるものがないことを示していた。また、イリノイ州の教員養成系大学であるB大学では、歴史教育コースにおいて歴史的思考力の育成のための取り組みを行っていた。コースでは、WASP中心の合衆国史観に対して異なる歴史観を示したローウェンの著作（*Lies My Teacher Told Me*）をテキストとして採用し、K–12レベル教科書とは異なる歴史観や様々な地域の歴史を掘り起こす作業をそのコースに取り入れながら歴史的思考力の育成を図る歴史教育を推進していた。

第4章では、第3章で取り上げたB大学において歴史教育コースを履修する学生に焦点をあて、その歴史教育の実践に対する考えや歴史観について調査を行い、教育実習生自身が持つ新しい歴史観を使った歴史教育を実践することへの不安感を明らかにした。それは、様々な歴史観をその教育実践に持ち込むことで起こるかもしれない批判やトラブルに対する恐れや不安であった。その不安感は伝統的なWASP中心の歴史観とマイノリティを中心とした多様な歴史観との間に起きた歴史教育論争に影響を受けたものであり、多様な歴史観を持ち込むことに対して慎重であるべきだという意見は、協力教師へのインタビューや、大学指導教官から得たサーベイ調査の自由回答からも見られるものであった。存在論的歴史学の考え方を、高校までの歴史教育においても導入していこうとする動きを妨げる要因は、これまで先行研究が明らかにしてきた、教育行政から示される教育目標、伝統的な歴史教育への慣れ、実習生や歴史科教師の新しい歴史教育への経験不足、学校現場の多忙さや歴史的思考力の育成の困難さという教師の思い込みとされてきた。第4章において、調査から明らかになったことは、それらの要因だけではなく、論争において露わになった新しい歴史教育に対する保守派やナショナリストからの攻撃に対して実習生も教師もナーバスになっているということであった。

第5章では、イリノイ州B大学の教員養成課程において新たに行われるようになった「協働的教育実習活動（Collaborative Student Teaching）」のプロジェクトとネットワーク構築の意義について考察を行った。第4章で明らかとなったディシプリン・ギャップの新たな生起要因は、実習生や新任教師が大学において学んできた歴史教育の実践計画を実行するにあたって、批判を受けることに不安になっているということであった。実習生も新任教師もその新しい歴史教育の実践を行うにあたって、協力者や支援者を必要としていた。B大学で試みられている実習生同士の協働プロジェクトやインターネットによるポートフォリオの作成や実習生同士のネットワーク化について考察を行った。加えて、実習校において歴史的思考力の育成に必要な論争中の問題や異なる歴史観などが含まれる教材を使って実習をすることができた新任教師へのインタビューも行った結果、実習生への理解や支援といった実習校の環境が大きな影響を与えることが明らかとなった。また、協働プロジェクトが実習生にとって実習校に入る前に期待感や自己の準備への自信を高めることに寄与し、また他者からの支援やアドバイスを求めやすい環境を作っていることが分かった。

しかし一方で、プロジェクトやインターネットにおけるネットワーク化については課題も多く、実習生の多忙さに追い打ちをかけるものとなっていたり、インターネットによるポートフォリオの提出や実習生同士の協働作業についても、その複雑なシステムから十分に利用されずにいたりと、実習生にとって十分な支援環境を作り出しているという段階にはないことが明らかとなった。

第2節　歴史的思考力が目指す社会——多文化共生——

本書では、歴史教育における歴史的思考力の育成とディシプリン・ギャップに焦点をあて、歴史教育のカリキュラムを目標から評価、そして実戦レベルまで追い、そのギャップがどこで生じるのか、なぜ生じるのかを明らかにしてきた。歴史教育における歴史的思考力の育成と歴史学上のディシプリン・ギャップに焦点をあてることは、これまで日本において進められてきたアメリカ歴史カリキュラム研究を前進させ、その実践レベルでの実像にまで迫る研究であったと考える。また、事例として州レベルの教育に焦点をあてる際に、一つの州の研究だけでは浮き彫りになりにくいイリノイ州の特殊性を、保守派による教育が進むニューヨーク州を参考事例として挙げ比較するといった点で、比較教育学における研究手法として新たな方法論の提示ができたのではないかと考えている。

また、本書で焦点をあてている歴史的思考力は、様々な歴史観を持った資料をもとに異なる時代や文化のもとでの人間の営みについて解釈し、共感する力であり、また批判的に思考する力である。こうした歴史的思考力の育成を図ろうとする歴史教育の改革がK–12レベルの教育実践に浸透していないとする先行研究が一九九〇年代から多く出されてきた。それらの先行研究では、新しい歴史教育の実践を阻むものとして、教育実習生自身が新しい歴史教育の実践を受けた経験がなく、暗記型・一斉授業といった教師主導型の伝統的なスタイルによる歴史教育を一二年間受けてきたことから新しい歴史教育を実践するだけの経験が不足していることが挙げられていた（Pryor 2006; Van Hover and Yeager 2004; Slekar 1998, et al.）。その他にも存在論的歴史学に基づいた研究を行ってきたはずの大学院生がK–12レベルの歴史科教師になると教科書や学校区で定められた教育目標によって認識論的な歴史学に回帰していくことや、テスト対策や教科書をすべて終えるために一斉授業を行うことを強いられ、子ども主体で調べたり解釈させたりしていくような時間的余裕がないこと、さらに生徒自身に歴史的資料を使って歴史的な出来事を解釈させたり、批判的に思考させたりすることは無理だと考えている教師がいることなどが挙げられていた（Vansledright 1996）。

そうしたディシプリン・ギャップの生起要因を探る研究の中には、歴史的思考力を育成するような授業を体験していないとするものも見られる。しかし、一九九四年のナショナル・スタンダード策定において歴史的思考力の育成が掲げられてから、約二〇年の歳月が流れようとしている現在、歴史科教師を目指す学生の中には様々な歴史的資料を使って従来のＷＡＳＰ中心の合衆国史観を批判的に見る授業などを受けてきたものも見られるようになってきた。とはいえ、従来の合衆国史に対してマイノリティの立場や異なる文化から異論の声を上げることは、ＷＡＳＰを中心とするアメリカ民主主義の成立と発展を筋書きとするナショナル・アイデンティティや「文化的リテラシー」の崩壊につながるとする保守派からの声は現在もなお存在する（Stotsky 1999）。

アメリカ白人の優越主義に対抗するものとして、一九七〇年代より登場した黒人や移民といった被支配者層の自己承認や解放や癒しの手段として社会史やニューヒストリーが使われてきたこと（Saixas 1993）からも、従来の社会認識や社会構造、そして特定の人々への崇拝といった価値観まで覆しかねない存在論的歴史学の持つ潜在的可能性は保守派の人々にとって恐威として写ることは想像に難くない。即ち、存在論的歴史学の側から出される様々な合衆国史観に対して、一つの客観的な合衆国史の維持を目指す保守派からのナショナリズムの動きが、西欧近代思想やその流れをくむＷＡＳＰ文化を中心とした合衆国史の再構築という形につながったこと、こうした認識論的な歴史観に戻そうとする保守派の動きと、存在論的なマイノリティの権利獲得の動きは、歴史教育を右にも左にも動かし歴史教育を翻弄させているのである。

トクヴィル（Alexis de Tocqueville）が一八三五年に発表した *De la democratie en Amerique*『アメリカの民主政治』

の中で述べたように、ヨーロッパ人の子孫たち、とりわけイギリス人の子孫はアメリカにおける民主主義の精神を強く信じている。そして、彼ら「イギリス人に端を発し、そして自然的でもあるこの白人種的自負心は、アメリカでは民主的自由によって生まれている個人的自負心でなお著しく増強されている」[1]と述べている。つまり、白人としての優越主義が、民主主義の普及によってさらに高まっているというのである。合衆国史におけるナショナル・アイデンティティの統合を支持する保守派の人々の多くは、社会的地位や収入が高く、ヨーロッパ人を祖先に持つ人々という偏りを持っている。さらに、ローディガー（David R. Roediger）は、白人優越主義の思考が、一九世紀になりアメリカにやってきた低所得者層のヨーロッパ系移民の自己認識の形成とも密接な関係にあることを指摘している。とりわけアイルランド系移民にとって、南北戦争前後の北部での職種や暮らしぶりは解放された黒人のそれとほとんど変わらない状況であり、自らの存在を黒人と乖離するためには、「黒人を自らの職場から放逐し、可能ならばそこに黒人がいたという記憶までも消し去ること（Roediger, 1999: 邦訳 p. 248–9）」であり、白人としての特権、つまり「自ら選択をし、自分たち自身の文化を作り出す歴史上の行為者なのだということ（前出邦訳 p. 32）」を示すことにあったと述べる。ローディガーは、アイルランド系移民の取った戦略として、白人として自己を主張し、その違いとして黒人を対峙させるために、黒人に対して「追従的」「怠惰」「野生的」「好色」といった動物的なレッテルを張る必要があったと述べる（前出邦訳 p. 250）。つまり、知性や政治的権利を持った黒人という存在は、アイルランド系移民、ひいては一九世紀に次々とアメリカにやってきたヨーロッパ系移民にとっては自分たちが「黒人」のような存在ではないことを証明し、アメリカ社会における主体的行為者としての地位を獲得する上で、認めることのできない存在であったというのである。

二〇世紀に入ってもなお、合衆国史は、先住民であるネイティブ・アメリカンや、アフリカ系アメリカ人、そしてニューカマーとして二〇世紀になり増加したアジアや中南米からの移民に対して、アメリカ社会における解決すべき課題として描き続けられている。合衆国史が、ヨーロッパに端を発する民主主義発展の歴史として描かれ、その主体的な行為者として「白人」という集団が描かれるという構造がある限り、黒人を始めとする有色人種の集団やその文化は周縁に位置づけられ続けてきた。それぞれの集団が歴史を描く主体者となり、自己を周縁としてではなく、行為者として語る必要がある、そう訴えたのはデュボイスであった。

様々な歴史観を認める存在論的歴史観は、ナショナル・ヒストリーに対峙するものなのであろうか。アメリカの歴史カリキュラムの変遷を見る限り、アフリカ系アメリカ人や先住民、そして移民の存在を無視して合衆国史を語ることは不可能になっている。アフリカ系アメリカ人や先住民、そして移民は合衆国史そのものであり、また重要な構成要素となっているからである。従来のＷＡＳＰ中心の歴史観によって安心をするのは「アングロ社会への同化（Anglo Conformity）」を図ろうとする人々であり、彼らは過去に起こったマイノリティに対する悲惨な出来事によってマイノリティから批判されることを恐れている人々である。

ワインバーグは「集団的な記憶はフィルターとしての役割を果たす（Wineburg 2001, p. 249）」と述べる。つまり、歴史的な出来事は時間が経つと詳細は忘れられ、何が残って何が忘れ去られるかは、常に今日の社会的なプロセスによって形が変えられていくというのである。彼はそこで次のような例を挙げる。「ある出来事は祝うがある出来事は祝わないといった国家の行為。ある物語は語るがある物語は描かないという小説家や映画製作者の判断。過去からいくつか項目を選んで描くが、他のものは寝かせたまま描かないという形のない社会的なニーズ（Wineburg 2001, p. 249）」。こうした不自然な行為は、なぜ起こるのだろうか。誰かが、またはいずれかの集団が、他の集団との線引きをはかり、歴史記述においてある特定の出来事を選び自分や自己の集団の正当性や主体性を主張しているとすれば、他者はいつまでも歴史の周縁的な地位から逃れることはできない。地球上に様々な個や集団が共存し、またそれらが境界を超えて交流を図るような時代に、自己や自己の集団の正当性だけを主張するだけでは理解し合うことは難しい。不信感や対立の火種になりかねない。

ワインバーグが唱えるように、耳に聞こえの良い事柄だけでナショナル・ヒストリーを学ぶだけでは、様々なネットワークでつながるボーダーレス社会において井の中の蛙となっていくだろう。耳慣れない異なる人々からの声を聞き思考する能力は、地球上の市民として生きていくための能力であり、対話のためのスキルともなる。存在論的な歴史学は、歴史記述そのものの客観性を認めるものでなく、様々な歴史解釈を認めるものである。ナショナル・ヒストリーと存在論的歴史観は対峙するものではない。むしろナショナル・ヒストリーを学ぶ上で必要不可欠な視点である。

第3節 本書の課題と日本における今後の展望

本書では歴史教育において歴史的思考力を育成するための歴史教育改革に焦点をあて、歴史科目のスタンダードを作成に関わる論争から、その実践への影響までを概観してきた。歴史教育の実践において、教育委員会や学校区の教育目標だけでなく、教師を取り囲む環境もまた大きな影響力を及ぼし、歴史教育が伝統的な暗記科目へと回帰する原因ともなった。

ディシプリン・ギャップの生起要因について、州の行政レベルから教室実践までニューヨーク州とイリノイ州の事例から検証することができた。しかし、調査結果を分析するにあたり、特にイリノイ州では保守派の考えを持つ学校管理者や保護者からの批判を恐れていることが、教育実習生や教師の言葉から明らかになった。逆に黒人や移民の多いインナーシティ（貧困地区）に位置する学校では教師が自由に様々な歴史観や資料を使った授業が展開できているということも事例から明らかになってきた。それならば、大学における歴史教育コースは、こうした保守派の人々が多く住む地域においていかに歴史的思考力を育成する歴史教育を行うかという課題を克服する必要がある。コースを担当するエレーナ教授は、そうした批判に耐えうる「教育哲学」を持った学生の育成やネットワークの創造にその解決の糸口を見いだそうとしている。しかし、政治的な保守派との対立は教師にとっては大きなトラブルであり、教育委員会がその相手である場合は人事にも関わる問題でもある。本研究は、地域の教育関係者の中にこうした保守派がいかに構成され、社会にどう働きかけようとしているのかについてまでは分析を行うことができなかった。また、一方で黒人や移民の学生がどのように合衆国史を学んでいるのかについても、本研究では言及することができなかった。こうした研究は今後の課題としたいと考えている。これらの事柄についての考察は、ディシプリン・ギャップの解消を図る方策を考える上でも、またイリノイ州の歴史教育研究をさらに進める上でも必要なものとなるだろう。

さらに、今後の展望として、今後ニューヨーク州とイリノイ州だけではなく、学校区の影響力が州よりも強く州スタンダードが設置されなかったアイオワ州についても見ていくことは日本の歴史教育を考える上で参考になるだろう。また第5章で、大学における歴史教育を実践できるような環境を作るために始められた協働プロジェクトやインターネットによるネットワーク化の進展についての追跡調査を行うことで、日本の大学における教師教育の環境向上にも寄与することができると考えている。

日本における歴史学においても、中世日本の庶民の暮らしを研究した網野善彦や中世ドイツの民間伝承について研究を行った阿部謹也といった社会史から従来の歴史観を覆すような解釈を行う歴史学者も現れ、教科書の記述は近年様々な変更によって大きく変化してきている。二〇〇八年度に出された中学社会科や高校地歴科の学習指導要領では、日本の歴史について政治的な事柄だけではなく、人々の歴史や地域の歴史についても様々な資料を使って生徒自ら調べ、歴史学習を進めるといった目標を掲げている。庶民といった人々に着目した社会史的な観点や様々な資料を調べ考える教育方法の指示は、アメリカのＮＹ州スタンダードが示す歴史的思考力の育成という目標と似た内容となっている。しかし、その一方で日本の学習指導要領には、学習すべき人物や出来事をいかに理解すべきかが具体的に指示されており、コアカリキュラム的な側面も持ち合わせていると言えよう。

さらに、二〇〇七年に歴史教科書における「日本軍の沖縄の人々への集団自決の強要」の記述について、「史実」ではないとの判断から文部科学省教科書検定によって、その記述が削除される出来事があった。その後、教科書調査官の人選が「つくる会」の関係者であったことから、大きく報道され沖縄県民との間で騒動となった。また、保守的な教科書の採用を決めた八重山採択地区協議会の決定から、その地区内の竹富町教育委員会が他社の教科書を独自に有償で採用したという出来事も起こった。歴史の記述に関わる立場の違いは、様々な場所に存在している。日本の学校現場において教科書の内容がこれほどの意味を持つのは、日本の歴史教育が教科書の内容や歴史解釈や理解方法が唯一の正解として学習される認識論的な学習方法に依拠しているためと言える。

アメリカで起こっている歴史教育をめぐる論争は、決して他人事ではない。日本におけるナショナル・ヒストリーに見られる歴史観は、アメリカの合衆国史と同様にこれからも保持されていくだろう。しかし、アメリカと同様に日本国内にも多様な人々との交流は生まれつつあり、さらにこれまで認識されてこなかった女性やマイノリティとしてのアイヌや琉球といった人々の歴史、在日外国人や被差別集団の歴史、そして地域の人々を支えた地域の文化や暮らしの歴史についての歴史研究も進みつつある。こうした歴史に目を向けないままの歴史教育は先に述べたように、井の中の蛙としての歴史を学ぶにすぎない。つまり、被抑圧者の人々の置かれた立場や、疲弊していく地域文化、海外の国々に住む人々など、異なる集団に属す人々について理解する能力を育成する機会を逸することになる。存在論的歴史観の持つ解釈の視点や、社会史や庶民や異なる民族の視点を取り入れることで育成される歴史的思考力は、ナショナル・ヒストリーの否定につながるものでもない。多様な価値観を持った人々とともに生きる社会を築く上で必要な能力であり、二〇〇八年の学習指導要領の改訂趣旨[2]とも重なる部分である。そういった意味からも、本書における歴史教育の研究は、日本における歴史教育に対しても、アメリカの歴史教育における能力観やその方法論といった歴史教育の在り方という点から示唆を与えるものであると考える。

[注]

1　井伊玄太郎訳『アメリカ民主政治（中）』、講談社学術文庫（一九八七年発行）三八〇頁より引用。

2　平成二二年六月に発行された文部科学省編『学習指導要領解説』（小学校社会編、中学校社会編、高等学校地理歴史編・公民編）は、日本の児童生徒について「思考力・判断力・表現力等を問う読解力や記述式問題、知識・技能を活用する問題」に課題が見られると指摘している。

あとがき

本書は、著者が二〇一四年に提出した博士論文がもとになっている。博士論文に登場する教育現場の調査は二〇〇一年に始まったことを考えると、成果を出すまでに多くの歳月を要してしまった。長期にわたる調査は、アメリカの社会や歴史教育についてて理解を深めることにもつながったが、教育現場は常に変化しつづけ、つねにその意味を考え続けなければならなかった。博士論文を提出して約三年の年月が流れ、これまでの調査を振り返える機会も得た。さらに早稲田大学の油布佐和子教授の調査チームにも入れていただき追跡調査も行う機会も得、博士論文に加筆修正を加えるかたちで本書の刊行に漕ぎつけた。

振り返ると、足掛け一五年にもおよぶアメリカ歴史教育研究の始まりは、子どもたちが自発的に学び意見を述べ合うような理想の教育を見たいという気持ちからであった。しかし、現実は違うものであった。ニューヨークを訪問中の筆者は、本書でも登場するヴァンズレッドライト氏に教育調査を依頼したが、氏からは「あなたが想像するような歴史教育はもうメリーランドでは行われていません。メリーランドに授業を見に来てもしかたがありませんよ」という文言から始まる返信メールが届けられた。まえがきにも書いたが、その後のニューヨークでの調査は希望を打ち消すような結果に終わった。振り返ってみると、ニューヨーク市内の高校でインタビューさせてもらった先生は、日本にいるときの筆者だったのかもしれない。認知心理学を大学で学び衝撃を受けたこと、それを生かした教育方法が知りたい、どうしたらやれるのか、教育方法を模索する言葉に、当時返す言葉を見つけることができなかった。夕暮れ過ぎの暗くなった教室で二人、出口の見えない空間にいたように思う。

帰国し、文献をあさるうちにニューヨーク州のカリキュラムを調査した森茂岳雄氏の論文に出会い、ニューヨーク州では社会科カリキュラムが論争を経て変化したことを知る。次に、修士課程在籍時の指導教官であった森谷宏幸先生のもとで、一九九四年版のナショナル・スタンダードに出会う。すると、森田真樹氏のナショナル・スタンダードの改訂をめぐる論文に行き着いた。帰国して知るニューヨークひいてはアメリカのカリキュラム事情、そして歴史教育論争の果てが、まさに見てきたばかりのニューヨークの学校の実情であった。しかし、なぜ社会史を取り入れ、歴史的思考を取り入れたカリキュラムが、テスト対策に明け暮れる学校、アフリカ系やヒスパニック系のアメリカ人生徒を学校嫌いにさせる結果を生み出しているのか、結論が出せなかった。

書き上げたばかりの修士論文をもとに日本カリキュラム学会で発表する機会を得た。そこに森茂教授の姿があった。森茂教授からは、教育実践現場について関心を寄せていただき、また東京で開いているという定例研究会にも誘ってくださった。まさに、研究の世界への入り口が開いたかのように思えたが、博士課程への進学など途方もない夢として諦め、再び高校の教育現場に戻ることとなった。今になって思えば、再び膨大な時間と多額の費用を捻出して再調査するほどの価値を、アメリカの教育に見いだせなくなっていたのかもしれない。

非常勤講師として高校の現場に戻ったとき、アメリカ以上に受験対策に追われる生徒と教師の姿を見るはめになる。そんなことは百も承知のはずだったが、アメリカ以上の暗記型学習には以前にも増すカルチャーショックを感じた。これだけの時間をかけて暗記することの意味は何だろうか、小テストは生徒の何を評価しているのだろうか、能力があるのに小テストに何も書いてこない生徒、満点を取るまじめな生徒、勤勉性や教師への忠実性を測る指標にしかなっていないのではないか。誰のための教育なのか、いつしか日々の作業に苦闘する日々が戻ってきた。

非常勤講師としての経験は筆者に様々な出会いをもたらしてくれた。非常勤講師のなかには、定年後に再雇用された、長年の教育経験を有する教師も少なくなかった。暗記型に傾倒する歴史教育に疑問を抱いていた教師の一人が、Y先生である。韓国語をマスターし、日韓の歴史教師の交流会にも出かけていくような先生だった。その先の言葉が忘れられないものになった。「教科書は事実を並べて嘘も書ける」。歴史はどんな史料を使うか、またその解釈しだいで、いかようにも記述できる。もう一度大学院で研究してみようと踏み出したとき、Y先生は「新しい歴史教育が知りたい。みんな知りたいと思っている」と言って送り出してくれた。

亀の歩みのような研究ペースで、そこから一〇年がたってしまった。やっと分かりかけたとき、恩師であった森谷先生は逝ってしまった。森谷先生は、私にヴァンズレッドライト氏の論文にある、ディシプリン・ギャップという言葉に出会わせてくれた先生でもある。森谷先生は、スタンフォード大学で国外研究をされ、アイスナー（E. Eisner）教授のもとで研究している。その時の同窓だったコロンビア大学のソントン（S. Thornton）教授を渡米時に紹介してくれた。ニューヨークの学校に縁ができたが、おかげでニューヨーク市内の公立学校において暗記型教育を観察するはめになってしまったことは先述のとおりである。振り返ってみると、私が初めてニューヨークで調査する前に、先生はすでにディシプリン・ギャップが鍵になることは分かっていたのではないかと思う。ヒントはくれても教えない、いや気づくまで待つ先生だった。学問は回り道をしてやっとゴールのようなものがぼんやり見えてくるものなのかもしれない。逝ってしまった先生はどのあたりから、四苦八苦する筆者を見ていたのだろうか、もう知るよしもない。

博士課程で次の研究の灯火を点けてくれた先生が、望田研吾先生である。海外における研究を毎年欠かさず行い、常に最新の動向から教育の潮流を見定めていく。研究者として王道を行くような先生である。筆者は、望田先生のもとで研究の世界を知り、その姿が常に私の背中を押してくれた。再度の渡米研究は、ロータリークラブから奨学金によって果たすことができた。奨学金は一年間のものだったが、これが足がかりとなり二年間をアメリカで過ごすことができた。その二年間で、筆者はアメリカの教育システムや社会構造を大学院生として、また生活の中から学んでいった。

渡米一年目の冬、調査の合間に寄ったニューヨーク市内のスターバックスで、ある女性と相席になった。クリスマスプレゼントをたくさん買い込みたくさんの荷物に囲まれている姿に思わず声をかけてしまった。彼女は、サウスカロライナから旅行でニューヨークを訪れており、意気投合した筆者は、彼女の家を訪問することになった。サウスカロライナはディープサウスとも呼ばれ、南軍旗（Confederate Flag）がまだ家々に掲げられ、奴隷解放後も黒人への差別が強く残った地域である。一方で、チェロキー族が、伝統文化を継承し守り続けた場所でもあった。チェロキー族は、土地を失い強制移住させられ際に生まれた「涙の道」のエピソードで有名な先住民の部族である。当時よく筆者が言われたことがある。日本人はネイティブ・アメリカンとどこかでつながっているはずだから、よく知っておきなさいという言葉である。庭から目前に広がる湖にカヌーを浮かべて、目をつぶって時間を過ごした。さらにそこでは、独立戦争を戦ったアングロサクソン系アメリカ人の子孫という人々のお食事会にも誘われることになった。植民地時代の服装をした女性たちに囲まれ、当時の食べ物をいただくことになった。渡米して初めて出会ったアングロサクソン系アメリカ人の人々であった。それまでに滞在したニューヨーク市やイリノイ州ではほとんど出会うことができなかった人々だった。元ニューヨーカーたちの豪邸が立ち並ぶ住宅街での食事会にも誘われた。サウスカロライナはアパラチア山脈の麓に位置し、その山脈のなだらかさから灌木生い茂る林が広がっている。そうした豊かな自然のなかで、悠々自適に暮らすニューヨーカーたちの余生からもアメリカという社会が見え隠れし始めた。

アメリカでの調査のために大学院に在籍し、大学生と一緒に生活も始めた。大学内の食堂でアルバイトをする。仕事をすると社会保障番号をもらう、社会保障番号を得たことで自動車の運転免許証も取得が可能になった。インターネットで一六万キロ走ったカナダ産スズキスウィフトを購入する。書類にサインするだけで名義変更ができた。二年目は、リサーチ・アシスタントとしても大学に雇用してもらった。ファカルティとして雇用されれば学費が無料になった。二年目はこうして調査を続けることができた。歴史教育コースで学んでいる学生と知り合いになり、実習先で出前の授業をする。原爆についての授業だったため、広島からきていた日本人の留学生と一緒に行き話をした。生徒の中には涙するものもあった。達成感はあったが、不思議な体験となった。その学校はローウェンの本『サンダウン・タウン（*Sundown Town*）』（Loewen, 2006）にも出てくる悪名高い学校だったのだ。クー・クラックス・クランの本部もその町に置かれ、一九八〇年代まで「有色人種は日暮れまでに町を出なければならない」という暗黙のルールがあった。そうした町の存在は、アメリカ北部には無数に存在しているという。今まで語られなかったアメリカ社会の裏側が顔を出し始めた。ここは北部なのに、どうして南部のような人種隔離制度があるのか、その答えはアフリカ系アメリカ人の学生に聞けばすぐにわかった。奴隷解放後、全米一徹底した人種隔離政策が行われた場所はシカゴだった。北部では多くの町が黒人の流入を防ぐために、日暮れルールを制定した。居住させなければ、人口統計に黒人人口が掲載されることはない。このような話は合衆国史の教科書には決して載ることはない。イリノイ州にいたリンカーンがなぜ黒人に対して差別的な意識をもっていたのか、そんなことはサンダウン・タウンのことを知れば想像に難くないのである。

本書で調査した高校や大学からは、出前授業、出前講義を依頼され何度となく話をしている。日本の歴史について、異なる視点から疑問を投げかけるようなテーマで授業や講義を組んだ。タイトルは「なぜアメリカは日本との戦争をやめようとしなかったのか」、無条件降伏しか受け入れなかったトルーマン大統領の対日政策、トルーマン大統領の原子爆弾への認識、第一次史料をもとに疑問提起を行った。もちろん合衆国史の教科書には載っていない情報である。後で受け取った高校生からの感想には、負けたらすべて失ってしまうという条件だったらきっと自分も死ぬまで戦うだろうといったことが書かれていた。異なる視点から歴史の学習を進めるということで、学習するものに、その時代に生きた人々についての理解を促し、共感をも引き出すことができるのだなと思った瞬間だった。ワインバーグが引用したカール・デグラーの言葉、見知らぬ人々や過去との出会いが「我々をこの地球上の人類の一員へと導いてくれる」、この言葉を思い出さずにはいられない出来事だった。

大学の寮に住み、公立大学の寮制度、人々の思想についても学んだ。寮のルームメイトである、一八歳のポーランド系アメリカ人の女子学生がアフリカ系アメリカ人の彼氏を部屋に連れてきて、一週間一緒に同じ部屋で過ごしたいという。自由な恋愛である。日本では以前、自由の容認はわがままを許容する、アメリカから輸入すれば倫理観の崩壊につながるといった意見があったように思う。アメリカの自由は、保守派共和党にとっては経済活動の自由、対する民主党にとっては宗教的価値観からの自由、貧困からの自由に近い。同性愛や中絶容認をめぐって共和党支持層と民主党支持層は大きく分かれている。ルームメイトは部屋の扉に「オバマ・ビッチズ（Obama Bitches!）」と書かれた紙を貼り、オバマ支持を表明していた。一方、ロータリークラブで紹介されたホストファミリーは週末になるとモルモン教の教会に連れて行ってくれるなど、宗教的には大変保守的な人々である。アルコールなどはモラルに反した飲み物であり、結婚前の男女の性交渉は禁止であるという厳格な考え方がよく伝わってきた。オバマ政権を支持する人々のふるまいは受け入れ難いという共和党支持者であった。

ホストファミリーにドライブに連れて行ってもらう機会があった。アーミッシュ（Amish）の人々が住む地域だという。その周辺の町に着くと馬車が目の前を通り過ぎていく。電線の通っていない家々が、電線の通っている家々の間にある。電気を使わないため、洗濯物が外に干されている、そうした家が彼らの家だという。近代的な暮らしや現代の価値観を嫌う彼らの暮らしはとても厳格なものだという。さらに、日系アメリカ人の友人にも出会った。彼は、バプテスト派の敬虔なクリスチャンで、いつか日本で布教活動がしたいという。彼に誘われてイリノイ州の南部にある親戚の家を訪問すると、そこは近くには炭鉱の跡地もあり、広大な農地が広がる場所だった。夜になると、外には夥しい数のホタルが飛んでいた。道を歩くと、目の中にも服の中にも入ってくるような勢いだ。ホタルが入らないように玄関を閉めるが、窓ガラスはホタルだらけで、数匹なら貴重だが、ここまでくるとさすがに愛でる気持ちにもなれなかった。朝になり朝食に呼ばれ母屋に向かうと、キッチンの棚には数丁の銃が置かれていた。不審者が来るとそれで身を守るのだと教えてくれた。銃は誰に向けられてきたのだろう、そんな不安な気持ちになった。

イリノイ州は炭鉱で栄え、ミシシッピ川や五大湖を通じて石炭が輸送された、また多くの移民によって大陸横断鉄道が敷設され、また西部へのルートとして有名な六六号線が伸びている。多くの仕事がこの地にあり、まさに一八〇〇年代後半にヨーロッパから移住した人々の新天地であった。まさにフロンティアであり、また新たなフロンティアへの入り口だった。しかし、一八〇〇年代前半までここにいたはずの先住民族、ネイティブ・アメリカンについての記録や形跡がほとんど残されていない。町の歴史資料館で史料調査を行っても、百年前の地図資料に町に二軒ネイティブ・アメリカンのものと思われるテントの絵が描かれているくらいである。大学院に在籍する近隣の学校のドイツ系アメリカ人の教員に、ネイティブ・アメリカンの話を聞くと「分からない」「彼らは良い人たちだから、自分から町を去っていったのよ」という答えが返ってくる。本書の第４章に登場する教師ロジャーにその話をすると、イリノイ州には世界最大級のピラミッド、カホキア遺跡があったことを知った。そこで情報は途絶えた。

大学院での二年間の研究生活を終え、イエローストーン国立公園まで車を借りて旅行することにした。西へ西へと進むにつれ、荒野になっていく。サウスダコタ州まで行くと、さながら西部劇の世界である。さらに進みいつしか岩がゴロゴロした荒野に出ると、そこはネイティブ・アメリカンの居留地だった。こんなところで何の植物が育つのだろう、彼らはどうやって生計を立てているのか、そんな疑問がよぎった。続いて現れたのが、日系アメリカ人の強制収容所跡だった。近くの観光案内所で、日本人ならこの歴史を知らなければならないと言われた。合衆国史が、目前に現実となって現れるような体験だった。こうして私の二年間の大学院生活は幕を閉じた。

日本において、アメリカに暮らす白人や黒人の向こうにある違いを見ることは難しい。しかし、白人にもアングロサクソン系、アイルランド系、ポーランド系、ユダヤ系、ラテン系メスティーソなど様々なバックグラウンドがあり、黒人にもアフリカ系、ラテン系、フランス系、ガーナ系、ケニア系など、これもまた様々なバックグラウンドがある。これほどに異なるにもかかわらず、なぜ白人・黒人という肌の色の二種類の分類による差別がこんなにも根強いのか。未だに、白人警官による黒人少年殺害事件、警官の暴力（police brutality）が止んではいない。カリキュラムにある「人権」「自由」をすべてのアメリカ人に保証するというナショナル・アイデンティティは、いつどこで機能しているのか。ナショナル・アイデンティティは単なる政府のスローガンでは、そんな気持ちも携え、筆者は帰国した。

日本では東日本大震災が発生していた。日本人という括りが様々な場所で取り上げられていた。落し物を拾って届ける日本人、並んで救援物資をもらう日本人、体操で金メダルを取る日本人、伝統的な刃物を作る日本人、いつしか個人名はなくなり、日本人という集団名に取って代わる。個人への賞賛のはずが、集団への賞賛を好む風潮が際立っていた。ナショナル・アイデンティティは個人の中に自然に芽生えるものではなく、国家政策やメディアによって作られている、そう痛感するようになった。

日本の歴史教育の向かう将来はどうだろう。筆者には、アメリカのチャレンジする教師たちが眩しく思えるほどに、日本の歴史教育は暗い。そして、どことなく殺気立っていて出口が見えない。未来はあるだろうか、そう思えてくる。ナショナル・アイデンティティは私たちをノアの箱舟のように、どこか安全な場所へと連れて行ってくれるだろうか。この地球上の一員になれるのだろうか。アメリカの保守派は、多文化主義は国家を分裂へと招くと言ったが、一人ひとりが自分の出自に自信を持ってそれぞれの物語を語り始めると人間は一緒にいられなくなるのだろうか。一橋大学教授だった故辻内鏡人氏はそのことを問う。異なる個同士が、相互に他者からその尊厳ある存在として認められるとき、そこに憎しみや分裂の危機は生じるだろうか。政治哲学者のチャールズ・テイラー（Charles Taylor）は、多文化主義について記した著書の中で、他者からの承認の重要性を説く。異なる個同士が相互に認め、認められるという空間は居心地のいい空間ではないだろうか。自由に自己の個性を表出できる社会、それはどんな社会、場所、空間においても快適ではないだろうか。そのことはアメリカ人自身がよく知っていることではないだろうか。

伝統的な歴史観、つまり政治史から歴史を概観するという歴史観は、社会経済的地位の高い登場人物が頻出し、資料も法律や政治にまつわる公的文書などが多いことから、どちらかというと高校までの日本史教科書の歴史記述に近い。日本史ではどちらかというと各時代を、天皇、貴族、武士、首相の歴代政策史という視点から概観し、流れも小国家体制から分権国家、中央集権体制という国家体制完成までの道のりになっている。さらに、戦後日本史は、経済復興と経済成長という経済的な発展史観に彩られている。日本史では、マイノリティ集団である賤民、アイヌや琉球、外国人の存在は認識できるが、近代以前はもちろんのこと、近代以後においても日本史のなかに彼らの存在を、主体的な歴史の形成者として記述することはほぼ皆無である。また、その集団的・文化的価値を示すこともほとんど成功していない。

多文化主義の思想に基づく歴史教育の果たす役割は先に述べたとおりである。日本という領域で暮らす人々、また国境を越えて情報やモノを交換する人々、さらに国境を越えて活動する人々、これら日本に暮らす人々にとって、他者の存在を尊厳ある存在として認めていくことは「地球上の人類の一員」となる上で重要な鍵である。歴史的思考力を育てる歴史教育の目標は、他者を理解すること、しかも異なる文化や時代に生きる人々を理解することにあり、それは多様な文化や社会を有するグローバルな現在の世界に生きる私たちに求められている能力である。

本書を刊行するにあたり、日本学術振興会平成二九年度科学研究費助成事業（科学研究費補助金）（研究成果公開促進費・学術図書、課題番号 JP17HP5232）の交付をいただいた。その助成申請のきっかけは同僚の中馬充子教授、そして九州大学出版会永山俊二氏からの温かい励ましであり、二人の助言がなければ本書は刊行されることはなかった。また、博士論文指導を担当していただいた九州大学の竹熊尚夫教授、そしてアメリカでの研究を支えてくださったエレーナ教授（仮名）、そして研究を影で支えてくれた家族や友人にも謝辞を捧げたい。

本書の刊行が、学校種を超えて社会科教育、歴史教育、地理教育、公民教育に携わる教育関係者の方々にとって、いくらかでもその改善や状況認識に役立つものとなればと願っている。アメリカの教育現場を長年調査するなかで痛感したことは、日本の教師もアメリカの教師も同じことで悩み、努力し、最善を尽くそうとしているということだった。正直にいうと、状況はあまり変わらないと言ってもいい。しかし、日本とアメリカで大きく違うことがある。それは、暗記型ではない思考型の教育に変えていこう、チャレンジしようとする教育者たちの自己効力感、期待感が高いという点である。現在、日本でも教員養成の指標づくりが各地で行われている。実は今こそ、すべての教育関係者にとって、これまでとは異なる新しい教育に変えていこうとする好機であり、チャレンジする時期なのかもしれない。

川上具美

二〇一七年一二月吉日

引用・参考文献

〈外国語文献〉

Barton, K.C. & Levstik, L. S.（2003）Why Don't More History Teachers Engage Students in Interpretation? *Social Education*, 67（6）, 358–361.

Banks, James A.（1994）*An Introduction to Multicultural Education*, Allyn and Bacon＝一九九六　平沢安政訳、『多文化教育　新しい時代の学校づくり』、サイマル出版会

Behar-Horenstein, Linda S.（2000）Can the Modern View of Curriculum Be Refined by Postmodern Criticism? *Paradigm Debates in Curriculum and Supervision*, Bergin & Garvey

Bernstein, Basil（1973）Social Class, Language and Socialisation, *Current Trend in Linguistics*, Vol. 12, Mouton＝一九八〇　佐藤智美訳、「社会階級・言語・社会化」、『教育と社会変動』（上）、東京大学出版会

Bogdan, R. & Biklen, S.K.（1998）*Qualitative Research in Educaion, An Introduction to Theory and Methods*, Third Edition, Allyn and Bacon

Bowles, Samuel（1971）Unequal Education and the Reproduction of the Social Division of Labor, *Review of Radical Political Economics 3*（Fall 1971）＝一九八〇　早川操訳、「教育の不平等と社会的分業の再生産」、『教育と社会変動』（上）、東京大学出版会

Bowles, Samuel & Gintis, Herbert（1976）*Schooling in Capitalist America: Educational Reform and Contradictions of Economic Life*, Basic Books＝一九八七　宇沢弘文訳、『アメリカ資本主義と学校教育　教育改革と経済制度の矛盾』（Ⅰ・Ⅱ）、岩波書店

Burke, P.（2001）*New Perspectives on Historical Writing*, Penn State University Press＝一九八六　谷川稔・谷口健治・川島昭夫・太田和子ほか訳、『ニュー・ヒストリーの現在　歴史叙述の新しい展望』、人文書院

Burroughs, S.（2002）Testy Times for Social Studies, *Social Education*, 66（5）, pp. 315–318

Cayton, A., Perry, E.I. & Winkler, A. M.（1998）*America, Pathways to the Present*, Prentice Hall

Creswell, John W.（2008）*Educational Research: Planning, Conducting, and Evaluating Quantitative Research*, Third Edition, Pearson Merrill Prentice Hall

Danielson, C.（2011）*Enhancing Professional Practice: A framework for teaching*. ASCD

DeBray, E., Parson, G. & Woodworth, K.（2002）Patterns of Response in Four High Schools Under State Accountability Policies in Vermont and New York, *From the Capital to the Classroom Standards-based Reform in the States Part Two*, The National Society for the Study of Education

Dewey, J.（1915）*The School and Society*, Revised Edition, The University of Chicago Press＝一九五七　宮原誠一訳、『学校と社会』、岩波文庫

Dewey, J.（1916）*Democracy and Education*, The Macmilan

Dewey, J.（1964）*My Pedagogic Creed*, Random House, New York

Doyle, W. & Ponder, G.（1976）*The Ethic of Practicality and Curriculum Implemantation*, Unpublished manuscript. College of Education, University of North Texas

Drake, F.D. & Brown, S.D.（2003）A Systematic Approach to Improve Students' Historical Thinking, *The History Teacher*, Vol. 36, No. 4, August 2003, pp.465–489

Epstein, T.（2009）The Racial Divide: Difference in White and Black Students' Interpretation of U.S. History, *Interpreting National History: Race, Identity, and Pedagogy in Classrooms and Communities*, Routledge

Evans, W.R., Avery, G.P. & Pederson, V.P.（2000）Taboo Topics: Cultural Restraint on Teaching Social Issues, *The Clearing House* 73（5）, 295–302

Everhart, B. & Hogarty, K.（2009）Supporting the Preparation of Beginning Teachers with Online Assessment Products. *Education*, Vol. 129（3）, 400–414

Fallace, T. & Neem, N.J.（2005）Historiographical Thinking: Towards a New Approach to Prepare History Teachers, *Theory and Research in Social Education*, 33（3）, 329–346

Finn, C.E.（1995）*Who's Afraid of the Big Bad Test, Debating The Future of American Education*, Brookings

FitzGerald, F.（1979）*America Revised: History Schoolbooks in the Twentieth Century*, An Atlantic Monthly Press Book ＝一九八一　中村輝子訳、『改訂版アメリカ　書きかえられた教科書の歴史』、朝日選書

Fuhrman, S.H.（2001）*From the Capital to the Classroom Standards-based Reform in the States Part Two*, The National Society for the Study of Education

Gitlin, Todd（1987）*The Sixties: Years of Hope, Days of Rage*, Roberta Pryor, Inc.＝一九九三　疋田三良・向井俊二訳、『六〇年代アメリカ　希望と怒りの日々』、渓流社

Grant, S.G.（2005）Research on History Tests, *Measuring History: Cases of State-Level Testing Across the United States*, IAP-Information Age Publishing, Inc.

Grant, S.G., Derme-Insinna, Alison, et al.（2002）When Increasing Stakes Need Not Mean Increasing Standards: The Case of New York State Global History and Geography Exam, *Theory and Research in Social Studies Education*, Vol. 30, Number 4, pp. 488–515

Grant, S.G.（2001）An Uncertain Lever: Exploring the Influence of State-Level Testing in New York State on Teaching Social Studies, *Teachers College Record*, Vol.103, No. 3, June 2001, pp.398–426

Grant, G.S.（2006）Research on History Tests. In Grant, G.S., *Measuring History*（pp. 29–56）, Information Age Publishing

Gordon, M.M.（1964）*Assimilation in American Life: The Role of Race, Religion, and National Origins*, Oxford University Press＝二〇〇〇　倉田和四生・山本剛郎訳編、『アメリカンライフにおける同化理論の諸相　人種・宗教および出身国の役割』、晃洋書房

Hirsch, E.D. Jr.（1983）Cultural Literacy, *The American Scholar*, Vol. 52, 159–169

Hirsch, E.D. Jr.（1987）*Cultural Literacy: What Every American Needs to Know*, Houghton Mifflin＝1989　中村保男訳、『教養が国をつくる　アメリカ建て直し教育論』、ＴＢＳブリタニカ

Hursh, D.W.（2016）*The End of Public Schools: The Corporate Reform Agenda to Privatize Education*, Routledge

James, J.H.（2008）Teachers as Protectors: Making Sense of Preservice Teachers' Resistance, *Theory and Research in Social Education*, 36（3）, 172–205.

Jennes, David（1990）*Making Sense of Social Studies*, Macmillan

Johnson, Theresa & Avery, Patricia, G.（1999）The Power of the Press: A Content and Discourse Analysis of the United States History Standards as Presented in Selected Newspapers, *Theory and Research in Social Education*, Vol. 27, Number 4, Fall 1999, 447–471

Johnson-Leslie, N.A.（2008–2009）Comparing the Efficacy of an Engineered-based Systen（College LiveText）with an Off-the-Shelf General Tool（Hyperstudio）for Developing Electronic Portfolios in Teacher Education, *Journal of Educational Technology Sysytems*, Vol. 37（4）, 385–404

Karabel, Jerome & Halsey, A.H.（1977）Educational Research: A Review and an Interpretation, *Power and Ideology in Education*, New York: Oxford University Press＝一九八〇　潮木守一・天野郁夫・藤田英典編訳、「教育社会学のパラダイム展開」、『教育と社会変動』（上）、東京大学出版会、一九九五

Lipman, Pauline（2011）*The New Political Economy of Urban Education: Neoliberalism, Race, and the Right to the City*, Routledge

Loewen, J.W.（1995, 2007）*Lies My Teacher Told Me*, Touchstone＝二〇〇三　富田虎男監訳、『アメリカの歴史教科書問題　先生が教えた嘘』、明石書店

Loewen, J.W.（2006）*Sundown Town: A Hidden Dimension of American Racism*, Touchstone.

Marshall S. Smith（1995）*'Reform in America's Public Schools: The Clinton Agenda', in Ravitch, D. ed.*（*1995*）*Debating the Future of American*

Education—Do We Need National Standard and Assesments? , Report of a Conference Sponsored by the Brown Center on Education Policy at the Brookings Institution

Mayer, R.H. (2006) Learning to Teach Young People How to Think Historically: A Case Study of One Student Teacher's Experience, *The Social Studies*, 97 (2), 69–76.

Meier, D. & Wood, G. (2004) *Many Childern Left Behind: How the No Child Left Behind Act Is Damaging Our Children and Our Schools*, Beacon Press

McDougall, W.A. (1995) Whose History? Whose Standards? *Commentary*, Vol. 99, 36–36.

McGuire, M.E. (1996) Teacher Education: Some Current Challenges. *Social Education*, 60 (2), 89–94

Merriam, S.B. (1998) *Qualitative Research and Case Study Applications in Education*, Jossey-Bass＝二〇〇四　堀薫夫・久保真人・成島美弥訳『質的調査法入門　教育における調査法とケース・スタディ』ミネルヴァ書房

Misco, T. & Patterson, N.C. (2007) A Study of Pre-Service Teachers' Conceptualizations of Academic Freedom and Controversial Issues, *Theory and Research in Social Education*, 35 (4), 520–550.

Nash, G.B., Crabtree, C. & Dunn, R. E. (1997, 2000) *History on Trial—Culture Wars and the Teaching of the Past*, Vintage Books

National Center for History in the Schools (1994) *National Standards for United States History: Exploring the American Experience*, University of California

National Center for History in the Schools (1994) *National Standards for World History: Exploring Paths to the Present*, University of California

National Center for History in the Schools (1996) *National Standards for History Revised Editon*, University of California

National Council for the Social Studies (1994) *Curriculum Standards for Social Studies, Expectations of Excellence*, NCSS Publications

NYSED (1997) *New York Learning Standard*, Retrieved from http://www.p12.nysed.gov/ciai/socst/documents/sslearn.pdf at May 31st, 2013

NYSED (1999) *Core Curriculum with Resource Guide & Core Curriculum*, Retrieved from http://www.p12.nysed.gov/ciai/socst/pub/sscore1.pdf at May 31st, 2013

Nieto, Sonia (1999) *The Light in Their Eyes—Creating Multicultural Learning Communities*, Teachers College Press Smith

Novick, Peter (1988) *That Noble Dream: The 'Objectivity Question' and the American Historical Profession*, Cambridge University Press

Ntuli, E., Keengwe, J. & Kyei-Blankson, L. (2009) Electronic Portfolio in Teacher Education: A Case Study of Early Childfood Teacher Candidates, *Early Childhood Education*, Vol. 37, 121–126.

Ogbu, U. John (2000) 「集団的アイデンティティ　学校教育への示唆」志水宏吉・堀家由妃代訳『変動社会のなかの教育・知識・権力

問題としての教育改革・教師・学校文化』、新曜社
Patton, Q.M.（2002）*Qualitative Research & Evaluation Methods*, 3 Edition. Sage Publications
Pryor, C.R.（2006）Pre-service to In-service Changes in Beliefs: A Study of Intention to Become a Democratic Practioner, *Theory and Research in Social Studies Education* , 34（1）, 98–123
Ravitch, Diane（1995）*National Standards in American Education: A Citizen's Guide*, Washington, D.C.: The Brookings Institution
Ravitch, Diane（2011）*The Death and Life of the Great American School System: How Testing and Choice Are Undermining Education*, Basic Books＝二〇一三　本図愛美監訳、『偉大なるアメリカ公立学校の死と生　テキストと学校選択がいかに教育をだめにしてきたか』、協同出版
Ravitch, Diane（2013）*Reign of Error; The Hoax of the Privatization Movement and the Danger to America's Public Schools*, Vintage Books＝二〇一五　末藤美津子訳、『アメリカ　間違いがまかり通っている時代　公立学校の企業型改革への批判と解決法』、東信堂
Roediger, D.R.（1999）*The Wages of Whiteness*, Revised Edition, Verso＝二〇〇六　小原豊志・竹中興慈・井川眞砂・落合明子訳、『アメリカにおける白人意識の構築　労働者階級の形成と人種』、明石書店
Saixas, Peter（1993）Parallel Crises: History and the Social Studies Curriculum in the USA, *J. Curriculum Studies*, Vol. 24, No. 3, 235–250
Schulesinger, Jr., Arthur M.（1991）*The Disuniting of America*, Whittle Books＝一九九二　都留重人訳、『アメリカの分裂　多元文化社会についての所見』、岩波書店
Sharpe, Jim（1991）"History from Below", *New Perspectives on Historical Writing*, Polity Press＝一九九六　川島昭夫訳、「下からの歴史」、『ニューヒストリーの現在　歴史叙述の新しい展望』、人文書院
Silberman, Charles E.（1970）*Crisis in the Classroom*, Random House＝一九七三　山本正訳、『教室の危機　学校教育の全面的再検討』（上・下）、サイマル出版会
Slekar, T.D.（1998）Epistemological Entanglements: Preservice Elementary School Teachers' "Apprenticieship of Observation" and the Teaching of History, *Theory and Reseach in Social Education*, 26（4）, 485–507.
Smith, M.S.（1995）Reform in America's Public Schools: The Clinton Agenda, *Debating the Future of American Education: Do We Need National Standard and Assessments*?, Brookings
Stotsky, Sandra（1999）"Losing Our Language: How Multiculturalism Undermine Our Children's Ability to Read, Write & Reason", Encounter Books
Symcox, L.（2002）*Whose History?: The Struggle for National Standards in American Classrooms*, Teachers College Press
Van Hover, S.D. & Yeager, E.A.（2004）Challenges Facing Beginning History Teachers: An Exploratory Study, *International Journal of Social*

Education, 19 (1), 8–21.

Vansledright, B.A. (2000) Can Ten-Year-Olds Learn to Investigate History As Historians Do? *Organization of American Historians Newsletter*, 28 (3)

Vansledright, B.A. (1996) Closing the Gap between School and Disciplinary History?: Historian as High School History Teacher. In J. Brophy, *Advances in Research on Teaching* (pp. 257–289), JAI Press, Inc

Wineburg, Sam (2001) *Historical Thinking and Other Unnatural Acts: Charting the Future of Teaching the Past*, Temple University Press＝二〇一七　渡部竜也監訳、『歴史的思考　その不自然な行為』、春風社

Woodward, Patricia (1996) *The Teacher's Almanac 2nd edition: The Professional Teacher's Handbook*, Lowell House

Yeager, E.A. & Davis, J.O. (1995) Between Campus and Classroom: Secondary Students-Teachers' Thinking About Historical Text. *Journal of Research and Development in Education*, 29 (1), 1–8.

Zaccaria, M.A. (1978) The Development of Historical Thinking: Implications for the Teaching of History, *The History Teacher*, Vol. 11, No. 3, pp. 323–340

Zeichner, K.M. & Tabachnick, R.B. (1981) Are the Effects of University Teacher Education 'Washed Out' by School Experience?, *Journal of Teacher Education*, 32 (3), 7–11

Zinn, Howard (1980) *A People's History of the United States: 1492-Present*, Harper Collins Publishers＝二〇〇五　猿谷要監修、富田虎男・平野孝・油井大三郎訳、『民衆のアメリカ史』、上・下巻、明石書店

Zinn, Howard (2007) *Pledging Allegiance: The Politics of Patriotism in America's Schools*, Teachers College Press

〈日本語文献〉

石井英真　二〇一一　『現代アメリカにおける学力形成論の展開　スタンダードに基づくカリキュラムの設計』、東信堂

今野日出晴　二〇〇八　『歴史学と歴史教育の構図』、東京大学出版会

梅津正美　一九九九　「社会史に基づく歴史学習論の転回　アメリカ中等教育の場合」、『社会科研究』、第五〇号、全国社会科教育学会、二四一–二五〇

梅津正美　二〇〇〇　「社会史に基づく歴史カリキュラム構成論　ニューヨーク州七・八学年社会科歴史シラバスの分析を通して」、『鳴門教育大学研究紀要』（教育科学編）第一五巻、一三五–一四八

梅津正美　二〇〇三　「現在社会研究としての歴史教育　社会生活史教授の論理と意義」、『鳴門教育大学研究紀要（教育科学編）』第一

八巻、一六七-一七七
尾原康光　一九九五　「リベラルな民主主義社会を担う思考者・判断者の育成（1）　D・W・オリバーの場合」、全国社会科教育学会編『社会科研究』第四三号、八一-九〇
川上具美　二〇〇五　「ニューヨーク州における Regents Examination についての研究　スタンダードによる教育改革を教室へ浸透させる効果を考察する」、『国際比較教育文化研究第五巻』
北野秋男　二〇〇三　「マサチューセッツ州におけるテスト政策と教育アセスメント行政の実態　「マサチューセッツ州総合評価システム」の成立と影響」、『教育学研究』第七〇巻第四号、二〇〇三年一二月
桐谷正信　一九九七　「アメリカ多文化的歴史教育における「新しい社会史」の位置と価値　ニューヨーク州歴史シラバスの分析を手がかりに」、『社会科教育研究』第七八号、日本社会科教育学会、一-一三
桐谷正信　一九九九　「ニューヨーク州社会科フレームワークにおける多文化的歴史教育　「多様性」と「統一性」を中心にして」、『埼玉大学紀要教育学部（人文・社会科学）』四八（一）、一-一三
桐谷正信　二〇〇〇　「歴史カリキュラムにおける「多様性」と「統一性」　ニューヨーク州合衆国史カリキュラム改訂を事例にして」、『社会科研究』第五三号、全国社会科教育学会、四三-五二
桐谷正信　二〇一二　『アメリカにおける多文化的歴史カリキュラム』、東信堂
児玉康弘　二〇〇〇　「歴史教育における批判的思考力の育成　「スペイン内戦」の解釈批判学習」『広島大学付属中・高等学校研究紀要』第四七号
小柳和喜雄　二〇一五　教員養成における質保証の取り組みに関する調査報告：米国における edTPA の動きを中心に．次世代教員養成センター研究紀要＝Bulletin of Teacher Education Center for the Future Generation, (1), 261-265
佐々木英三　一九九六　「歴史的思考力育成の論理　K.O'Reillyの場合」、全国社会科教育学会編、『社会科研究』第四五号、一九九六、二一-三〇
佐藤　学　一九九〇　『米国カリキュラム改造史研究　単元学習の創造』、東京大学出版会
佐藤　学　一九九六　『カリキュラムの批評　公共性の再構築へ』、世織書房
篠原岳史　二〇一二　「「頂点への競争」　ブッシュ政権の遺産とオバマ政権の教育政策」、『アメリカ教育改革の最前線　頂点への競争』、北野秋男・吉良直・大桃敏行編著、学術出版会、五三-七二
谷川とみ子　二〇〇一　「E・D・ハーシュの「文化的リテラシー」論に関する一考察：Core Knowledge Foundation の実践分析を通して」、日本教育方法学会編『教育方法学研究』第二七巻、一一-二〇

辻内鏡人　一九九九「多文化パラダイムの展望」、『多文化主義のアメリカ　揺らぐナショナル・アイデンティティ』、油井大三郎・遠藤康生編、東京大学出版会

北澤毅他　一九九七『〈社会〉を読み解く技法　質的調査法への招待』、福村出版

堀　和郎　一九七六「アメリカ教育委員会制度の成立とその観念的基礎」、『教育学研究』第四三巻第一号、日本教育学会、二四―三三

本田創造　一九八九『アメリカ社会史の世界』、三省堂

松尾知明　二〇一〇『アメリカの現代教育改革　スタンダードとアカウンタビリティの光と影』、東信堂

溝口和宏　一九九四「歴史教育における開かれた価値観形成　政治的教養のための歴史教材例」、『教育方法学研究』第二〇巻

溝口和宏　一九九七「歴史教育における開かれた価値観形成（２）　情報批判力育成のための歴史教材例」、『鹿児島大学教育学部研究紀要　教育科学編』

森田尚人　一九七九「学校における愛国心の教育　アメリカ建国期における国民統合と教育」、『現代教育問題史　西洋の試みとの対話を求めて』、松島ほか編、明玄書房、三〇三―三二二

森田真樹　一九九五「アメリカ合衆国における教育改革と社会科系ナショナル・スタンダードの成立」、中国四国教育学会編『教育学研究紀要』第四一巻、第一部、四八九―四九四

森田真樹　一九九六「米国におけるナショナル・スタンダードをめぐる論争」、中国四国教育学会編、『教育学研究紀要』第四二巻

森田真樹　一九九七「多文化社会米国における歴史カリキュラム開発・合衆国史ナショナル・スタンダードをめぐる論争を手がかりに」、『カリキュラム研究』第六号、日本カリキュラム学会、四一―五二

森田真樹　一九九八「多文化社会における教育内容開発に関する研究　米国『世界史ナショナル・スタンダード』をめぐる論争を中心に」教育学研究紀要（中国四国教育学会編）、一九九八、四四（一）、四〇三―四四〇

森茂岳雄　一九九六「ニューヨーク州の社会科カリキュラム改訂をめぐる多文化主義論争　A. シュレジンガー、Jr. の批判意見の検討を中心に」、『社会科教育研究』第七六号、日本社会科教育学会、一三―二四、『アメリカ多元文化社会における国民統合と教育に関する史的研究』、アメリカ教育史研究会、二六九―二八〇

森茂岳雄　一九九九ａ「アメリカにおける国民統合と日系人学習　多文化教育としての日系人学習の意義」、『多文化社会アメリカにおける国民統合と日系人学習』、明石書店

森茂岳雄　一九九九ｂ「アメリカの歴史教育における国民統合と多文化主義」、『多文化主義のアメリカ　揺らぐナショナル・アイデンティティ』、油井大三郎・遠藤康生編、東京大学出版会

森本直人　一九九八「『理解』理論による主体的な歴史解釈力の育成」、全国社会科教育学会編、『社会科研究』第四八号、五一―六〇

矢田宇紀　一九八三「子どもの歴史的思考能力の育成」、日本社会科教育研究会編『社会科研究』第三一号、六四−七三
山田史郎　一九八二「レオナルド・コヴェロと移民の教育　二〇世紀前半ニューヨーク市のイタリア系コミュニティ」、『西洋史学』一二七、日本西洋史学会、三七−四九
山田史郎　一九九〇「移民のための教育、地域のための学校　あるイタリア系アメリカ人教師の試み」、『規範としての文化　文化統合の近代史』、平凡社
山田史郎　一九九八「ホワイト・エスニックへの道　ヨーロッパ移民のアメリカ化」、『近代ヨーロッパの探求①　移民』、ミネルヴァ書房
山本由美　二〇一五『教育改革はアメリカの失敗を追いかける　学力テスト、小中一貫、学校統廃合の全体像』、花伝社
歴史学研究会　一九九三『歴史学と歴史教育のあいだ』、三省堂

索　引

ア行

カ行

サ行

タ行

ナ行

ハ行

マ行

ヤ行

ラ・ワ行

〈**著者紹介**〉
川上具美（かわかみ・ともみ）
西南学院大学人間科学部准教授
1971 年生まれ。九州大学大学院人間環境学府教育システム専攻単位取得退学。博士（教育学）
専門は，比較教育学，社会科教育学。
主要著作『21 世紀の教育改革と教育交流』（望田研吾編，共著，東信堂，2010 年）
主要論文「中等学校におけるマイノリティの自発的社会参加への取り組み―ニューヨーク市公立学校における実践事例」『飛梅論集』第 7 巻（2007）所収，「米国歴史教育におけるディシプリン・ギャップ（Disciplinary Gap）に関する研究―教育実習生の抱く新しい歴史教育をめぐる葛藤とその背景」『カリキュラム研究』第 21 巻（2012）所収，など。

思考《しこう》する歴史教育《れきしきょういく》への挑戦《ちょうせん》
暗記型か，思考型か，揺れるアメリカ

2018 年 3 月 20 日　初版発行

著　者　川上　具美

発行者　五十川　直行

発行所　一般財団法人　九州大学出版会
〒 814-0001 福岡市早良区百道浜 3-8-34
九州大学産学官連携イノベーションプラザ 305
電話　092-833-9150
URL　http://kup.or.jp/
印刷・製本　シナノ書籍印刷（株）

ISBN978-4-7985-0228-1